Willst du glücklich sein im Leben
trage bei zu andrer Glück!
Denn die Freude, die wir geben
kehrt ins eigne Herz zurück.

Joni Eareckson Tada

Joni

Die Biographie

SCHULTE & GERTH

Die amerikanische Originalausgabe erschien unter dem Titel
„Joni“ im Verlag Zondervan Publishing House

Aus dem Amerikanischen von Gerhard Jahnke

Best.-Nr. 815 715
ISBN 3-89437-715-1
1. Auflage des Geschenkbandes 2001
Umschlaggestaltung: spoon, Olaf Johannson
Umschlagfoto: JAF-Ministries
Druck und Verarbeitung: Ebner Ulm
Printed in Germany

VORWORT

Wenn man eine Minute an sich betrachtet, was ist das schon? Lediglich ein Stückchen Zeit. Die Stunde hat 60 und ein Tag 1440 Minuten. Mit 17 Jahren hatte ich bereits über neun Millionen Minuten gelebt.

Aber dann, nach dem ewigen Plan Gottes, wurde eine einzige Minute aus dem Zeitplan meines Lebens herausgenommen. Und diese 60 Sekunden wurden für mein Leben bedeutungsvoller als die Millionen Minuten, die ich, zusammengerechnet, bis dahin gelebt hatte.

In diesen kurzen Zeitabschnitt waren verschiedene Vorgänge, Empfindungen, Gedanken und Gefühle hineingepreßt. Wie soll ich das alles beschreiben? Wie kann ich es der Reihe nach aufzählen?

Die Einzelheiten dieser wenigen Sekunden stehen mir noch deutlich vor Augen, Sekunden, die mein Leben vollständig verändern sollten – und das ohne jede Vorwarnung.

Am 20. Juli 1967 begann für mich ein unvorstellbares Abenteuer. Ich möchte es Ihnen darum im einzelnen schildern, weil ich so viel daraus gelernt habe.

Oskar Wilde schrieb einmal: „Es gibt in dieser Welt zwei Tragödien von Bedeutung. Die eine besteht darin, daß man nicht bekommt, was man gern haben möchte, und die andere besteht darin, daß man es bekommt."

Wenn man diesen Gedanken überträgt, könnte man auch von zweifacher Freude sprechen. Die eine besteht darin, daß Gott all unsere Gebete erhört, und die andere darin, daß man nicht auf alle Gebete eine Antwort bekommt.

Ich komme zu diesem Schluß, weil ich weiß, daß Gott meine Bedürfnisse viel genauer kennt als ich selbst. Ihm kann man absolut und völlig vertrauen – ganz gleich, wie sich unsere Umstände auch gestalten mögen.

Joni PTL

1

Die heiße Julisonne stand schon tief im Westen und tauchte das Wasser der Chesapeake-Bucht in ihren warmen, roten Glanz. Die Oberfläche des Wassers schien trüb, aber als ich kopfüber hineinsprang, umgab es mich mit einer durchsichtigen Klarheit.

Da geschah es. Plötzlich spürte ich, wie mein Kopf auf etwas Hartes, Unnachgiebiges aufprallte. In derselben Sekunde verlor ich auf irgendeine verrückte, unerklärliche Weise die Herrschaft über meinen Körper. Ich hörte oder fühlte ein lautes Surren. Irgend etwas ging in mir vor, das ich nicht beschreiben kann. Es war wie ein elektrischer Schlag, begleitet von einer heftigen Erschütterung – etwa so, als wenn eine schwere Metallfeder plötzlich reißt. Das Dröhnen wurde nur vom Wasser gedämpft. Eigentlich war es weder ein Laut noch ein Gefühl, sondern eine Empfindung. Ich fühlte keinen Schmerz.

Ich hörte, wie unter Wasser der Sand knirschte. Ich lag mit dem Gesicht nach unten auf dem Grund der Bucht. Wie kam ich hierher? Warum waren mir die Arme auf dem Brustkorb festgebunden? Hilfe – ich bin ja eingeklemmt!

Ich spürte, wie mich eine leichte Gezeitenströmung hochhob und wieder fallenließ. Mit einem Seitenblick nahm ich Licht über mir wahr. Die Verwirrung ließ etwas nach. Ich erinnerte mich, wie ich einen Kopfsprung in die Bucht gemacht hatte. Und danach? *Habe ich mich in einem Fischernetz verfangen? Ich muß hier raus*! Ich versuchte, mit den Füßen um mich zu treten. *Meine Füße müssen sich auch verfangen haben*!

Panik bemächtigte sich meiner. Mit aller Kraft versuchte ich, mich zu befreien. Nichts geschah. Wieder hob mich eine Welle hoch und warf mich herum.

Was ist los? Ich bin mit dem Kopf aufgeschlagen. Bin ich bewußtlos? Der Versuch, mich zu bewegen, erinnert mich daran, wie es ist, wenn ich mich im Traum bewegen will. Es ist unmöglich. Ich werde ertrinken! Werde ich frühzeitig genug erwachen? Wird mich jemand sehen? Ich kann nicht bewußtlos sein, sonst würde ich nicht spüren, was um mich herum vorgeht. Nein, ich bin am Leben!

Ich spürte, wie sich der Druck des angehaltenen Atems in mir staute. Bald würde ich atmen müssen.

Die nächste Welle hob mich behutsam empor und ließ mich wieder fallen. Fetzen von Gesichtern, Gedanken und Erinnerungen wirbelten wirr in meinem Kopf herum. Meine Freunde. Meine Eltern. Dinge, deren ich mich schämte. Vielleicht rief Gott mich zu sich, um von mir Rechenschaft über all diese Dinge zu verlangen.

„Joni!" Eine düstere Stimme schallte wie ein Appellruf in einem unheimlichen Korridor. War das Gott? War es der Tod?

Ich werde sterben! Aber ich will nicht sterben! Hilfe! Hilfe!

„Joni!" Diese Stimme! Durch das Wasser gedämpft, klang sie weit entfernt. Jetzt kam sie näher. „Joni, was ist los?"

Kathy! Meine Schwester sieht mich. Hilf mir, Kathy! Ich stecke fest!

Die nächste Welle war etwas kräftiger als die andern und hob mich etwas höher. Ich fiel auf den Grund zurück, und zerbrochene Muschelschalen, Steine und Sand gruben sich mir in Schultern und Gesicht.

„Joni, suchst du nach Muscheln?"

Nein! Ich sitze hier unten fest – hol mich doch hoch! Ich kann meinen Atem nicht mehr lange anhalten!

„Hast du hier einen Kopfsprung gemacht? Es ist doch so flach“, hörte ich Kathy jetzt klar und deutlich sagen.

An ihrem Schatten sah ich, daß sie genau über mir war. Ich kämpfte gegen die innere Panik an, wußte aber, daß ich keine Luft mehr hatte. Um mich herum wurde es dunkel.

Ich spürte Kathys Arm um meine Schultern. Sie hob mich hoch.

O bitte, lieber Gott, laß mich nicht sterben!

Kathy strengte sich an, stolperte und hob mich erneut hoch.

O Gott, wie lange noch? Alles wurde schwarz um mich herum, und während ich hochgehoben wurde, war mir, als fiele ich. Kurz bevor mir die Sinne schwanden, hob Kathy meinen Kopf aus dem Wasser. Luft! Herrliche, lebenspendende, salzhaltige Luft! Ich schnappte und keuchte so schnell, daß ich fast erstickt wäre.

„O danke, Gott – Dank sei dir!“ stieß ich hervor.

„Was ist denn mit dir los? Ist alles in Ordnung?“ fragte Kathy.

Ich blinzelte, um zu mir zu kommen und die Verwirrung abzuschütteln. Es schien nicht zu klappen, denn ich sah, wie mein Arm immer noch leblos über Kathys Schulter hing, obwohl ich das Gefühl hatte, als sei er an meinen Brustkorb gebunden.

Ich blickte auf meinen Brustkorb herab. Meine Hände waren gar nicht festgebunden. Mit wachsendem Entsetzen kam ich zu der Erkenntnis, daß meine Glieder hilflos umherbaumelten. Ich konnte sie nicht bewegen!

In der allgemeinen Verwirrung übernahm Kathy das Kommando. Sie rief einen Schwimmer herbei, der in der Nähe auf einem aufblasbaren Floß lag. Zusammen hievten sie mich auf das Floß und schoben es in Richtung Ufer. Ich hörte, wie es unter mir auf dem sandigen Strand aufsetzte.

Ich versuchte aufzustehen, doch schien es mir, als sei ich fest auf das Floß gebunden. Die Menschen eilten herbei, um zu sehen, was passiert sei. Bald stand eine Menschenmenge um mich herum, und ihre Gesichter blickten neugierig auf mich herab. Ihr Gaffen und Flüstern war mir unangenehm. Ich fühlte mich nicht wohl in meiner Haut und wurde noch verwirrter.

„Kathy, bitte schick sie doch weg!"

„Ist gut. Treten Sie bitte alle zurück! Könnte jemand bitte einen Krankenwagen kommen lassen? Gehen Sie bitte weiter! Sie braucht Luft", rief Kathy in die Menge.

Kathys Freund Butch kniete neben mir. Seine schlanke Figur schützte mich vor den Blicken der jetzt zurückweichenden Menge. „Wie geht's dir denn, Kleines?" fragte er teilnahmsvoll. Sein Gesicht mit den großen dunklen Augen zeigte für gewöhnlich ein Lächeln und strahlte gute Laune aus, aber jetzt war es von Besorgnis überschattet.

„Kathy – ich kann mich nicht bewegen!" stieß ich entsetzt hervor.

Ich sah, daß alle Angst hatten.

Kathy nickte mir zu.

„Halte mich fest!"

„Ich halte dich ja, Joni." Sie hielt meine Hände hoch, um mir zu zeigen, daß sie sie fest umklammert hielt.

„Ich spüre aber nichts. Drück mich doch mal!"

Kathy beugte sich über mich und drückte mich fest an sich.

Ich konnte ihre Umarmung nicht spüren.

„Fühlst du das?" Sie berührte mein Bein.

„Nein", sagte ich.

„Das?" Sie drückte meinen Unterarm.

„Nein!" weinte ich. „Ich kann nichts fühlen."

„Wie ist es hiermit?" Ihre Hand glitt über meinen Arm die Schultern herauf.

„Ja! Ja, das kann ich fühlen!"

Voll Freude und Erleichterung atmeten wir auf. Endlich konnte ich irgendwo an meinem Körper wieder etwas fühlen.

Während ich dort im Sand lag, überlegte ich, wie alles gekommen war. Ich war während des Tauchens mit dem Kopf aufgeschlagen; ich mußte mir irgendwo eine Verletzung zugezogen haben, die diese Gefühllosigkeit hervorrief. Ich hätte gern gewußt, wie lange der Zustand wohl anhalten würde.

„Macht euch nur keine Sorgen um mich", beruhigte ich Butch, Kathy und mich selbst. „Der Herr wird nicht zulassen, daß mir irgend etwas passiert. Ich werde schon wieder gesund werden."

Ich hörte das Heulen einer Sirene. Bald darauf kam der Krankenwagen, und die Türen öffneten sich. Binnen einer Minute hatten mich die Sanitäter auf eine Trage gepackt und mich vorsichtig in den Fond des Krankenwagens gehoben. Irgendwie wirkte ihre gestärkte weiße Arbeitskleidung beruhigend auf mich.

Als Kathy in den Krankenwagen steigen wollte, nahm Butch ihre Hand und sagte leise: „Ich fahre in meinem Wagen hinterher." Dann nickte er dem Fahrer des Krankenwagens zu. „Seien Sie bloß vorsichtig mit ihr!" warnte er ihn.

Die Sirene begann zu heulen, und wir ließen den Strand hinter uns.

Ich sah zu dem Sanitäter auf, der neben mir saß, und sagte: „Es tut mir so leid, daß ich Ihnen so viel Arbeit mache. Ich glaube, daß ich mich bald etwas erholt habe, und bin überzeugt, daß das taube Gefühl bald nachlassen wird."

Er sagte nichts. Vorsichtig wischte er mir Sand und Schmutz aus dem Gesicht, lächelte mich an und blickte dann weg.

Warum sagt er mir nicht, daß alles wieder in Ordnung kommt – daß ich wieder nach Hause kann, sobald mich die Ärzte im Krankenhaus untersucht haben?

Aber niemand sagte mir ein tröstendes Wort. Ich war meinen Gedanken überlassen. Durch das Wagenfenster sah ich die vorbeirasenden Häuser, während die Sirene des Wagens unablässig heulte.

Der Herr ist mein Hirte...

Die Menschen auf den Bürgersteigen drehten sich neugierig um.

...mir wird nichts mangeln...

Autos fuhren an die Seite, um uns vorbeizulassen.

...Er weidet mich auf einer grünen Aue...

Der Krankenwagen verlangsamte seine Geschwindigkeit und bog in eine belebte Verkehrsstraße ein.

...Er erquickt meine Seele...

Zum Beten konnte ich meine Gedanken nicht ausreichend sammeln. So klammerte ich mich an auswendig gelernte biblische Verheißungen.

...Und ob ich schon wanderte im finsteren Tal, fürchte ich kein Unglück, denn du bist bei mir...

Plötzlich verstummten die Sirenen des Krankenwagens mit einem leiser werdenden Brummen. Der Fahrer fuhr rückwärts an die Krankenhausaufnahme, und die Sanitäter zogen meine Trage schnell und vorsichtig heraus.

Während sie mich mit der gleichen Vorsicht durch das große Tor trugen, sah ich das Schild: „Notaufnahme. Parken verboten. Anhalten nur Krankenwagen gestattet."

Währenddessen wurde es dunkel; die Sonne war untergegangen. Mich fror, und ich sehnte mich nach Hause.

In der Notaufnahme herrschte geschäftiges Leben und Treiben. Ich wurde in einen Raum getragen und auf ein fahrbares Bett gelegt. Das grelle Licht verursachte meinen Augen Schmerzen.

Als ich mich abwandte, um der gleißenden Helligkeit zu entgehen, sah ich die verschiedensten Geräte in Reih und Glied aufgebaut: Flaschen, Verbandmull, Binden, Tabletts,

Scheren, Skalpelle, Dosen, Pakete mit langen medizinischen Namen und fremdartig aussehende Instrumente. Der scharfe, beißende Geruch der Desinfektionsmittel war unangenehm.

Eine Krankenschwester band mich auf dem Tisch fest und rollte mich in eine der vielen engen Nischen. Um mich herum zog sie die Trennvorhänge zu.

Wieder bemühte ich mich krampfhaft, Arme und Beine zu bewegen. Immer noch waren sie taub und reglos. *Ich komme mir so hilflos vor. Mir wird übel. Ich habe Angst.* Tränen traten mir in die Augen.

„Können Sie mir nicht sagen, was mir fehlt?“ bettelte ich.

Die Schwester zuckte bloß mit den Schultern und machte sich daran, meine Ringe abzunehmen. „Der Arzt wird bald hier sein. Ich lege Ihren Schmuck jetzt in diesen Umschlag. Vorschrift.“

„Wie lange muß ich denn hierbleiben? Kann ich heute abend noch nach Hause?“

„Tut mir leid. Sie fragen am besten den Arzt. Vorschrift.“

Ihre Antworten waren völlig gefühllos und erinnerten mich an einen automatischen Anrufbeantworter.

Eine andere Schwester trat in die Nische, ein paar Formulare in der Hand. „Ihren Namen bitte.“

„Joni Eareckson.“

„Johnny? Johnny?“

„Nein. Er wird Johnny ausgesprochen – nach meinem Vater. Er wird aber Joni geschrieben. Der Familienname lautet Eareckson.“ Danach gab ich ihr meine Adresse, den Namen meiner Eltern und deren Telefonnummer und bat sie, dort anzurufen.

„Sind Sie versichert?“

„Ich weiß es nicht. Fragen Sie meine Eltern – oder meine Schwester. Sie ist wahrscheinlich draußen. Sie war mit mir am Strand. Ihr Name ist Kathy. Fragen Sie sie.“

Die Schwester ging mit ihrem Notizblock fort, die andere legte den Umschlag, der meine Schmucksachen enthielt, auf einen Tisch in der Nähe. Dann zog sie eine Schublade auf und nahm eine große Schere heraus.

„W-was wollen Sie denn jetzt machen?" stammelte ich.

„Ich muß Ihren Badeanzug entfernen."

„Aber doch nicht zerschneiden! Er ist funkelnagelneu! Ich habe ihn gerade erst bekommen – und es ist mein Lieblingsanzug."

„Tut mir leid. Vorschrift", wiederholte sie.

Das dumpfe Ritsch-Ratsch der Schere hallte von den getünchten Wänden wider.

Sie zog die Stoffetzen ab und warf sie in einen Abfalleimer. Ihr war das völlig egal. Der Badeanzug bedeutete ihr nichts. Mir war zum Weinen zumute.

Sie deckte ein Laken über mich und ging fort.

Ich schämte mich und fühlte mich nicht wohl in meiner Haut. Das Laken verrutschte, entblößte einen Teil meiner Brust, aber ich konnte es nicht wieder hochziehen. Vor Verzweiflung und Angst ließ ich schließlich meinen Tränen freien Lauf. Allmählich ging mir der Ernst meiner Lage auf.

„Und ob ich schon wanderte im finsteren Tal, fürchte ich kein Unglück, denn du bist bei mir..."

Ich schluckte die Tränen hinunter und versuchte, an etwas anderes zu denken. Ob Kathy wohl Mutti und Vati angerufen hat? Ob Dick wohl schon Bescheid weiß?

Ein Mann in dunklen Tweedhosen und weißem Kittel zog den Vorhang beiseite und betrat die Nische. „Ich bin Dr. Sherrill", sagte er freundlich und blätterte in den Seiten seines Notizblocks herum. „Und dein Name ist Joanie?"

„Er wird Johnny ausgesprochen. Ich bin nach meinem Vater benannt worden." *Muß ich das denn jedem von neuem erklären*?

„Okay, Joni, mal sehen, was mit dir los ist."

„Dr. Sherrill, wann kann ich nach Hause?"

„Sag mir mal, ob du das fühlst." Er hatte eine lange Nadel genommen, mit der er mich anscheinend in Füße und Arme piekste.

„N-nein – ich kann nichts fühlen."

„Wie ist es hiermit?"

Ich knirschte mit den Zähnen und versuchte, mich zu konzentrieren, in der Hoffnung, etwas – irgend etwas – zu fühlen. „Nichts."

Er hielt meinen Arm fest und drückte die Nadel gegen meine schlaffen Finger, gegen Handgelenk und Unterarm.

Warum kann ich bloß nichts fühlen?

Er berührte meinen Oberarm.

Endlich fühlte ich einen kleinen Stich in meiner Schulter. „Ja, das fühle ich. Dort hatte ich am Strand auch Gefühl."

Dr. Sherrill nahm seinen Kugelschreiber heraus und machte sich auf seinem Block Notizen.

Zwischen dem Klappern und Klirren der Instrumente hörte ich, wie Dr. Sherrill einen anderen Arzt bat herzukommen. Er ging mit ihm noch einmal die Nadelprozedur durch. Am Kopfende meines Tisches unterhielten sich die beiden mit verhaltener Stimme. Ihre medizinische Ausdrucksweise und ihr Fachjargon waren mir fremd.

„Sieht nach einer Dislokationsfraktur aus."

„Hm, hm. Ich würde sagen, um das vierte oder fünfte Zervikalsegment herum, nach der Sensibilität zu urteilen."

„Wir werden uns wohl ranmachen müssen. Röntgenaufnahmen werden uns nichts darüber sagen, ob eine Kontinuität besteht oder nicht."

„Soll ich den OP vorbereiten lassen?"

„Ja, sofort. Und versuchen Sie noch mal, ihre Eltern zu erreichen."

Dr. Sherrills Kollege entfernte sich schnell, und sein Platz wurde von einer der Schwestern eingenommen.

Der schroffen Schwester, die meinen Badeanzug zerschnitten hatte, gab Dr. Sherrill leise ein paar Anweisungen, und auch sie entfernte sich.

Ich sah zu, wie jemand meinen Arm mit einem Wattebausch abrieb und mir eine Kanüle in die Vene stach. Ich fühlte nichts.

Mit einem Seitenblick sah ich, daß Dr. Sherrill einen elektrischen Haarschneider in den Händen hielt. Einem lauten Klick folgte ein Summgeräusch, als er eingeschaltet wurde. *Was um alles in der Welt will er denn damit*? Mit zunehmendem Schrecken wurde mir klar, daß sich die Schere meinem Kopf näherte. „Nein", schrie ich. „Bitte! Nicht mein Haar! Bitte!" Ich schluchzte.

Ich spürte, wie die Schere über meine Kopfhaut fuhr und sah Büschel feuchter, blonder Haare von meinem Kopf auf den Boden fallen.

Eine Helferin bereitete Seifenschaum vor. Sie nahm sich ein Rasiermesser und kam auf mich zu.

Sie will mir den Kopf rasieren! O lieber Gott, nein! Laß das nicht zu!

Der Raum begann, sich um mich herum zu drehen. Dazu drehte sich mir der Magen um. Ich war einer Ohnmacht nahe.

Ich wurde schläfrig – wahrscheinlich die Spritze, die sie mir gegeben hatten. Schlaf überkam mich. Dann wieder eine panische Angst. Was, wenn ich nicht wieder aufwachte? *Werde ich Dick niemals wiedersehen? Kathy? Mutti und Vati? O Gott, ich habe Angst*!

Dann vernahm ich einen hohen, schrillen Ton. Ein Bohrer! Jemand hielt mir den Kopf fest, und der Bohrer begann, sich in meinen Schädel zu fressen.

Ich sah Gesichter. Ich hörte Stimmen. Nichts ergab einen

Sinn. Der Raum wurde dunkel um mich herum, und der Lärm klang ab.

Zum erstenmal nach dem Sprung ins Wasser fühlte ich mich entspannt und friedlich. Es war mir egal, daß ich gelähmt und nackt mit rasiertem Kopf auf einem Tisch lag. Auch der Bohrer erschien mir nicht mehr bedrohlich. Ich fiel in einen tiefen Schlaf.

*

Als ich erwachte, meinte ich, den Bohrer noch immer zu hören. Ich strengte mich an, um völlig wach zu werden, um den Leuten zuzuschreien, sie sollten endlich aufhören. Ich brachte aber kein Wort heraus. Ich versuchte, meine Augen zu öffnen. Der Raum drehte sich um mich.

Das Geräusch im Hintergrund wurde jetzt auch deutlicher; es war kein Bohrapparat, sondern bloß eine Belüftungsanlage.

Kopf und Sehvermögen wurden klarer, und im Moment konnte ich mich nicht einmal daran erinnern, wo ich mich befand oder warum ich vor dem Bohrer Angst gehabt hatte. Dann fiel mir alles wieder ein.

Ich blickte zu dem Ventilatorgitter über mir und zu der uralten, rissigen und getünchten Zimmerdecke empor. Ich versuchte, meinen Kopf zu drehen, um den Rest meiner Umgebung wahrnehmen zu können, konnte mich aber überhaupt nicht bewegen. Stechende Schmerzen an beiden Seiten des Kopfes beschränkten mein Bewegungsvermögen. Ich ahnte, daß dies von den Löchern kam, die sie in meinen Schädel gebohrt hatten. Mit einem Seitenblick konnte ich große, metallene Zangen erkennen, die an einer Federdraht-Apparatur befestigt waren. Ich hatte das Gefühl, als würde mir der Kopf abgerissen. Es bedurfte ungewöhnlicher Kraft – geistiger wie körperlicher –, auch nur so viel von meiner Umwelt wahrzunehmen.

In diesen ersten Tagen war mein Bewußtsein stark gestört. Die Schlafmittel sandten mich in eine Traumwelt – eine Alptraumwelt –, bar jeglicher Realität. Halluzinationen waren an der Tagesordnung und beängstigten mich. Außeneindrücke, Erinnerungen und Träume verschwammen wirr ineinander, so daß ich oft glaubte, ich verlöre den Verstand.

Immer wieder tauchte der gleiche Alptraum aus dieser surrealistischen Drogenwelt vor mir auf. In diesem Traum war ich mit Jason Leverton, meinem Freund aus der Gymnasiumszeit, zusammen. Wir befanden uns auf irgendeinem ungewöhnlichen Schauplatz und warteten darauf, gerichtet zu werden. Ich war nackt und versuchte, schamvoll meine Blöße zu bedecken. In diesem Alptraum stand ich vor einer in ein wallendes Gewand gehüllten Figur, die mir als „der Apostel" bekannt war. Er sagte nichts, doch war mir irgendwie klar, daß ich abgeurteilt werden sollte. Plötzlich zog er ein langes Schwert, schwang es in meine Richtung und schnitt mir den Kopf ab. Der gleiche Traum verfolgte mich immer und immer wieder.

Andere drogenbedingte halluzinogene Erfahrungen stellten selbst die verrückteste Traumwelt in den Schatten. Leuchtende Farben, Umrisse und Figuren setzten sich zu seltsamen und ungewöhnlichen Mustern zusammen. Ich sah „beängstigende" Farben, „friedliche" Musterumrisse und Farben, die Gefühle, Launen und Empfindungen darstellten.

Das laute Stöhnen eines anderen Patienten weckte mich aus meinem Alptraum. Ich wußte nicht, wieviel Zeit seit meiner letzten Bewußtseinsperiode verstrichen war, doch lag ich diesmal mit dem Gesicht nach unten. Wie hatte ich mich in diese Lage gebracht? Die Zangen saßen noch richtig. Ihr seitlicher Druck gegen meinen Kopf rief aber seelische Schmerzen hervor, die sich als körperliches Unbehagen bemerkbar machten.

Ich entdeckte, daß ich in einer Art von Rahmen aus Segeltuch lag. Man hatte eine Öffnung für das Gesicht gelassen, aber ich konnte nur ein kleines Stück direkt unterhalb des Rahmens sehen. Ein paar Beine, die in weißen Schuhen und Nylonstrümpfen steckten, standen innerhalb dieses engen Blickfeldes.

„Schwester", rief ich schwach.

„Ja, ich bin hier."

„W-was – wo – äähh –" stammelte ich in dem Versuch, eine Frage zu formulieren.

„Psch-h-h. Versuch jetzt nicht zu sprechen, du strengst dich nur an", sagte sie.

Ihrer angenehmen Stimme und ihrem ruhigen Wesen nach zu urteilen war es nicht die Schwester, die meinen Badeanzug zerschnitten und meinen Kopf rasiert hatte. Ich spürte ihre Hand auf meiner Schulter.

„Schlaf noch ein bißchen, wenn du kannst. Du bist hier auf der Intensivstation. Du bist operiert worden, und wir werden dich gut pflegen. Mach dir also keine Sorgen, ja?" Sie klopfte mir leicht auf die Schulter.

Es war beruhigend, irgendwo Gefühl zu haben – nur am Kopf war es unangenehm, da biß die Zange durch Fleisch und Knochen.

Allmählich nahm ich meine Umgebung wahr. Man sagte mir, daß ich in einem Sandwich-Bett liege. Ich hatte den Eindruck, als befände ich mich zwischen den beiden Hälften eines zusammengeklappten Brötchens, festgeschnallt zwischen zwei Segeltuchdecken. Zwei Schwestern kamen alle zwei Stunden und drehten mich um. Sie legten einen mit Segeltuch bespannten Rahmen auf mich und drehten mich geschickt um 180 Grad herum, während eine Schwester die Gewichte hielt, die an den eisernen Greifzangen – an meinem Kopf – befestigt waren. Danach entfernten sie den Rahmen, auf dem ich gelegen hatte, und vergewisserten sich, daß ich für meine neue zweistündige Schicht richtig lag. Ich hatte zwei Ausblickmöglichkeiten – den Fußboden und die Zimmerdecke. Nach und nach erfuhr ich auch, daß auf der Intensivstation acht Betten standen und daß „Intensivstation" mit intensiver Pflege zu tun hatte. Ich hatte diesen Ausdruck vorher noch nie gehört und nahm an, daß es etwas mit schweren Fällen zu tun habe. Die Patienten durften nur fünf Minuten pro Stunde und auch dann nur von Familienangehörigen besucht werden.

Während die Stunden dahinschlichen und sich Tag an Tag reihte, lernte ich auch meine Mitpatienten besser kennen. Aus Gesprächsfetzen, den Anordnungen der Ärzte und anderen Geräuschen konnte ich mir einiges zusammenreimen.

Der Mann in dem Bett neben mir stöhnte ununterbrochen. Während des morgendlichen Schwesternwechsels hörte ich, wie die Nachtschwester ihrer Ablösung flüsternd erklärte: „Er hat seine Frau erschossen und anschließend versucht, sich selbst umzubringen. Er wird es wahrscheinlich nicht schaffen. Er muß angeschnallt werden."

Das erklärte also das Kettengerassel – er war mit Handschellen an das Bett gefesselt worden!

Eine Frau in einem der anderen Betten stöhnte auch die ganze Nacht hindurch und bettelte die Schwester an, ihr eine Zigarette oder ein Eis zu bringen.

Judy war ein junges Mädchen wie ich, war aber infolge eines Autounfalls bewußtlos.

Tom war ein junger Mann, der beim Tauchen einen Unfall hatte. Komisch, ich wußte, daß sich Tom dabei das Genick gebrochen hatte, kam aber nicht auf den Gedanken, daß mir das auch passiert war. Niemand hatte es mir gesagt.

Tom konnte nicht selbständig atmen. Das erfuhr ich, als ich

eine Schwester fragte, was ein bestimmtes Geräusch zu bedeuten habe. Sie erklärte mir, es sei Toms Beatmungsgerät.

Als wir von der Ähnlichkeit unserer Unfälle erfahren hatten, begannen wir, uns gegenseitig Zettel zu senden.

„Hallo, ich bin Tom“, stand als Vorstellung auf seinem ersten Zettel.

Schwestern und Besucher schrieben die Zettel für uns und dienten als Boten.

Nachts, wenn die Hektik etwas nachließ, hörte ich das Jammern und Stöhnen der anderen. Dann lauschte ich auf das ständige Geräusch von Toms Beatmungsapparat. Da ich mich nicht wenden und zu ihm hinüberblicken konnte, wirkte das Geräusch beruhigend. Ich fühlte mich mit ihm verbunden und machte mir Gedanken darüber, wie er wohl aussehen mochte. Morgen, dachte ich, werde ich ihn um ein Foto bitten.

Später in der Nacht stand der Beatmungsapparat plötzlich still. Die Stille war so laut wie eine Explosion. Ich geriet in Panik und verschluckte mich, als ich um Hilfe rufen wollte. Ich hörte, wie die Schwestern an Toms Bett eilten.

„Sein Beatmungsgerät ist kaputt! Holt ein neues! Dalli!“ befahl jemand.

Ich hörte Schritte den mit Fliesen ausgelegten Korridor entlangeilen und vernahm das metallene Geräusch, das das Sauerstoffgerät beim Entfernen verursachte.

Im Schwesternzimmer war jemand am Telefon und rief dringend um Hilfe. Innerhalb weniger Minuten ging es auf der Station zu wie in einem Taubenschlag. Schwestern und Ärzte eilten aufgeregt hin und her. Ein Arzt raunzte: „Wo bleibt das neue Gerät?“

„Sollen wir ihn manuell beatmen, Herr Doktor?“ fragte eine Frauenstimme.

Die verzweifelte Lage, in der ich mich durch meine Lähmung befand, ließ mich fast durchdrehen. Ich war völlig hilflos, denn selbst wenn ich mich hätte bewegen können, gab es doch nichts für mich zu tun. Mit weit aufgerissenen Augen lag ich da und starrte an die Zimmerdecke.

„Der Pfleger ist nach unten gegangen, um einen neuen Beatmungsapparat zu holen. Er ist schon unterwegs mit ihm."

„Machen Sie mit der Mund-zu-Mund-Beatmung weiter! Wir müssen ihn am Leben halten, bis –" Die Männerstimme brach ab.

Ich hörte, wie sich die Türen des Fahrstuhls im Korridor öffneten und schlossen, danach folgten eilige Schritte und das Klappern von Geräten. Die Geräusche kamen auf unsere Station zu, und mit einem Gefühl der Erleichterung hörte ich, wie jemand sagte: „Ich habe das Gerät. Würden Sie bitte Platz machen?"

Dann hörte ich zu meinem Entsetzen die kühle Erwiderung: „Lassen Sie nur, es ist zu spät. Er ist tot."

Ich spürte, wie mir eine Gänsehaut über Hals und Schultern lief. Mit wachsendem Grauen wurde mir auf einmal klar, daß sie nicht von irgendeinem unbekannten Patienten sprachen. Sie sprachen von Tom. Tom war tot! Ich wollte schreien, brachte aber keinen Ton heraus.

In dieser Nacht hatte ich Angst, wieder einzuschlafen – und auch Angst davor, nicht wieder aufzuwachen.

Am nächsten Tag hatte mein Grauen nicht nachgelassen. Ich trauerte um einen Mann, den ich nur von seinen Zetteln her kannte, und ich begann, über meine eigene Lage nachzudenken. Ich war nicht von einer Maschine abhängig, um atmen zu können. Ich war aber von der intravenösen Infusion abhängig, die meinem Körper Nährstoffe zuführte, und von dem Katheter in meiner Blase, der die Abbauprodukte des Körpers abführte. Was, wenn eines dieser Dinge ausfiele? Was, wenn sich die Zangen von meinem Kopf lösten? Was, wenn... Ich schwebte in tausend Ängsten.

Ein oder zwei Tage später wurde ein Mann mit gleichen Verletzungen eingeliefert. Man legte ihn in ein Sandwich-Bett und baute ein Sauerstoffzelt um ihn herum auf.

Mit einem Seitenblick konnte ich feststellen, wie das Bett eigentlich aussah. Mein eigenes konnte ich ja nicht sehen, doch konnte ich jetzt verstehen, was geschah, wenn man mich umdrehte – zwei Stunden nach oben, zwei nach unten. Es kam mir vor, als wären wir zwei Ochsen, die an einem Grillspieß gedreht wurden. Ich war jedesmal außer mir vor Angst, wenn man mich umdrehte.

Der neue Patient war ebenso ängstlich wie ich. Als ihn die Pfleger eines Tages umdrehen wollten, rief er verzweifelt: „Nein, bitte drehen Sie mich nicht! Als ich das letzte Mal gedreht wurde, konnte ich nicht mehr atmen. Bitte nicht umdrehen!"

„Es ist alles in bester Ordnung, lieber Mann. Es wird Ihnen nichts passieren. Wir müssen Sie drehen. Bist du soweit, Mike? Auf drei geht's los: eins, zwei, drei!"

„Nein! Bitte nicht! Ich kann nicht atmen! Ich werde ohnmächtig, das weiß ich!"

„Es ist alles in bester Ordnung. Nur nicht aufregen!" Sie befestigten das Sauerstoffzelt wieder und verließen ihn.

Ich hörte das schwere, keuchende Atmen des Mannes und betete darum, daß die zwei Stunden schnell vorübergehen möchten – um seinet- und auch um meinetwillen.

Dann hörte das Atmen plötzlich auf.

Wieder setzte das hektische Hasten und Treiben ein, mit dem Schwestern und Helfer auf die Krise reagierten. Aber es war zu spät. Wieder einmal.

Heiße Tränen liefen mir über die Wangen. Angst und Verzweiflung, meine zwei ständigen Weggefährten in diesen ersten Tagen, holten mich wieder ein. Mit wachsendem Grauen und Entsetzen wurde mir bewußt, daß die Intensivstation ein

Raum zum Sterben war. Ich spürte, daß mein eigenes Leben an einem seidenen Faden hing und nicht so selbstverständlich war, wie ich bisher angenommen hatte.

Kurz darauf, bei einem der Umdrehungsmanöver, wurde ich ohnmächtig und hörte auf zu atmen. Binnen weniger Minuten hatte man mich aber wiederbelebt. Die medizinischen Mittel sowie die persönliche Fürsorge, die man mir zuteil werden ließ, beruhigten mich.

„Wir werden dich gut pflegen, Joni", tröstete mich einer der Ärzte.

Obwohl auch danach jede Umdrehung eine fürchterliche Prozedur darstellte, hatte ich doch das Gefühl, daß Schwestern und Helfer mit größerer Sorgfalt als zuvor zu Werke gingen, zumindest machte es diesen Eindruck.

Mir wurde auf einmal bewußt, wie kalt die Intensivstation eigentlich war. Fast alle Patienten waren die meiste Zeit bewußtlos und spürten die Kälte wahrscheinlich überhaupt nicht; auf mich aber begann sie störend zu wirken. Ich hatte Angst davor, eine Erkältung zu bekommen. Einer der Helfer ließ eines Tages die Bemerkung fallen, daß eine Erkältung für mich gefährlich werden könnte, genauso gefährlich wie eine Blutvergiftung, die in Fällen wie dem meinen häufig vorzukommen schien.

Es gab so viel, um das man sich ängstigen konnte. Nirgends war auch nur ein Schimmer von Licht und Hoffnung zu entdecken.

Die Ärzte kamen jeden Tag und sahen nach mir. Manchmal kamen mehrere gleichzeitig und diskutierten über meinen Fall.

„Sie hat totale Tetraplegie", erklärte ein Arzt seinem Kollegen, „die durch eine Diagonalfraktur in der vierten und fünften Zervikalebene hervorgerufen wurde."

Ich wußte, daß ich gelähmt war, aber nicht, wodurch. Auch

nicht, für wie lange. Niemand erklärte mir jemals etwas über meine Verletzung.

Die Schwestern sagten: „Frag die Ärzte."

Die Ärzte sagten: „Oh, du machst gute Fortschritte – sehr gute."

Ich hegte den schlimmen Verdacht, daß ich mir das Genick gebrochen hatte. Dieser Gedanke machte mir an sich schon Angst. Eine deutliche Kindheitserinnerung stieg in mir auf. Es war der einzige Genickbruch, von dem ich je gehört hatte. Ein Mann in dem Roman „Black Beauty" war vom Pferd gefallen und hatte sich das Genick gebrochen. Er starb. Deshalb hatte ich kein besonderes Verlangen mehr, Einzelheiten über meinen Unfall zu erfahren.

Ich wußte, daß ich mich in einem Sterbezimmer befand, und ich würde auch sterben, genau wie Tom und der andere Mann. Sie hatten beide ähnliche Verletzungen wie ich gehabt. Also rechnete man auch mit meinem Tod, dachte ich. Man hat nur Angst, es mir zu sagen.

2

Die Tage schlichen dahin. Sie waren geprägt von den ständig wiederkehrenden Alpträumen und der Belastung und Unbequemlichkeit meiner Segeltuch-Gefängniszelle sowie der metallenen Zangen an meinem Kopf. Ich war zu der Überzeugung gekommen, daß ich wahrscheinlich doch nicht sterben würde. Während die anderen auf der Intensivstation entweder starben oder sich ihr Zustand besserte und sie auf die normalen Stationen verlegt wurden, mußte ich bleiben. Mit mir wurde es nicht besser, aber auch nicht schlechter.

Um mich von den quälenden Alpträumen, aus denen ich zu Tode erschöpft und schweißgebadet erwachte, abzulenken, versuchte ich, von den Ereignissen in meinem Leben vor dem Unfall zu träumen.

Ich hatte mit meinen Familienangehörigen und Freunden ein glückliches Leben geführt. Schicksalsschläge hatten wir niemals aus erster Hand kennengelernt. Soweit ich mich zurückerinnern konnte, herrschte in unserer Familie eitel Glück und Sonnenschein.

Der Grund dafür war wahrscheinlich Vater – der Mann, nach dem ich benannt worden war, Johnny Eareckson. Im Jahre 1900 geboren, hatte Vater das Beste sowohl aus dem 19. als auch aus dem 20. Jahrhundert mitbekommen. Er ist ein unverbesserlicher Romantiker und schöpferisch gestaltender Künstler, jedoch auch technisch bewandert. Sein Vater hatte eine Kohlenhandlung, und vor und nach der Schule hatte Vater die Pferde zu versorgen.

Er hatte sich auch aus der „harten Schule des Lebens“, wie

er es nannte, viel Wissenswertes angeeignet. Er fühlte sich immer von ungewöhnlichen und schwierigen Aufgaben angezogen, weil er überzeugt ist, daraus etwas lernen zu können. Die Dinge, die er im Leben für wichtig hält, sind Charakterfestigkeit, persönliches Glück und geistige Weiterbildung. Besitzt ein Mann diese Qualitäten und kann er sie an seine Kinder weitergeben, dann und nur dann hält Vater ihn für erfolgreich.

Vater hatte sich in ungefähr allem versucht, was es so gibt, angefangen beim Beruf eines Seemanns bis hin zur Leitung eines eigenen Rodeos, ein zirkusähnliches Unternehmen, bei dem wilde Pferde eingeritten werden. Sein Leben war voll von Hobbys: Pferde, Bildhauerei, Kunstmalerei und Baukunst. Seine Arbeiten zieren buchstäblich sämtliche Wände und Regale unseres Hauses.

Ich hatte Vater einmal die Frage gestellt: „Wie findest du neben deiner Arbeit eigentlich noch die Zeit, all das zu tun, was du tust?“

Er hatte mich mit seinen leuchtenden blauen Augen angesehen und gesagt: „Schatz, es begann während der Rezession. Keiner hatte Arbeit. Die meisten saßen herum, bemitleideten sich und stöhnten. Und ich? Ich konnte doch noch meine Hände gebrauchen! Schnitzen kostete nichts, also bastelte ich allerlei Gegenstände aus Dingen, die andere wegwarfen. Ich beschäftigte mich während der ganzen Rezession, und diese Angewohnheit blieb wahrscheinlich an mir haften.“

Es war auch während dieser mageren Jahre, daß Vater olympischer Ringkämpfer war. Er war der Nationalmeister der American Athletic Union, fünfmaliger Sieger der nationalen CVJM-Meisterschaften im Ringkampf und erkämpfte sich 1932 einen Platz in der US-Olympia-Mannschaft. Damals zog er sich eine Verletzung zu, durch die er heute noch leicht hinkt.

Als junger Mensch war er in der Gemeindearbeit aktiv. In seinen zwanziger und frühen dreißiger Jahren war Vater „Cap'n John" für die Gemeindejugend. Er führte mit den Jugendlichen Zeltlager, Wochenendausflüge, Wanderungen und Freizeiten durch. Er besaß einen alten Tieflader-Lkw, auf den er Jugendliche, Schlafsäcke, den Camping-Ofen und alle möglichen Utensilien lud und zu einer der „Cap'n-John-Tours" losfuhr. Es waren denkwürdige Zeiten, die bei vielen der Jugendlichen einen tiefen Eindruck hinterließen.

Eine junge Dame war von „Cap'n John" besonders beeindruckt. Es war die vor Energie sprühende, muntere Margret „Lindy" Landwehr, die ein natürliches Interesse an Sport und Spiel hatte und dadurch „Cap'n Johns" Aufmerksamkeit auf sich zog. Bald verliebte sich Lindy in „Cap'n John" und er sich in sie. Häufig waren ihre Rendezvous jedoch etwas lebhaft, denn „Cap'n John" brachte die gesamte Jugendgruppe mit!

Um seiner Liebe Ausdruck zu verleihen, arbeitete „Cap'n John" Tag und Nacht und baute Mutter als Hochzeitsgeschenk ein Haus. Es war gegen Ende der Rezession, als Geld noch knapp war. Vater kämmte mit seinem Lkw die ganze Gegend nach Baumaterial ab. Von einem alten Segelschiff rettete er riesige Holzbalken für Fundament und Dachsparren.

Während er eines Tages so dahinfuhr, sah er, wie ein paar Männer eine Steinmauer einrissen.

„Was fangen Sie denn mit den Steinen an?" fragte er.

„Wieso?"

„Ich fahre sie gern weg", erwiderte Vater.

„Okay", knurrte der Vorarbeiter. „Sehen Sie nur zu, daß Sie sie bis Freitag weggeschafft haben. Wir haben noch Arbeit vor uns."

„Jawohl!" rief Vater begeistert.

Eigenhändig begann er mit der schweren Arbeit, die Steine,

von denen die meisten über einen Zentner schwer wogen, abzutransportieren. Er schaffte es ganz allein und manövrierte sie irgendwie auf den Lkw. Nach vielen Fahrten hatte er genug für sein Haus. Heute sind zwei riesige, prächtige Steinkamine ein Denkmal für diese Schufterei.

Das gleiche spielte sich ab, wenn er Bauholz, Bausteine oder anderes Baumaterial benötigte.

Endlich war sein Traumhaus fertig. Er und seine Braut zogen ein und wohnen bis heute darin.

Das gleiche aktive Interesse legte Vater für geschäftliche Dinge und die Gemeindepolitik an den Tag. Vor Jahren begann er ein eigenes Geschäft für Fußbodenbeläge. Er sagte: „Vielleicht bin ich zu selbständig, um für jemand anders zu arbeiten. Ich liebe meine Familie zu sehr, um mich von dem Zeitplan und den Interessen eines anderen binden zu lassen. Wenn ich mein eigener Herr bin und mal einen Tag freinehmen will, um mit meiner Familie ans Meer hinauszufahren oder mit ihr zusammen einmal auszureiten, will ich niemanden vorher fragen müssen. Ich hänge einfach ein Schild vor die Tür, schließe zu und haue ab."

Und das taten wir auch. Wir machten oft Ausflüge und Ferienfahrten. Dabei hatten wir so viel Freude, daß es schwerfällt zu glauben, daß all das einen Teil unserer Erziehung ausmachte. Während wir mit dem Rucksack auf dem Rücken durch die Gegend wanderten, brachte uns Vater Geographie und Geologie bei. Er zeigte uns, wie sich die Fährten der verschiedenen Tiere voneinander unterscheiden; er lehrte uns, die Rufe der Tiere zu erkennen, ihre Lebensgewohnheiten – Dinge, die man in der Stadt niemals lernen kann.

Sobald wir sitzen konnten, brachte er uns das Reiten bei. Ich saß im Alter von zwei Jahren im Sattel. Häufig prahlte Vater direkt damit: „Weißt du noch, wie die ganze Familie einmal hundert Meilen auf Pferderücken zurückgelegt hat? Es war die Strecke von Laramie nach Cheyenne, Wyoming. Weißt du es noch, Joni? Du warst erst vier! Die Jüngste, die den Cheyenne-Ritt jemals geritten ist." Als wir etwas älter waren, nahm er uns auf einen Ritt mit vollem Gepäck durch die wilden Medicine-Bow-Berge mit, wo wir von tiefer Ehrfurcht vor Gott und seiner Schöpfung ergriffen wurden.

Vater brachte uns allen einen ausgewogenen, graziösen Reitstiel bei und erteilte uns auch Unterricht im Kunstreiten. „Reite immer in rollender Bewegung mit dem Pferd", sagte er öfter. „Nicht wie die Anfänger, die auf dem Pferd herumhoppeln. Es ist beinahe unmöglich, den Körper durch Auf- und Abhopsen mit den Bewegungen des Pferdes in Einklang zu bringen. Du mußt mit ihm rollen."

Vater war immer ausgeglichen und freundlich. Nichts und niemand regte ihn jemals auf. Nicht ein einziges Mal in den Jahren meiner Kindheit und Jugend habe ich ihn die Geduld verlieren sehen. Darum bemühten wir uns auch, Vater durch unser Verhalten nicht wehzutun. Gewisse Dinge taten wir nicht, weil wir uns die Frage stellten: Was würde das wohl für Vati bedeuten? Und nicht, weil sie einfach fragwürdig oder falsch waren.

Als Vater zu den kurzen Besuchszeiten, die auf der Intensivstation erlaubt waren, ins Krankenhaus kam, versuchte er, die mir bekannte joviale, positive Atmosphäre zu verbreiten. Doch so sehr er sich auch bemühte, unbefangen und voller Hoffnung zu erscheinen, seine matten blauen Augen, die sonst immer so hell und klar dreinblickten, verrieten mir, wie nervös er war. Seine vom Wetter gegerbten, schwieligen Hände zitterten und ließen seine wahren Gefühle erkennen. Er war ängstlich und bedrückt. Die Tochter, die er liebte und nach sich benannt hatte, lag hilflos zwischen zwei Segeltuchdecken eingeklemmt und hing an Infusionsflaschen und Katheterschläuchen.

Joni beim Kunst- und Dressurreiten im Jahre 1966

Das Krankenhaus war kein Ort für diesen Menschen, der sein ganzes Leben als Sportler in Gottes freier Natur verbracht hatte. Es fiel ihm schwer, seinen Schmerz und seine Ruhelosigkeit zu verbergen.

Es tat mir weh, mit ansehen zu müssen, wie mein Unfall auf ihn wirkte. „Warum, o Gott", fragte ich, „warum tust du das?"

Ein ungewöhnlich starkes Band der Liebe verband uns als Familie miteinander. Mutter war die Quelle dieser Kraft. Auch sie liebte das Leben an der frischen Luft und den sportlichen Wettbewerb und teilte Vaters Interessen. Sie brachte uns Mädchen das Tennisspielen bei. Schwimmen und Wandern waren Dinge, die wir als Familie gemeinsam unternahmen.

Mutter mit ihrem starken Charakter und ihrer liebevollen Art bemühte sich genau wie Vater darum, daß wir ein glückliches Zuhause hatten. Es gab selten eine Meinungsverschiedenheit zwischen meinen Eltern, und ihre offensichtlich auf Gegenseitigkeit beruhende Liebe wirkte sich auch auf unser Leben aus und vermittelte uns ein Gefühl der Sicherheit und Zusammengehörigkeit.

Nach meinem Unfall wich Mutter im Krankenhaus nicht von meiner Seite. Während der ersten vier Tage blieb sie rund um die Uhr bei mir und machte nur kurze Nickerchen auf einem Sofa im Besucherzimmer. Sie verließ mich nicht eher, als bis sie absolut davon überzeugt war, daß mir keine Gefahr mehr drohte.

Da wir in unserer Familie so eng miteinander verbunden waren, teilten auch meine Schwestern die Sorgen der Eltern. Kathy, zwanzig Jahre alt, dunkelhaarig, hübsch, aber schüchtern, war es, die mich aus dem Wasser gezogen und mir das Leben gerettet hatte.

Jay, zur Zeit des Unfalls dreiundzwanzig Jahre alt, war die

Schwester, der ich am nächsten stand. Sie war still und graziös, und ihr langes blondes Haar war von Sonne und Wasser ausgebleicht. Jay war verheiratet und Mutter eines kleinen Mädchens namens Kay. Trotz ihrer Verpflichtungen der Familie gegenüber fand sie Zeit, ins Krankenhaus zu kommen und bei mir zu sein. Ich freute mich jedesmal auf ihren Besuch. Zwang mich mein Bett, mit dem Gesicht nach unten zu liegen, legte sie sich einfach auf den Fußboden. Dort breitete sie dann allerlei Hefte aus, die wir zusammen lasen. Sie versuchte auch, meine Zimmerecke durch Pflanzen und Poster freundlicher zu gestalten, wenn auch die „Vorschriften" sehr bald die Entfernung dieser Dinge verlangten.

Linda, meine älteste Schwester, war verheiratet und hatte drei kleine Kinder. Da sie etwa zehn Jahre älter war als ich, stand ich ihr nicht so nahe wie Kathy und Jay.

Die Erinnerungen an die schönen Jahre, die ich zusammen mit meinen Familienangehörigen verlebt hatte, halfen etwas, mich von meinen Schmerzen und Alpträumen abzulenken. Ich erinnerte mich auch an die schönen Erlebnisse auf dem Gymnasium und an die Freundschaften, die ich dort geschlossen hatte.

Das Woodlawn-Gymnasium lag in einem landschaftlich hübschen Vorort von Baltimore. Der zweistöckige, steinerne Bau war so in das Gelände eingebettet, daß die freie Natur voll in seinen Gesamtplan mit eingeschlossen war. Die Fußwege waren von Bäumen eingefaßt, und ein kleines Bächlein schlängelte sich durch die angrenzenden Wiesen. Häufig waren Kunststudenten in dem malerisch angelegten Schulgelände dabei, zu skizzieren oder zu malen.

Hinter der Schule lagen Baseballfelder, Sportplätze, Tennisanlagen und ein Lacrosse-Platz. Lacrosse, ein amerikanisches Ballspiel, war mein Lieblingssport. Meine Ernennung zum Kapitän unserer Mädchen-Lacrosse-Mannschaft im letzten Schuljahr bedeutete mir im Grunde mehr als meine Aufnahme in die Gilde der Ehrenschüler.

In meinem zweiten Jahr auf Woodlawn hatte ich Kontakte zu einer Organisation geknüpft, die sich „Young Life" – Junges Leben – nannte, einer religiösen Bewegung, die sich hauptsächlich der Gymnasiasten annahm. Mir war aufgefallen, daß viele der erfolgreichen und beliebten Schüler Christen waren und „Young Life" angehörten, und so wollte ich, als ich von einer „fantastischen" Freizeit hörte, die „Young Life" abhielt, auch dabei sein.

„Mutti", bettelte ich, „du mußt mich einfach gehen lassen. Bitte!"

Ich war fünfzehn und ein junges Mädchen, das im Begriff war, sich zu einer Persönlichkeit zu entwickeln und nach dem Sinn des Lebens suchte.

Das „Young-Life"-Wochenende fand in Natural Bridge im Staat Virginia statt. Scharen von Jugendlichen aus der Gegend um Baltimore trafen sich in der kleinen Gemeinde, um ein Wochenende zu erleben, das mit Sport, Spiel und Bibelarbeit angefüllt war. Wir wollten herausfinden, was die Bibel über unser Verhältnis zu Gott zu sagen hat.

Carl Nelson, der Leiter des „Young-Life"-Camps, erklärte uns, daß das Evangelium mit Gottes Herrlichkeit und Gerechtigkeit beginnt. „Dieser Maßstab der göttlichen Gerechtigkeit kam in den Zehn Geboten zum Ausdruck", sagte er. Carl öffnete seine Bibel und las: „‚Und durch das Gesetz kommt Erkenntnis der Sünde.' Und deshalb, Leute", fuhr er fort, „kann man sich niemals den Himmel verdienen, indem man eine Liste moralischer Gebote und Verbote aufstellt und sich bemüht, sie zu befolgen. Es ist einfach unmöglich, das Gesetz, das Gott erlassen hat, zu halten."

Nach diesem Vortrag machte ich einen Spaziergang durch die herbstliche Abendluft. Ich eine Sünderin? Ich hatte eigentlich nie richtig verstanden, was das Wort bedeutet. Jetzt aber, im Licht der Heiligkeit Gottes, wurde mir meine Aufsässigkeit bewußt. Ich wußte, daß ich eine Sünderin und verloren war, egal, wie seltsam das auch klingen mochte. „Nun, ich kann mich logischerweise nicht selbst erlösen. Wer also..."

Plötzlich ging mir ein Licht auf. Alles, was uns Carl bisher deutlich zu machen versuchte, bekam auf einmal einen Sinn. Deshalb war ja Jesus, der Sohn Gottes, gekommen! „Er war Gott und Mensch zugleich. Deshalb konnte er das Gesetz erfüllen und ein sündloses Leben führen. Und als er starb, nahm er die Strafe für eure Sünden auf sich." Ich erinnerte mich deutlich an Carls Worte.

Ich setzte mich und lehnte mich gegen einen Baum, blickte zu dem stillen, unendlichen Sternhimmel empor und erwartete halbwegs, irgend etwas – ich wußte bloß nicht, was – dort oben zu erblicken. Nur flackernde Pünktchen flimmerten mich an. Dennoch wurde ich, als ich nach oben blickte, von der Liebe Gottes überwältigt. Ich schloß die Augen. „O Gott, ich sehe meine Sünden; ich sehe aber auch deine Barmherzigkeit. Dank sei dir, daß du deinen Sohn Jesus geschickt hast, um für mich zu sterben. Ich will von jetzt ab all die Dinge nicht mehr tun, die dich betrüben. Statt alles nach meinen Wünschen auszurichten, möchte ich, daß Christus auf dem Thron meines Herzens sitzt und mich führt. Ich danke dir, daß du mich von der Sünde erlöst und mir ewiges Leben gegeben hast." Ich erhob mich und rannte in das Zimmer zurück, um Jackie, meiner Freundin, zu erzählen, daß Gott mich erlöst habe.

In meiner Kindheit und Jugend hatte ich immer gehört, wie sehr Gott mich liebte. Mutter und Vater waren Christen und Mitglieder der Reformiert-Episkopalen Kirche Bischof Cummings in Catonsville. In meinen Jugendjahren suchte ich aber meinen eigenen Lebensstil und hatte keine Zeit für Gott.

Ich hatte vieles versucht, um herauszubekommen, was eigentlich der Sinn meines Lebens war. Zunächst dachte ich, Beliebtsein und Verabredungen mit Jungen sei die Antwort. Dann hoffte ich, im Sport die Antwort zu finden. Jetzt aber war meine Suche beendet. Alle Stücke des Puzzles paßten ineinander und ergaben einen Sinn! Jesus, der Sohn Gottes, war gekommen, um mich zu einer Persönlichkeit und zu einem Kind Gottes zu machen.

Eine tiefe Freude durchströmte mich in jener Nacht, und es war mir Ernst, als ich den Entschluß faßte, Jesus Christus in mein Herz und Leben aufzunehmen. Ich verstand das alles zwar noch nicht ganz, sollte aber erfahren, daß Gott geduldig, liebevoll und vergebend gegenüber unseren Fehlern ist.

An jenem Wochenende wurde ich mit zwei Gedankengängen konfrontiert, die ich bis dahin noch nie ganz verstanden hatte. Mir wurde bewußt, daß ich eine Sünderin war, weil ich und auch niemand anders in der Lage war, nach Gottes Maßstäben zu leben. Daher ließ er es zu, daß sein Sohn, der Herr Jesus Christus, für mich starb. Es war ein ergreifender, bedeutungsvoller Augenblick, als mir klar wurde, daß Jesus für mich persönlich gestorben war.

Dann hörte ich von einem anderen interessanten Begriff – „Leben im Überfluß". Unser Leiter erklärte uns, daß Jesus gekommen sei, um für unsere Sünden zu sterben, daß er aber auch gekommen sei, um uns „Leben im Überfluß" zu geben (Johannes 10,10). In meinem kindlichen Gemüt bedeutete dieses „Leben im Überfluß" Gewicht verlieren, beliebt sein, viele Freunde haben und gute Zensuren nach Hause bringen.

Meine Ansichten darüber, was „Leben im Überfluß" bedeutet, waren natürlich völlig falsch, aber bis zu meinem dritten Jahr auf dem Gymnasium hatten sich diese falschen Vorstellungen in mir gehalten. Als neugebackener Christ hatte ich erwartet, Sicherheit und den Sinn des Lebens darin zu finden, daß ich die Ziele erreichte, die ich mir auch für mein geistliches Leben gesteckt hatte: regelmäßig den Gottesdienst besuchen, im Chor mitsingen und verschiedene Dienste in „Young Life“ übernehmen. Mein ganzes Streben war auf diese Dinge, nicht aber auf Gott gerichtet. Mein Leben drehte sich um vergängliche Werte, um mein eigenes Ich.

Ungefähr zu dieser Zeit lernte ich Jason Leverton kennen. Jason war ein gutaussehender, muskulöser, stattlicher Bursche. Mit seinen breiten Schultern, seinen ernsten braunen Augen und seinem dichten, hellen Haar wurde er von seinen Kameraden wegen seiner Gewandtheit bei den Meisterschaftskämpfen im Ringen der „blonde Blitz“ genannt. Jason und ich waren eng befreundet und bei Schul- und anderen Anlässen stets zusammen.

Vater hatte Jason besonders gern wegen seines eigenen lebhaften Interesses am Ringsport. Es war für mich nicht weiter verwunderlich, wenn ich bei Jason die zweite Geige spielte, wenn er uns besuchte. Häufig „griffen“ sich Vater und Jason gegenseitig in freundschaftlicher Rauferei an, um ungewöhnliche Griffe zu demonstrieren.

Es machte viel Vergnügen, mit Jason zusammen zu sein. Wir besprachen gemeinsam unsere Geheimnisse und auch unsere Studienpläne. Wir planten, zusammen aufs College zu gehen und wahrscheinlich eines Tages zu heiraten.

Wir hatten unseren Lieblingsplatz – es war ein in der Nähe gelegener Park –, wo wir spazierengingen und uns über alles mögliche unterhielten. Jason war ebenfalls für „Young Life“ tätig; darum nahmen wir uns auch oft Zeit für geistlichen Gedankenaustausch und für das gemeinsame Gebet. Manchmal kletterte ich sogar nach „Zapfenstreich“ die Dachtraufe an unserem Haus hinunter – bis mich Mutter eines Abends dabei erwischte. Sie kontrollierte dann öfter, ob ich die Hausregeln einhielt.

Als Jason und ich dann bei unserem Zusammensein intimer wurden, begannen die wirklichen Konflikte. Wir waren beide im letzten Schuljahr und wußten, daß es bestimmte Regeln gab, die gegenseitige Liebesbezeugungen einschränken; keiner von uns hatte jedoch genügend innere Kraft, um mit der Versuchung fertig zu werden.

Häufig fuhren wir im Auto übers Land oder ritten aus. Oft war unser Ziel eine offene Wiese, die von einem schönen Wald, dem tiefblauen Himmel und prächtigen Sommerwolken eingesäumt war. Die ländlichen Bilder, Geräusche und Gerüche wirkten aufregend, romantisch und erotisch. Ehe wir wußten, was geschehen war, hatten unschuldige, kindliche Liebesbezeugungen – Händehalten, Umarmen, Küssen – solchen Liebkosungen Platz gemacht, die Gefühle auslösten, über die keiner von uns Herr wurde. Wir wollten einhalten, doch oft, wenn wir uns an einem einsamen Ort befanden, fielen wir uns gegenseitig in die Arme. Unser Mangel an Selbstbeherrschung machte uns große Not.

„Jason – warum können wir bloß nicht aufhören? Was ist nur mit uns los?“ fragte ich ihn eines Abends.

„Ich weiß es nicht. Ich weiß, wir sollten nicht so rumspielen, aber –“

„Jason, wir dürfen uns eine Weile nicht mehr treffen. Es gibt keinen anderen Ausweg. Ich kann nicht aufhören. Du auch nicht. Jedesmal, wenn wir uns allein treffen – hm – sündigen wir. Wenn es uns mit unserer Reue wirklich ernst ist, müssen wir einfach unsere Begegnungen für eine Weile einstellen, so daß wir der Versuchung aus dem Weg gehen können.“

Jason war eine Weile still, dann gab er mir recht. „Das sollten wir vielleicht.“

Dann schlug er vor, daß ich mich mit seinem Freund Dick Filbert, einem empfindsamen, reifen Christen, treffen sollte.

Wenn ich schon mit jemandem anderem ausginge, könnte es ja auch genauso gut ein Freund von ihm sein. So hätten wir doch wenigstens noch indirekt Kontakt miteinander.

Dick war groß, hager und sah gut aus – genau wie Jason. Doch hier endete die Ähnlichkeit. Dick war still und schüchtern, aber fähig, sich gut auszudrücken. Ein Hauch des Zwanglosen umgab ihn, bis hin zu seinen abgetragenen Jeans und Moccasin-Schuhen. Sein ganzes Wesen strahlte Frieden und Gemütlichkeit aus. Dicks helle, blaue Augen konnten meine Seelenstürme beruhigen, und seine Gegenwart war für mich der starke, ruhende Fels, an den ich mich in Zeiten der Not klammern konnte.

Während meines letzten Schuljahrs war meine Zeit zwischen Jason und Dick aufgeteilt. Ich versuchte, ein romantisches Interesse für beide zu vermeiden und jeden von ihnen lediglich als guten Freund zu behandeln. Ich entspannte mich, indem ich ausritt, Schallplatten hörte und Gitarre spielte. Außerdem bemühte ich mich, durch Teilnahme an den „Young Life"-Bibelstudienkursen mehr über das Leben als Christ zu lernen. Auch mein Gebetsleben war auf eine reifere Zielsetzung ausgerichtet.

Aufgrund meiner schulischen Leistungen wurde ich vom Western Maryland-College für das Herbstsemester angenommen. Mein Leben schien in einer bestimmten Bahn zu verlaufen und irgendwo hinzuführen – aber es schien nur so.

Ich entsinne mich, wie ich eines Morgens nach der Schulentlassung im Bett lag und über diese Dinge intensiv nachdachte. Das Licht der Sommersonne strahlte durch das Laub der Bäume hindurch in mein Zimmer und zerteilte sich in flimmernde Pünktchen, die sich über mein Bett und die rosabedruckte Tapete ausbreiteten.

Ich gähnte und drehte mich um, um hinauszuschauen. Als Vater damals sein Traumhaus baute, hatte er solche Besonderheiten wie das kleine „Bullaugenfenster" dicht über dem Fußboden neben meinem Bett mit eingebaut. Ich brauchte mich nur im Bett herumzudrehen, dann konnte ich hinausblicken.

Es war noch früh, dennoch stand ich schnell auf und angelte mir ein paar Jeans und einen Pullover.

Während ich mich anzog, wanderten meine Augen nochmals zu der schwarzledernen Diplom-Mappe hinüber, die auf dem Toilettentisch lag. Ich ließ meine Hände über die Maserung und die verschnörkelten gotischen Buchstaben, die den Namen der Schule wiedergaben, und das Schulwappen gleiten. Vor wenigen Tagen erst war ich, in Barett und Talar gekleidet, den Gang der Aula hinuntergeschritten, um dieses Diplom in Empfang zu nehmen.

„Frühstück!" Von unten riß mich Mutters Stimme aus meiner Träumerei.

„Ich komme, Mutter!" rief ich. Ich sprang die Treppe hinunter und rückte mir einen Stuhl an den Tisch.

„Gehst du nach der Kirche zur Ranch hinaus, Joni?" fragte Mutter.

„Hm – hm. Ich weiß, Tumbleweed ist schon für das Rennen in diesem Sommer fertig, aber ich möchte doch noch etwas mit ihr arbeiten."

Die „Ranch" war unsere Familienfarm und lag etwa zwanzig Meilen außerhalb der Stadt auf einem Gebirgskamm, der eine herrliche Aussicht über das ganze weite Tal bot. Sie war von allen Seiten von Land umgeben, das zu einem Nationalpark gehörte.

Als ich dort ankam, stand die Sonne bereits hoch am Himmel, und der Duft von frischgemähtem Heu wehte mir entgegen. Die mit Blumen übersäten Wiesen an den Hängen wogten leicht im Wind. In der Nähe stand ein blühender Apfelbaum und verströmte seinen Duft.

Leise und glücklich vor mich hinsummend, sattelte ich Tumbleweed und schwang mich auf sie.

Es war herrlich erfrischend, so weit vom Lärm, Schmutz und der ungesunden Luft der Stadt weg zu sein. Den ganzen Sommer hindurch hat Baltimore unter der Luftverschmutzung durch die Industrie und einer brütenden Schwüle zu leiden, die sich von der Chesapeake-Bucht über die Stadt ausbreitet. Hier in unserem eigenen kleinen Paradies waren wir frei und konnten Sommer, Sonne und frische Luft genießen.

Ich drückte meine Schenkel gegen Tumbleweeds Flanken und spornte sie mit den Fersen an.

Die kastanienbraune Stute bewegte sich im Schrittempo den ungepflasterten Weg hinauf.

Als wir auf die Weide hinauskamen, gab ich ihr noch einmal meine Fersen zu spüren.

Tumbleweed hatte diesen wortlosen Befehl eigentlich gar nicht nötig. Sie wußte, daß hier genügend Platz zum Traben war, ohne daß sie auf Bodenlöcher oder Steine Rücksicht nehmen mußte.

Etliche selbstgebaute Hürden standen über das Feld verstreut. In kurzem Galopp näherten wir uns der ersten Hürde, einem etwa 1,20 Meter hohen hölzernen Hindernis. Ich saß fest auf meinem Pferd und spürte seine weichen, präzisen Schritte beim Anlauf.

Der erfahrene Reiter hat instinktiv das richtige Gefühl dafür, wann ein Pferd zum Sprung ansetzt. Tumbleweed war erfahren und ich auch. Wir hatten schon alle möglichen Medaillen und Preise gewonnen. Ich kannte den Klang der Hufe und den richtigen Rhythmus, mit dem sie über den Parcours donnerte.

Weich hob sich das Pferd jetzt in die Höhe, und schon waren wir drüben.

Der Augenblick, in dem ich in der Luft hing, ähnelte dem

Fliegen. Jedesmal erfüllte mich dabei eine unbändige Freude.

Nach ein paar Läufen triefte Tumbleweed förmlich von Schweiß. Ich zügelte sie zu einem langsamen Trott und lenkte sie dann in Richtung Stall.

„Joni!"

Ich blickte auf und sah, wie Vater auf seinem grauen Wallach über das Feld in meine Richtung galoppiert kam. Er lächelte und stoppte sein Pferd.

„Ich sah, wie sie sprang, Joni. Sie ist in erstklassiger Form. Ich glaube, auf dem Rennen nächste Woche werdet ihr beiden mit allen Medaillen davonlaufen."

„Wenn, dann nur, weil du mir alles Nötige dazu beigebracht hast", rief ich zu ihm hinüber.

Als Vater und ich zum Stall zurückgekehrt, abgesattelt und die Pferde mit einem Klaps in den Hof geschickt hatten, war es halb fünf.

„Wir wollen machen, daß wir nach Hause kommen, sonst kommen wir zu spät zum Essen", sagte er.

Später erinnerte ich mich mit Freuden an jenen herrlichen Tag, als ich auf Tumbleweeds Rücken saß. Innerlich aber wußte ich, daß das alles nur raffinierte Ausflüchte waren. Ich wollte den Tatsachen nicht ins Auge sehen. Herr, was soll ich bloß machen? dachte ich. Ich bin glücklich und zufrieden und auch dankbar für das Gute, das du mir bescherst, aber ich weiß auch, daß tief in mir etwas nicht stimmt. Ich glaube, ich brauche dich jetzt wirklich, damit du anfängst, etwas aus meinem Leben zu machen.

Dachte ich über meine geistlichen Fortschritte in den vergangenen Jahren nach, so mußte ich zugeben, daß ich nicht weit gekommen war. Jason und ich hatten uns getrennt, das stimmte, und Dick paßte in jeder Hinsicht besser zu mir. Ich war aber noch immer an die Sünden gebunden. Anstelle von „Sünden des Fleisches" war ich jetzt von „Sünden der Gefüh-

Joni beim Kunst- und Dressurreiten im Jahre 1966

le“ gefangengenommen; Groll, Mißgunst, Zorn und Habgier bestimmten mein Verhalten.

In den letzten Schuljahren hatte ich mich auch treiben lassen. Meine Zensuren waren schlechter geworden, und infolgedessen gab es Ärger mit den Eltern. Mir fehlte ein Ziel, um gute Arbeit zu leisten. Es wurde mir klar, daß ich in den zwei Jahren, seit ich Christ war, keine großen Fortschritte gemacht hatte. Es schien mir sogar so zu sein, daß ich, je mehr ich mich bemühte, mich zu bessern, nur desto tiefer in die Sklaverei meiner Wünsche versank.

Jetzt bestürmte ich Gott: „Herr, wenn du wirklich existierst, dann tue etwas in meinem Leben, das mich ändert und umkrempelt. Du weißt, wie schwach ich bei Jason war. Du weißt, wie egoistisch und eifersüchtig ich mich Dick gegenüber benehme. Mir hängt diese Scheinheiligkeit zum Hals heraus! Ich möchte, daß du ernsthaft in meinem Leben zu arbeiten anfängst. Ich weiß nicht wie – ich weiß heute nicht einmal, ob du es kannst. Aber ich bitte dich: Fang etwas mit meinem Leben an! Führe du eine Wende herbei!“

Es war nur kurze Zeit vor meinem Unfall gewesen, daß ich so gebetet hatte. Jetzt, in meinem Sandwich-Bett eingeschlossen, dachte ich darüber nach, ob Gott wohl im Begriff war, mein Gebet zu beantworten.

3

„In der Bibel steht: 'Denen, die Gott lieben, müssen alle Dinge zum Guten mitwirken.' Das gilt auch für deinen Unfall, Joni." Dick versuchte, mich zu trösten, doch ich hörte ihm nicht richtig zu.

„Ich liege nun schon einen Monat in diesem blöden Krankenhaus", jammerte ich. „Ich kann darin nicht viel Gutes sehen! Nachts kann ich vor Alpträumen und Halluzinationen, die von den Medikamenten hervorgerufen werden, nicht schlafen. Ich stecke in diesem dämlichen Sandwich-Bett. Was soll denn daran gut sein? Sag mir doch bitte mal, Dick, was ist daran gut?"

„Ich – ich weiß es nicht, Joni. Ich glaube aber, wir sollten uns auf Gottes Verheißung berufen. Wir wollen ihm doch vertrauen, daß sich alles zum Guten auswirkt", antwortete Dick ruhig und geduldig. „Soll ich etwas anderes vorlesen?"

„Nein. Es tut mir leid. Ich wollte dich nicht so anfahren. Ich glaube, ich vertraue dem Herrn einfach nicht richtig, was meinst du?"

„Schon gut." Dick lag auf dem Fußboden unterhalb des Sandwich-Bettes und schaute zu mir auf. Unbeschreibliche Traurigkeit und Mitleid trieben ihm die Tränen in die Augen. Er blinzelte und blickte weg. „So", sagte er schließlich, „ich muß jetzt gehen. Bis später, ja?"

Es waren Dicks treue Besuche, zusammen mit denen von Vater, Mutter, Jackie und Jay, an die ich mich in jenen ersten bitteren Wochen klammerte. Andere, Jason zum Beispiel, kamen auch, wann immer sie konnten. Das Krankenhauspersonal lachte bereits über meine vielen Vettern und Basen, und die Regel der „fünf Minuten pro Stunde für Angehörige" wurde häufig übertreten.

Wenn Vater und Mutter kamen, bat ich immer jemanden darum, mich doch mit dem Gesicht nach oben zu drehen. Sie witzelten zwar darüber und legten sich auch auf den Fußboden, wenn ich mit dem Gesicht nach unten lag, aber es tat mir doch zutiefst weh, wenn sie auf allen vieren auf dem Fußboden herumkriechen mußten, um mein Gesicht zu sehen, wenn sie mich besuchten. Ich strengte mich dann sehr an, Hoffnung und Zuversicht in ihnen zu wecken.

Wenn ich über meine Not nachdachte, wurde es mir leichter, wenn ich an andere im Krankenhaus dachte, denen es noch viel schlechter ging als mir. Daraus versuchte ich auch Kraft zu schöpfen, um meine Eltern und andere, die zu mir zu Besuch kamen, aufzuheitern. Dann fiel es mir auch leichter, zum Krankenhauspersonal nett zu sein.

Es war aber nicht so, daß sich mein Wesen geändert hätte. Ich hatte vielmehr Angst, man würde mich nicht mehr besuchen kommen, wenn ich voll Bitterkeit war und mich andauernd beklagte. So bemühte ich mich, heiter und freundlich zu sein.

„Meine Güte, bist du heute bei guter Laune!" bemerkte Anita, eine der Schwestern von der Tagesschicht, eines Morgens.

„Klar, warum denn nicht? Es ist doch ein herrlicher Tag heute."

„Es regnet!"

„Nicht auf mich. Ich liege hier wie die Made im Speck", neckte ich sie.

„Soll ich später noch mal vorbeikommen?"

„Würdest du das tun? Ja, das wäre nett, Anita."

Obwohl Anita anderswo im Krankenhaus zur Arbeit eingeteilt war, hatte sie ein besonderes Interesse an mir. Oft verbrachte sie ihre Mittagsstunde mit mir, las mir Gedichte vor oder unterhielt sich einfach mit mir.

Weil ich schon so lange auf der Intensivstation lag, hatte ich mich mit vielen Schwestern angefreundet. Allmählich hatte ich mich auch mehr an die Regeln und die Routine im Krankenhaus gewöhnt. Da immer einige dieser Regeln umgangen wurden, wenn ich Besuch erhielt, übersah ich auch die Schwächen des Krankenhauspersonals.

Anita klopfte mir auf die Schulter und winkte. „Bis später, Joni."

Ich hörte ihre Schritte den mit Fliesen ausgelegten Korridor entlangklappern.

Nachdem sie gegangen war, kam Jason zu Besuch. „Hallo, Kleines", grinste er mich an. „Du siehst ja furchtbar aus. Wann kommst du denn endlich hier raus?"

„Das wird noch eine ganze Weile dauern, und ich glaube, daß ich dabei etwas lernen soll", antwortete ich. „Dick sagt, Gott ist dabei, an mir zu arbeiten."

„Gott hat doch damit nichts zu tun! Du hast dir das Genick gebrochen, und damit basta! Du kannst dich doch nicht zurücklehnen und sagen: 'Das ist der Wille Gottes', und es dabei belassen. Du mußt dagegen ankämpfen, Joni", sagte Jason entschieden.

Er sah mich an und wußte nicht, was er noch sagen sollte. Seit wir uns zu einer gewissen Abkühlfrist entschlossen hatten, war unser Verhältnis ziemlich locker geworden. Jetzt ließ er mich merken – wenn auch nicht mit Worten, so doch durch seinen Gesichtsausdruck und seine Geste, wie er meine Schulter drückte – , daß er sich noch sehr viel Gedanken um mich machte.

„Wir müssen dagegen ankämpfen, Joni. Du mußt wieder gesund werden, hörst du?" Die Stimme versagte ihm, und er fing an zu weinen. „Vergiß diesen Quatsch, daß du nach Gottes Willen hier bist. Kämpfe dagegen an, hörst du?“ Er fluchte leise, um seinen Worten mehr Nachdruck zu verleihen, und sagte: „Es gibt einfach keinen Sinn. Wie kann Gott – sofern es einen Gott gibt – so etwas zulassen?“

„Ich weiß, daß es diesen Anschein hat, Jason. Dick sagt aber, daß Gott irgendeinen Grund dafür haben muß.“

Dieses Verhalten war der erste Schritt Jasons von Gott weg, der Anfang seines Unglaubens und seiner Überzeugung, daß mein Unglück das Ergebnis eines blinden, willkürlichen Schicksals sei.

Nachdem er gegangen war, starrte ich zur Zimmerdecke empor. Ein Monat war nun vergangen, und ich war immer noch hier. Was fehlt mir eigentlich? grübelte ich.

„Hallo, Mädchen! Wie geht es meiner allerliebsten Patientin denn heute?“

Ich konnte ihn noch nicht sehen, erkannte aber Dr. Harris an der Stimme.

Der hochgewachsene, rothaarige Arzt trat in mein Blickfeld. Ich schenkte ihm ein Lächeln und begrüßte ihn.

Dr. Harris war an dem Abend, als ich eingeliefert worden war, auf der Schock- und Trauma-Station tätig gewesen. Er hatte seitdem ein persönliches Interesse an mir genommen und meinen Fall verfolgt. Ich war von seinem schottischen Akzent angetan.

Er nahm meine Fieber-Kurve zur Hand und sah sie sich an. „Hm – hm, das sieht ja gut aus. Fühlst du dich denn besser?“

„Ich – ich weiß nicht. Was fehlt mir eigentlich, Dr. Harris? Die Schwestern sagen mir nichts, und Dr. Sherrill wirft nur mit einem Haufen medizinischer Fachausdrücke um sich. Bitte, wollen Sie mir nicht sagen, wann ich nach Hause gehen kann?“

„Nun, Liebling, das kann ich auch nicht sagen. Das heißt,

ich bin mit deinem Fall eigentlich nicht so vertraut wie Dr. Sherrill. Ich bin nur – "

„Dr. Harris", unterbrach ich ihn, „Sie schwindeln. Sie wissen es. Sagen Sie es mir."

Er hängte die Fieberkurve wieder an ihren Platz zurück, blickte einen Moment ernst vor sich hin und versuchte dann, seinem Gesicht einen verbindlichen Ausdruck zu geben. „Ich sag dir was: Ich werde mit Dr. Sherrill ein Wörtchen reden. Ich werde ihm sagen, er soll dir die ganze Geschichte einmal in einfachem Englisch erklären. Was hältst du davon?"

Ich lächelte. „Das klingt schon besser. Ich finde, ich habe ein Recht darauf, alles zu wissen, nicht wahr?"

Dr. Harris nickte, spitzte die Lippen, als ob er etwas sagen wollte, doch dann lächelte er nur, als ob er sich eines Besseren besonnen hätte.

Später am Tag kam Dick hereingeplatzt. Er trug eine Jacke, was im August seltsam war. „Ich – ich bin die neun Etagen raufgelaufen", sagte er.

„Warum denn?" lachte ich. „Warum hast du denn nicht den Fahrstuhl benutzt?"

„Dies ist der Grund", erwiderte er und öffnete die Jacke.

Heraus kam ein kleines, quicklebendiges junges Hündchen. Es kletterte auf Dick herum, der auf dem Fußboden unterhalb meines Sandwich-Bettes lag, leckte sein Gesicht ab und bellte leise – kläff, kläff, kläff! Wir dachten, es würde das ganze Haus zusammenbellen.

„Psch – h – h! Ruhig, du kleiner Köter! Willst du denn, daß wir alle rausgeschmissen werden?" redete Dick auf ihn ein. Er hielt mir das Hündchen ans Gesicht.

Ich spürte die stoppelige Wärme und die Nässe seiner Zunge, als es mein Gesicht ableckte. „O Dick, ist der hübsch! Ich freue mich, daß du ihn gekauft hast."

„Ich dachte mir doch, daß ich etwas gehört hätte!" rief eine

Schwester mit gespielter Entrüstung. „Wie haben Sie den denn an der Gestapo in der Eingangshalle vorbeigeschmuggelt?“ fragte sie grinsend.

„Ich habe die Hintertreppe benutzt. Sie werden uns doch nicht verraten?“

„Wer? Ich?“ Sie bückte sich, drückte den kleinen Hund an sich und setzte ihn dann ab. „Ich sehe nichts“, sagte sie einfach und ging, um sich wieder ihren Pflichten zu widmen.

Dick und ich spielten beinahe eine Stunde lang mit dem kleinen Hund, ohne daß wir wieder entdeckt wurden. Dann nahm er das kleine Tier hoch.

„Ich werde wieder die Hintertreppe benutzen“, sagte er, als er sich zum Gehen fertigmachte. „Sonst unterziehen die mich jedesmal einer Leibesvisitation, wenn ich komme.“

Wir lachten, und Dick ging, den kleinen Hund unter seiner Jacke.

*

Am nächsten Tag wurde ich zu einer Knochenaufnahme und einem Myelogramm in die Röntgenstation gebracht.

Die Röntgenaufnahme ging glatt und schnell vonstatten, denn dabei brauchte ja nur meine Wirbelsäule gefilmt zu werden. Das Myelogramm war jedoch nicht so einfach und schmerzlos. Dabei wurde die Flüssigkeit in meinem Wirbelkanal angezapft. Zu diesem Zweck wurden zwei fünfzehn Zentimeter lange Kanülen benutzt. Ein Teil meiner Rückenmarksflüssigkeit wurde gegen das Färbemittel ausgetauscht.

Nachdem diese Prozedur beendet war, wurde ich umgedreht und in verschiedenen Positionen unter das Fluoroskop gelegt, während die Ärzte ihre Tests machten.

Als alles fertig war, wurde das Färbemittel wieder abgesaugt und meine Rückenmarksflüssigkeit wieder eingespritzt. Eine Nebenwirkung bei dieser Behandlung waren heftige

Kopfschmerzen. Dagegen gab es kein Mittel, darum wurde ich einfach für einige Tage auf Beruhigungsmittel gesetzt.

Als Dr. Sherrill, der meinen Fall behandelte, später vorbeikam, sprach ich ihn an. „Dr. Sherrill, was fehlt mir eigentlich?“

Ohne Zögern antwortete er, und ich wußte nicht, wie ernst das war, was er sagte. „Erinnerst du dich nicht, Joni? Du hast dir eine Rückgratverletzung zwischen dem vierten und fünften Halswirbel zugezogen, eine sogenannte Verschiebungsfraktur.“

„Ich habe mir also das Genick gebrochen?“

„Ja.“

„Aber das heißt doch, daß ich sterben werde.“

„Nein, nicht unbedingt“, erwiderte Dr. Sherrill. „Es bedeutet nur, daß der Unfall sehr ernst ist. Die Tatsache, daß du schon vier oder fünf Wochen überlebt hast, bedeutet, daß du die Krise wahrscheinlich überstanden hast.“

„Heißt das, daß Sie glaubten, ich würde sterben? Vorher jedenfalls?“

„Du warst ein schwerverletztes Mädchen. Viele Menschen überleben Unfälle dieser Art nicht.“

Ich dachte an Tom und den anderen Mann, die beide der gleichen Behandlung unterzogen worden waren wie ich. „Ich glaube, ich habe Glück gehabt“, bemerkte ich.

„Glück hast du in der Tat gehabt. Du bist aber auch stark gewesen. Du hast eine enorme Willenskraft. Jetzt, da wir über die Krise weg sind, möchte ich, daß du deinen ganzen Willen darauf konzentrierst, wieder gesund zu werden. Siehst du, wenn du kräftiger geworden bist, möchte ich eine verschmelzungschirurgische Operation an dir durchführen.“

„Was ist das denn? In klar verständlichem Englisch bitte, Dr. Sherrill!“

„Nun, das ist eine Art Reparaturvorgang. Deine Wirbelsäule ist getrennt, und wir wollen die Knochen wieder aneinanderschmelzen."

Wieder aneinanderschmelzen? Mein Geist klammerte sich an diese einfache Erklärung und schwebte damit davon. *Das bedeutet, ich bekomme meine Arme und Beine wieder!* Das war ja die Bedeutung von Römer 8,28. Dick hatte recht! Alle Dinge dienen wirklich zum Besten. *Ich werde in gar nicht allzu langer Zeit wieder auf den Füßen stehen!* „Wann wollen Sie denn operieren?"

„Sobald wie möglich."

„Großartig! Dann mal los!"

*

Ich wußte nicht die volle Bedeutung dessen, was Verschmelzungschirurgie bedeutet. Ich meinte, wenn man die Wirbelkörper wieder miteinander verschmelzen könnte, würde die Wirbelsäule wieder heilen und alles würde wieder so werden wie früher – keine Lähmung mehr. Ich hatte aber einfach nicht aufmerksam zugehört.

Nach meiner Operation wurde ich zu meiner Freude von der Intensivstation in ein normales Zimmer verlegt. Es ist ein Zeichen, daß es mit mir bergauf geht, dachte ich. Wenn das nicht der Fall wäre, würden sie mich ja auf der Intensivstation lassen.

Mutter und Vater waren bereits im Zimmer und lachten und freuten sich über meine Rückkehr aus dem OP.

Auch Dr. Sherrill kam vorbei. „Alles verlief prima", sagte er, unsere Frage ahnend. „Die Operation war ein voller Erfolg."

Gemeinsames, erleichtertes Aufatmen war zu vernehmen.

„Jetzt möchte ich, daß Sie sich alle auf den nächsten Schritt der Wiederherstellung konzentrieren. Es gibt noch viel für uns zu tun. Schwere Tage liegen noch vor uns, Joni. Ich möchte, daß du dir klar darüber bist und dich darauf vorbereitest. Der schwierigste Teil des ganzen Kampfes ist der psychologische. Jetzt geht es dir wunderbar. Du warst zornig und verzweifelt und hattest auch Angst, aber du bist noch nie deprimiert gewesen. Warte aber mal, bis deine Freunde aufs College gehen. Warte, bis sie sich an deinen Zustand gewöhnt haben und er an Anziehungskraft verliert. Warte, bis deine Freunde anderen Interessen nachgehen und nicht mehr zum Besuch zu dir kommen. Bist du darauf vorbereitet, Joni? Wenn nicht, bereite dich am besten jetzt darauf vor. Die Zeit wird kommen, glaube mir. Sie wird kommen."

„Ich weiß, daß es noch eine Weile dauern wird, aber ich werde doch wieder gesund", antwortete ich. „Das alles braucht Zeit – das haben Sie mir selbst gesagt, Herr Doktor."

„Ja", sagte Vater. „Von wieviel Zeit sprechen Sie eigentlich, Herr Dr. Sherrill?"

Auch Mutter fügte ihre Besorgnis hinzu. „Sie reden davon, daß Jonis Freunde im Herbst aufs College gehen. Ich habe aber das Gefühl, daß Sie sagen wollen, daß Joni nicht wird mitgehen können. Wir haben bei der Western-Maryland-Universität bereits eine Anzahlung auf die Studiengebühren geleistet. Sollen wir ihren Eintritt bis zum folgenden Semester verschieben?"

„Äh – mindestens."

„Tatsächlich?"

„Herr Eareckson, Sie können sich die Gebühren gleich zurückerstatten lassen. Ich befürchte, ein Studium ist für Joni ausgeschlossen."

„Sie – Sie meinen, daß Sie nicht wissen, wann Joni wieder laufen lernen wird?"

„Laufen? Ich fürchte, Sie verstehen mich falsch, Herr Eareckson. Jonis Schaden wird bleiben. Die Operation hat daran nichts geändert."

Das Wort „bleiben“ schlug wie eine Bombe in mein Bewußtsein ein.

Es wurde mir klar, daß Mutter und Vater heute zum erstenmal der Tatsache einer unheilbaren Verletzung gegenüberstanden. Entweder waren wir alle zu leichtgläubig oder die Ärzte in ihren Erklärungen zu vage gewesen. Vielleicht beides.

Für einen Augenblick lag peinliches Schweigen über dem Raum. Keiner von uns traute sich, eine Gefühlsregung zu zeigen, aus Furcht, er könnte den anderen aufregen oder ihm Sorge bereiten.

Dennoch bemühte sich Dr. Sherrill, uns Mut zu machen. „Joni wird nie wieder gehen können, doch hoffen wir, daß sie eines Tages ihre Hände wieder gebrauchen kann. Viele Menschen führen ein nützliches, sinnvolles Leben, ohne laufen zu können. Sie können sogar Auto fahren, arbeiten, ihr Haus sauberhalten – es ist eigentlich gar nicht so hoffnungslos, wissen Sie. Wir sind voller Zuversicht, daß sie im Laufe der Zeit lernen wird, ihre Hände wieder zu gebrauchen.“

Mutter hatte ihr Gesicht abgewandt, aber ich wußte, daß sie weinte.

„Macht euch keine Sorgen, Mutter, Vater! Oft haben sich Menschen, die sich das Genick gebrochen hatten, wieder erholt und laufen gelernt. Ich habe viele Erfolgsberichte gehört, während ich hier gelegen habe. Ich werde wieder laufen können! Ich weiß es. Ich glaube, daß Gott will, daß ich wieder laufe. Er wird mir helfen. Wirklich! Ich werde aus diesem Haus rauslaufen!“

Dr. Sherrill sagte nichts. Er legte Mutter die Hand auf die Schulter, gab Vati die Hand und ging.

Lange sagte keiner von uns etwas. Dann begannen wir, über unwichtige Dinge zu sprechen. Endlich gingen auch meine Eltern.

Ich lag im Halbdunkel des Raumes. Ich hätte mich freuen sollen – die Operation war gelungen, ich befand mich auf dem Wege der Besserung und in einem Einzelzimmer. Aber ich konnte mich nicht freuen. Traurigkeit und Verzweiflung überwältigten mich. Zum erstenmal seit meinem Unfall betete ich, sterben zu dürfen.

Nach beinahe einer Stunde kam Schwester Alice herein. Sie leerte meinen Urinbeutel und räumte im Zimmer auf. Dann trat sie ans Fenster und machte sich an den Vorhängen zu schaffen. „Es scheint, du bekommst Besuch", sagte sie freundlich.

„Ach?"

„Hm – hm. Ich sehe deine Eltern unten im Garten beisammensitzen. Sie werden jede Minute hier sein."

„Nein, sie sind bereits hier gewesen", erwiderte ich. Ich spürte, wie mir heiße, salzige Tränen über die Wangen liefen. Meine Nase verstopfte sich. Ich konnte nicht mehr weinen, weil ich mir meine Nase nicht putzen konnte. Trotzdem begann ich zu schluchzen.

„He, was ist denn, Joni?" Alice wischte mir das Gesicht mit einem Papiertaschentuch ab und zog ein zweites aus dem Karton. „Hier – schnaub mal! Besser jetzt?"

Ich lächelte. „Tut mir leid. Wahrscheinlich dachte ich einfach über meine Eltern da unten nach. Dr. Sherrill hat uns gerade gesagt, daß meine Verletzung endgültig ist – daß ich nie wieder werde laufen können. Ich weiß, daß sie jetzt da unten sitzen und darüber sprechen. Und daß sie weinen. Und ich bin hier oben und weine. Es ist einfach zu schwer, das alles zu ertragen."

Alice streichelte mir mit dem Handrücken sanft über die Wange.

Ihr Mitgefühl tat mir wohl. Es war trostreich und beruhigend, irgend etwas zu fühlen.

„Und ich werde doch wieder gehen können, Alice. Gott wird mir helfen, du wirst es sehen."

Alice nickte und lächelte.

*

In den Wochen nach der Operation wurde ich nicht kräftiger, wie ich erwartet hatte. Da ich noch immer durch die Vene oder flüssig gefüttert wurde, verlor ich immer mehr an Gewicht. Der Gedanke an festes Essen verursachte mir Übelkeit, und ich konnte die Speisen, die auf einem Tablett in mein Zimmer gebracht wurden, einfach nicht essen. Das einzige, was ich trinken konnte, war Traubensaft. Die Schwestern hatten sich einen Vorrat davon besorgt und reichten mir immer wieder mal ein Glas, an dem ich nippte.

Eines Tages trat ein Fremder in Krankenhausdienstkleidung in mein Zimmer. „Ich bin Willie, der Chefkoch", erklärte er. „Ich möchte gern mal wissen, warum dir mein Essen nicht schmeckt", fügte er hinzu.

„Oh, es liegt nicht an Ihrem Essen. Mir wird überhaupt übel, wenn ich nur an Essen denke", entschuldigte ich mich.

„Was hast du denn am liebsten gegessen – vor dem Unfall, meine ich."

„Vorher? Meine Lieblingsspeisen waren Steak, gebackene Kartoffeln – "

„Gemüse?"

„Hm, ich weiß nicht. Mais, glaube ich."

„Salat?"

„Ich mochte 'Salat Cäsar'."

„Nun, mal sehen, was sich machen läßt." Dann ging er.

An dem Abend brachte mir eine Helferin wie gewöhnlich mein Tablett. Als sie den Deckel hob, sah ich ein riesiges Steak, eine große Kartoffel mit Butter und saurer Sahne, Mais und einen prächtigen Salat Cäsar. Als sie mir das Tablett aber vorsetzte, erregte der Geruch eigenartigerweise wieder Übelkeit in mir.

„Bitte, nehmen Sie es weg! Es tut mir leid – ich kann es einfach nicht essen."

Sie schüttelte den Kopf und nahm das Tablett wieder weg, während ich mich traurig und verzweifelt abwandte.

Ich habe niemals feststellen können, ob die Übelkeit typisch war oder als Folge bestimmter Medikamente auftrat. Ich hatte mich allmählich an die Halluzinationen gewöhnt und war überzeugt, daß meine Träume und Alpträume von den Medikamenten hervorgerufen wurden. In letzter Zeit hatte ich das Gefühl gehabt, häßliche Ungeheuer ständen um mein Bett herum und warteten darauf, mich davonzutragen.

Diese Träumereien, Alpträume, Halluzinationen oder was es auch immer war, deprimierten mich noch mehr. Ich konnte die Ungeheuer nicht wirklich sehen, wußte aber, daß sie in ihrem Grimm und ihrer Schrecklichkeit da waren und nur darauf warteten, daß ich sterben oder einschlafen würde. Aus Angst, ich könnte von ihnen entführt werden, kämpfte ich gegen den Schlaf an.

*

Ich freute mich, wenn Besucher kamen, denn bis zu einem gewissen Grad hielt mich ihre Gegenwart mit der Wirklichkeit verbunden und gab mir wieder etwas Hoffnung. Es wurde mir aber nie bewußt, wie schwer es für sie war, mich tagaus, tagein zu besuchen.

Wenn Bekannte zum erstenmal zu Besuch zu mir kamen, waren sie unbeholfen und wußten sich im Krankenzimmer nicht so recht zu benehmen. Nachdem sie sich etwas daran gewöhnt hatten, stellten sie alle die gleichen Fragen.

„Wie fühlst du dich denn so?"

„Tut es weh? Hast du arge Schmerzen?"

„Wie gehst du denn auf die Toilette?“

Viele Besucher waren zimperlich und fühlten sich unbehaglich. Einige regten die Zangen auf, die an meinem Kopf befestigt waren. Oft schien es mir, als hätten sie größere Schwierigkeiten, mit meiner Lage fertig zu werden als ich.

Eines Tages kamen zwei Freundinnen vom Gymnasium zu mir. Sie hatten mich seit dem Unfall noch nicht gesehen. Ich war auf ihre Reaktion so wenig vorbereitet wie sie. Sie betraten mein Zimmer und ließen ihre Blicke langsam über mein Sandwich-Bett und die anderen Gegenstände im Raum gleiten. Dann standen sie zaghaft neben mir still.

Mit einem Seitenblick sah ich, wie sie auf mich zukamen. „Hallo“, begrüßte ich sie lächelnd. „Es tut mir leid, daß ich meinen Kopf nicht drehen kann, aber wenn ihr – “

„Oh, Joni!“ stieß eine von ihnen würgend hervor.

„Oh, mein Gott“, flüsterte die andere.

Für einen Moment entstand ein peinliches Schweigen im Zimmer, dann rannten sie beide auf die Tür zu. Danach hörte ich, wie sich eines der Mädchen draußen vor der Tür würgend erbrach, während ihre Freundin laut zu schluchzen anfing.

Grauen überkam mich. Bis jetzt hatte sich niemand sonst so ungewöhnlich benommen. Waren die beiden Besucherinnen besonders empfindlich, oder lag es an etwas anderem?

Zuerst wollte ich es gar nicht wissen. Dann aber, ein paar Tage später, als Jackie zu Besuch kam, sah ich zu ihr auf und sagte: „Jackie, bring mir mal den Spiegel.“

Sie war gerade dabei, einige Karten und andere Post zu lesen und blickte ruckartig auf. „Warum?“ fragte sie.

„Ich möchte, daß du mir einen Spiegel bringst!“

„Äh – okay, ich bringe dir einen mit, wenn ich dich das nächste Mal besuchen komme.“

„Nein, ich will ihn jetzt! Laß dir einen von der Schwester geben.“

„Warum willst du denn nicht warten? Ich bringe dir deine hübsche Toilettengarnitur von zu Hause mit."

„Jackie!" Langsam wurde ich böse. „Bring mir einen Spiegel! Sofort!"

Sie schlich langsam aus der Tür und kehrte kurz darauf mit einem Spiegel zurück. Ihre Hände zitterten, und sie blinzelte nervös, während sie ihn mir vorhielt.

Ich schrie auf, und Jackie zuckte zusammen und ließ beinahe den Spiegel fallen. „Das ist ja grauenvoll! Oh, mein Gott, wie kannst du mir das antun?" betete ich durch die Tränen hindurch. „Was hast du aus mir gemacht?"

Das Gesicht im Spiegel sah kaum noch menschlich aus. Als ich auf mein Spiegelbild starrte, sah ich zwei dunkelumrandete Augen, die mir blutunterlaufen und glasig aus tiefen Höhlen entgegenstarrten. Mein Gewicht war von etwa 67 Kilo auf 44 Kilo abgesunken, so daß ich wie ein von gelblicher Haut bedecktes Gespenst aussah. Mein rasierter Schädel betonte nur noch mein skelettähnliches Aussehen. Während des Sprechens sah ich auch meine Zähne. Sie waren durch die Medikamente schwarz angelaufen. Jetzt war mir auch nach Erbrechen zumute.

Jackie nahm den Spiegel und legte ihn weg. Dann weinte sie mit mir. „Es tut mir leid, Joni", schluchzte sie. „Ich wollte dich das nicht sehen lassen."

„Bitte nimm ihn mit. Ich will nie wieder in einen Spiegel schauen! Jackie, ich kann es nicht mehr aushalten. Ich sterbe. Sieh mich doch an. Ich bin doch schon jetzt beinahe tot. Warum lassen die mich so leiden?"

„Ich – ich weiß es nicht, Joni."

„Jackie, du mußt mir helfen. Die halten mich doch nur am Leben. Das ist nicht richtig. Ich werde sowieso sterben. Warum können sie mich nicht einfach sterben lassen? Jackie, bitte, du muß mir helfen!" bettelte ich.

„Aber wie denn, Joni?"

„Ich weiß es nicht. Gib mir etwas – du weißt schon – genügend Tabletten."

„Willst du sagen – du möchtest – daß ich dich töte?" fragte Jackie mit weit aufgerissenen Augen.

„Ja – ich meine, nein – du würdest mich ja nicht töten. Du würdest mir nur helfen, etwas früher zu sterben. Bedenke doch bitte, ich bin ja fast tot. Kannst du mir nicht helfen, mein Leiden abzukürzen? Wenn ich mich bewegen könnte, würde ich es selbst tun!" Ich war zornig und verzweifelt. „Bitte, schneide mir die Pulsadern durch – da habe ich ja kein Gefühl. Ich würde keine Schmerzen haben. Ich würde friedlich sterben, Jackie. Bitte, tu doch etwas!"

Jackie begann zu schluchzen: „Ich kann es nicht, Joni. Ich kann es einfach nicht!"

Ich flehte sie an: „Jackie, wenn ich dir auch nur ein klein wenig bedeute, mußt du mir helfen. Ich bin doch schon so gut wie gestorben. Kannst du es denn nicht sehen? Sieh mich doch an! Sieh mich doch bloß mal an!"

„Joni, du weißt nicht, was du verlangst. Ich kann das einfach nicht. Vielleicht wärst du ja besser dran. Ich weiß es nicht. Ich bin so durchgedreht. Ich möchte helfen. Ich liebe dich mehr als irgend jemand sonst. Es bringt mich beinahe um, zusehen zu müssen, wie du leidest. Aber – aber ich kann es einfach nicht tun!"

Danach sagte ich nichts mehr. Aber später habe ich öfter, wenn ich unter ähnlichen Depressions- und Verzweiflungsanfällen litt, Jackie gebeten, mir zum Selbstmord zu verhelfen. Ich war wütend, daß ich es nicht selbst tun konnte.

Ich machte viele Pläne, wie ich es anstellen könnte. Mit Tabletten wäre es am leichtesten, aber die Schwestern würden mich finden und mir den Magen auspumpen. Ich könnte mir von Jackie die Pulsadern durchschneiden lassen. Ich könnte die Arme unter dem Laken verstecken und – nein, das würde auch nicht klappen. Jackie würde es auch nicht tun, ich hatte es ja schon versucht. Das einzige, was mir blieb: Ich mußte auf einen Krankenhausunfall hoffen, der mich töten würde.

Aufgrund meiner Depressionsanfälle legte Jackie mehr Wert auf mein Äußeres. Sie bemühte sich, mich „hübsch aussehen" zu lassen, und außerdem versuchte sie, mein Interesse für Dinge zu wecken, die mich von meinen Sorgen ablenken könnten.

„Es wird dir bald besser gehen, Joni", versprach sie. „Denke daran, daß der Herr sagte, er werde es nicht zulassen, daß wir über unser menschliches Vermögen versucht werden."

„Ach, ja?" knurrte ich.

Die Lähmung und die Medikamente machten mich sehr licht- und geräuschempfindlich. Ich bat Jackie und die Schwestern, die Rolläden und Blenden unten zu lassen und die Tür geschlossen zu halten, so daß möglichst wenig Licht und Lärm eindringen konnte. Dr. Harris sagte, das sei ein Zeichen dafür, daß sich die Nerven im Heilungsprozeß befänden. Ich wurde aber davon schrecklich gequält. Ich konnte sogar Gespräche, die in Nachbarzimmern geführt wurden, klar und deutlich verstehen. Die gewöhnlichen Krankenhausgeräusche wurden zu schrillen Mißtönen.

An einem heißen Sommertag stellte Jackie einen Ventilator um und ließ ihn aus Versehen fallen. Als er auf dem Fußboden aufschlug, kam es mir vor, als ob eine Explosion in meinem Kopf ausgelöst worden wäre. „Jackie!" schrie ich sie an.

Die aus meinem Munde kommenden häßlichen Worte waren fremdartig und schmutzig, wie aus einem dunklen Winkel meiner Seele hervorgeholt. Ich beschimpfte sie mit schrecklichen Namen.

Dann überkamen mich Schuldgefühle. „Es tut mir leid,

Jackie. Es wird mir so leicht alles zuviel." Ich weinte leise. „Ich weiß, daß Gott in all dem einen Plan haben muß. Bitte ruf Dick an, ehe du gehst. Ich brauche ihn. Sag ihm, er soll heute abend noch kommen."

Jackie nickte und machte sich zum Gehen fertig.

„Jackie, warte mal. Ich muß dir noch etwas sagen, ehe du gehst."

Sie stand in meiner Nähe.

„Jackie, du bist eine gute Freundin. Ich nehme deine Fürsorge so selbstverständlich hin. Ich schreie dich andauernd an – besonders, weil ich sonst niemanden habe, den ich anschreien könnte. Ich möchte am liebsten auf Gott, Vati, Mutti und Dick böse sein, weißt du? Mein Groll und meine Bitterkeit stauen sich so an, daß ich einfach ab und zu Dampf ablassen muß. Du bist aber die einzige, die ich ohne weiteres anschreien kann. Mutti und Vati machen schon so viel durch, da muß ich mich besonders zusammennehmen, um nett zu ihnen zu sein, wenn sie zu Besuch kommen. Es wäre unmöglich für mich, ihnen gegenüber kritisch, anspruchsvoll und häßlich zu sein. Ich kann es auch nicht riskieren, Dick zu verlieren. Ich brauche ihn und möchte ihn nicht dadurch verlieren – vielleicht sogar für immer –, daß ich ihm wehtue. Es tut mir alles so leid, Jackie. Du bist mein Sündenbock gewesen. Du leidest am meisten unter diesen häßlichen Gemütsbewegungen, wenn ich mich gehenlasse."

Jackie lächelte mich liebevoll an und zuckte mit den Schultern. „Schon gut, Joni. Ich weiß, daß du es im Grunde nicht so meinst. Außerdem", fuhr sie fort und zog eine Grimasse, „wozu sind Freunde denn sonst da?" Sie trat zu mir ans Bett, zog meinen Krankenhauskittel glatt und küßte mich auf die Stirn. „Ich rufe Dick an."

Später kam er dann. Ich lag still und lauschte den trostreichen Worten der Heiligen Schrift, die er mir aus einer neuen

Übersetzung des Neuen Testaments vorlas. Viele der Verse waren voll Leben und zeitgemäßer Bedeutung.

„Hör dir das mal an, Joni!“ rief Dick aufgeregt. „‚Drängen sich Prüfungen und Versuchungen in euer Leben, meine Brüder, so betrachtet sie nicht als Störungen, sondern heißt sie als Freunde willkommen! Erkennt, daß sie gekommen sind, euren Glauben zu prüfen und Geduld in euch hervorzubringen'“ (Jakobus 1,2-4).

„Was könnte das denn bedeuten, Dick?“

„Ich glaube, daß es genau das bedeutet, was da steht – nämlich, daß Gott mit deinem Unfall ein Ziel verfolgte. Nicht, um sich in dein Leben zu drängen, sondern um dein Vertrauen und dein geistliches Durchhaltevermögen auf die Probe zu stellen.“

„Au, Mann! Da habe ich Gott aber enttäuscht!“

„Hör dir den Rest an, Joni. ‚Und wenn einer von euch im Laufe der Zeit mit einem bestimmten Problem nicht fertig wird, braucht er sich nur an Gott zu wenden, der seine Gaben an alle großmütig verteilt und es nicht zuläßt, daß jemand sich dumm oder schuldig dabei vorkommt.'“

„Mein Problem ist so eins, mit dem ich nicht fertig werden kann. Genau, wie es dasteht.“

Dick legte die Bibel hin und betete: „Vater, wir danken dir für deine Fürsorge und Bemühungen. Wir danken dir für dein Wort, die Bibel, und für die Verheißungen, die du uns darin gegeben hast. Dein Wort sagt: ‚Wird irgend jemand mit einem bestimmten Problem nicht fertig, braucht er nur Gott um Rat zu fragen.' Nun, Herr, wir fragen dich – bitte erhör unser Gebet. In Jesu Namen. Amen.“

Danach betete ich: „Herr Jesus, es tut mir leid, daß ich nicht mehr auf dich geblickt habe, um Hilfe zu bekommen. Ich habe in meinem Unfall bisher noch nie eine Prüfung meines Glaubens gesehen. Jetzt sehe ich aber, wie das alles passieren konnte. Herr, wie dein Wort sagt, glaube ich, daß sich mein Unfall zugetragen hat, um meinen Glauben und mein Durchstehvermögen auf die Probe zu stellen. Dennoch habe ich das Gefühl, daß du mich heilen willst. Ich danke dir für diese Lektion. Mit deiner Hilfe werde ich dir weiter vertrauen. Ich danke dir, daß mir selbst dieser Unfall zum Besten dienen wird. Ich bitte dich, daß andere um mich herum dich durch mich sehen mögen. In deinem Namen bete ich. Amen."

Danach fing ich langsam an, auch positive Seiten an meinem Unfall zu sehen. In den folgenden Tagen teilte ich meine Absicht, daß Gott meinen Unfall als Prüfung meines Glaubens und meines Durchstehvermögens zugelassen habe, Schwestern, Ärzten und Besuchern mit. „Nachdem ich nun diese Lektion gelernt habe, kann ich ihm auch zutrauen, daß er mich wieder auf die Beine bringt. Sie werden es schon sehen!" Mit dieser Einstellung begegnete ich jetzt meinen schweren Umständen.

Die Ärzte teilten Vater mit: „Sie sollten wissen, daß Ihre Versicherung die Kosten für Jonis Behandlung auch nicht annähernd decken wird. Ihre Krankenhausrechnung wird wahrscheinlich um die dreißigtausend Dollar betragen, bis sie entlassen wird."

Ich sagte ganz einfach: „Mach dir keine Sorgen. Gott wird uns schon geben, was wir brauchen."

Als mir Dr. Sherrill erklärte: „Joni, eine Lähmung ist für sportgewohnte Menschen gewöhnlich viel schwerer zu ertragen als für andere, und ich möchte, daß du einsiehst, daß du mit deinen Depressionen selbst fertig werden mußt", erwiderte ich schlagfertig: „Gott wird mir schon helfen."

Als eine Schwester bemerkte: „Ich habe etwas über deinen Unfall gelesen. Läge der Bruch ein, zwei Zentimeter weiter unten, würdest du deine Arme noch gebrauchen können. Das ist doch traurig, nicht wahr?", antwortete ich: „Das ist schon wahr, aber läge der Bruch einen Zentimeter höher, wäre ich längst tot. Gott weiß am besten, was für mich gut ist, finden Sie nicht?"

Eines Tages kam Dick mit einem Geschenk zu mir. Mein Zimmer war voll von Stofftieren, Postern, Bildern, Karten und anderen Mitbringseln. Darunter war ein grünweißer Plüschbär, den ich mit Rasierwasser getränkt und nach Dick benannt hatte. Der vertraute Geruch erinnerte mich an Dick und tröstete mich, wenn er nicht da war.

Diesmal schenkte mir Dick eine riesige Bibel – eine, deren Druckbuchstaben groß genug waren, daß ich sie lesen konnte, auch wenn sie auf dem Fußboden unterhalb meines Bettes lag. Ich konnte sie selbst lesen, wenn mir jemand die Seiten umwendete. Auf das Innentitelblatt hatte er geschrieben: „Meiner liebsten Joni in der Hoffnung, daß Jesus Christus immer der Dritte in unserem Bunde sein und uns die Geduld geben möge, auf einander zu warten. In Liebe, Dick. 9. September 1967. Römer 8,28."

Kurze Zeit später gingen Dick, Jackie und alle meine Freunde und Bekannten aufs College. Dick kam per Anhalter, sooft er nur konnte, um bei mir zu sein. Ich wußte nicht, wie schwer das für ihn war – und auch nicht, daß seine Zensuren darunter litten. Ich hielt es einfach für selbstverständlich, daß er da war. In meiner selbstsüchtigen kleinen Welt war es mir egal, wie er es schaffte; ich wollte ihn nur bei mir haben. Ich brauchte ihn doch so nötig. Ohne mir dessen bewußt zu sein, benutzte ich meinen Unfall, um ihn an mich zu binden. Eines Abends griff ich sogar zu einer Erpressung.

„Hallo, Joni!" Dick grinste, als er sich vorbeugte, um mich zu küssen."

„Wo bist du denn geblieben? Es ist gleich acht."

„Tut mir leid. Ich konnte nicht wegkommen. Wie war denn dein Tag heute?"

„Du hattest gesagt, daß du um sechs hier sein wolltest, und jetzt ist es acht. Du kannst nur noch eine halbe Stunde bleiben, ehe du wieder gehen mußt." Ich kochte innerlich.

„Joni, ich sagte dir doch schon, daß es mir leid tut. Ich konnte wirklich nicht abkommen." Dick hatte sich bereits auf Verteidigung verlegt, und ich wollte ihn nicht reizen.

„Dick, mein Tag ist einfach miserabel ohne dich. Vergangene Nacht träumte ich, du hättest mich wegen eines anderen Mädchens sitzenlassen."

„Das würde ich niemals tun!"

„Ach, bitte versprich es mir, Dick! Sage mir, daß du mich liebst und mich nie verlassen wirst."

„Du weißt, was du mir wert bist, Schatz."

„Sag es mir! Sag es mir bitte!"

„Ich liebe dich", sagte Dick schlicht und einfach.

Ich merkte, daß er es nicht hatte sagen wollen. Nicht, weil er mich nicht sehr gern gehabt hätte – ich wußte, daß das der Fall war. Aber er nahm es mir wohl übel, daß ich ihn dazu gebracht hatte, es mir zu sagen. Er wollte es mir auf seine eigene Art und zu gegebener Zeit sagen.

Jetzt lächelte er, und um der Erklärung einen spontanen Anstrich zu verleihen, fügte er hinzu: „Ich liebe dich schon lange, lange, Joni. Hättest du fünf Minuten gewartet, hätte ich es dir von selbst gesagt – ohne deine Aufforderung."

„Aber ich mußte es dich jetzt sagen hören, Dick!"

„In Ordnung. Ich liebe dich. Ich liebe dich. Ich liebe dich." Jedesmal, wenn er das sagte, beugte er sich vor und küßte mich.

„O Dick, ich liebe dich auch. Wird es nicht wunderbar sein, wenn ich hier rauskomme?"

„Ich bete darum, daß es bald geschieht. Junge, Junge, dieses 'Anhalterspielen' bringt meine Lernerei ganz schön durcheinander."

„Es kann noch eine ganze Weile dauern."

„Ach? Hast du heute etwas Neues gehört?"

„Es werden noch einige Monate der Rehabilitation draufgehen. Ein Jahr vielleicht."

„Au Backe!"

„Dick, ich habe Angst. Ich kann es aber ertragen, wenn du bei mir bist. Du mußt mir helfen. Ohne dich werde ich es nicht schaffen. Wenn du mich verläßt, sterbe ich. Ich kann ohne dich nicht mehr leben. Versprich mir, daß du mich nicht verlassen wirst."

„Natürlich verlasse ich dich nicht."

„Wenn du mich wirklich liebst, versprichst du mir, daß du für immer bei mir bleiben wirst?"

„Natürlich", sagte er und schlug die Augen nieder.

„Zuerst werde ich meine Hände wieder bewegen können. Dann werde ich laufen. Dann können wir zusammen aufs College gehen", versprach ich ihm.

„Richtig", flüsterte Dick.

„Wie ist es auf dem College eigentlich? Ist es wirklich so toll?"

„Hm, es ist ganz gut. Aber viel härter als das Gymnasium. Viel härter."

„Vielleicht arbeitest du zuviel. Was macht die Mannschaft?" fragte ich.

„Die Mannschaft? Oh, denen geht's gut, glaube ich. Am Freitag ist das erste Spiel."

„Bist du dafür fit?" fragte ich aufgeregt.

„Ich spiele nicht mit", sagte Dick schlicht.

„Du spielst nicht mit? Warum denn nicht?"

„Ich habe mein Fußballstipendium verloren."

„Aber warum denn?"

„Ach, Joni, das ist doch egal."

„O Dick, das tut mir aber wirklich leid!" Es kommt daher,

daß er mich so oft besuchen muß. Er hat keine Zeit zum Lernen, überlegte ich.

„Es ist schon in Ordnung. Dafür haben wir noch Zeit. Soll ich dir noch etwas aus der Bibel vorlesen?"

„Jetzt nicht mehr, Dick. Ich bin müde. Und du mußt sowieso gleich gehen. Drück mich nur und gib mir einen Kuß, ehe du gehst."

Er beugte sich vor und nahm mein Kinn in seine Hände. Er küßte mich lange und zärtlich. „Ich liebe dich",flüsterte er. „Ich werde auf jeden Fall auf dich warten – das weißt du. Denk immer daran. Ich werde immer da sein."

Nachdem er gegangen war, weinte ich bitterlich. Ich kam mir gemein und selbstsüchtig vor. Ich hatte Dick in die Enge getrieben. Welche Wahl hatte er denn gehabt? Hätte er mir sagen können, was ihm wirklich am Herzen lag?

„Joni, wir sind noch zu jung, um zu wissen, ob wir einmal heiraten wollen. Wir kennen den Willen Gottes für unsere Zukunft doch gar nicht. Wir wollen erst einmal abwarten. Du weißt, daß du dich immer auf mich verlassen kannst. Du liegst mir sehr am Herzen." Ich bin überzeugt, daß er sich etwa so ausgedrückt hätte.

Das war mir aber nicht genug, und Dick war zu feinfühlig, als daß er mir hätte wehtun wollen – erst recht nicht nach dem Unfall. So hatte er mir eben gesagt, was ich hören wollte. Damit hatte ich unsere Beziehung zueinander erheblich gestört. Ich hatte Gefühle und Zugeständnisse erzwungen, ehe sie herangereift waren. Langsam mißtraute ich meinen eigenen Gefühlen.

„Ich werde es wieder hinbiegen", versprach ich Gott an jenem Abend im Gebet. „Ich werde alles in meinen Kräften Stehende tun, um Dicks Liebe würdig zu sein. Ich werde alles mögliche tun, um wieder laufen zu lernen. Dann muß er mich nicht des Unfalls wegen und aus Mitleid lieben, sondern um meiner selbst willen. Das möchte ich gern, Herr. Bitte, bitte..."

*

Als die Krankengymnastin am nächsten Tag hereinkam, dachte ich an Jasons Ratschlag: „Du mußt kämpfen!" Krankengymnastik war der erste Schritt in Richtung auf die eigentliche Rehabilitation. Ich entschloß mich, alles in meinen Kräften Stehende dazu beizutragen.

Die Krankengymnastin befestigte meine Arme in Schlingen und erklärte mir die Übungen. „Dein Bruch liegt, wie du weißt, zwischen dem vierten und fünften Halswirbelkörper. Unterhalb des ersten Wirbels liegen die Nerven für die lebenswichtigen Organe – für das Herz und die Lunge. Menschen, die dort einen Bruch erleiden, bleiben selten am Leben. Unterhalb des zweiten und dritten Wirbels liegen die Nerven, die die Hals- und Kopfbewegungen steuern", fuhr sie fort. „Bei einer Verletzung zwischen dem vierten und fünften Wirbel setzt gewöhnlich, wie bei dir, Tetraplegie, Lähmung aller vier Extremitäten, ein. Die Nerven zwischen dem sechsten und siebten Halswirbel steuern die Brust- und Armmuskulatur. Du hast nun Gefühl in den Schultern und Oberarmen und auch im Brustkorb oberhalb der Brüste. Das bedeutet, daß du vielleicht andere Muskeln trainieren kannst – Rücken- oder Schultermuskeln etwa –, um die Armmuskeln zu ersetzen, die du verloren hast."

„Meinten das die Ärzte, als sie davon sprachen, ich müsse es lernen, meine Hände wieder zu gebrauchen?" fragte ich.

„Zum Teil. Deine Krankenakte zeigt, daß du deine Oberarmmuskeln zur Hälfte gebrauchen kannst. Wie viel du schaffen kannst, werden wir erst sehen, nachdem wir mit der Therapie begonnen haben. Andere Muskeln müssen die motorischen Bewegungen übernehmen, die du jetzt nicht mehr ausführen kannst."

„Also, probieren wir's mal", sagte ich.

„Versuch zuerst einmal, den Arm zu bewegen. Benutze die Rücken-, Hals- und Schultermuskeln dazu. Mach mal den Versuch, ihn überhaupt zu bewegen."

Ich versuchte es.

Nichts passierte.

Ich schloß die Augen, um mich besser konzentrieren zu können. Ich fühlte, wie sich die Muskeln anspannten und langsam vibrierten, doch schienen sie meinem Willen nicht gehorchen zu wollen. Ich konnte sie nicht dazu bringen, den Arm zu bewegen.

„Versuch es immer wieder. Du wirst es schon schaffen", redete die Krankengymnastin auf mich ein.

Ich knirschte mit den Zähnen und probierte es noch einmal.

Nichts.

„Komm, Joni, versuch es noch einmal", ermunterte sie mich.

„Glauben Sie denn, ich versuche es nicht mit allen Kräften?" fuhr ich sie an und fluchte zur Betonung.

„Es ist eine Frage der Umerziehung, wenn neue Muskeln die Arbeit der alten übernehmen sollen. Versuche nicht, deinen Arm zu heben, wie du es früher gemacht hast. Denk einmal daran, wie die Muskeln an den Sehnen und Knochen befestigt sind – so wie hier." Sie zeigte mir eine Zeichnung in einem Buch und zog die Linien an meinem eigenen Arm nach. „Versuche, durch diese Muskeln eine Bewegung zu erzeugen. Gebrauche einfach deinen Rücken und versuche, dabei deinen Arm zu heben."

Ich versuchte es noch einmal, während sie auf die Stelle deutete. Länger als zehn Minuten setzte ich alle meine Willens- und Körperkräfte ein.

Endlich hob sich mein Arm um etwa drei Zentimeter, fiel aber gleich darauf wieder schlaff herunter.

„Schön! Großartig! Noch einmal!“ kommandierte sie. „Wende alle Energie und deine ganze Konzentration auf, um den Arm zu heben und hochzuhalten.“

Ich nahm alle Kraft, die mir zur Verfügung stand, zusammen und probierte es noch einmal.

Nach etlichen spannungsgeladenen Sekunden hob sich mein Arm erneut um etwa drei Zentimeter und zerrte an den Schlingen, die an ihm befestigt waren.

„Noch einmal!“ befahl sie.

„Ich kann nicht mehr. Es tut weh. Es ist zu anstrengend. Ich muß erst ausruhen“, bettelte ich.

Beinahe eine halbe Stunde war verstrichen, und ich hatte meinen Arm glücklich zweimal gehoben, jedes Mal um etwa drei Zentimeter.

„In Ordnung, Joni. Du siehst ein, daß es harte Arbeit bedeutet. Wir haben noch viel zu tun, bevor du mit der Rehabilitation beginnen kannst. Bald werden wir dich aber soweit gekräftigt haben, daß du nach Green Oaks gehen kannst“, sagte sie lächelnd.

„Green Oaks?“

„Ja, Green Oaks Rehabilitationszentrum“, erklärte sie. „Dr. Sherrill wird dir davon erzählen. Das ist der nächste Schritt. Es ist eine Spezialklinik für motorisch Geschädigte.“

„Ein Rehabilitationszentrum? Ach ja, jetzt fällt es mir wieder ein. Dort werde ich anfangen, laufen zu lernen!“

Die Krankengymnastin lächelte, löste die Schlingen und erhob sich. „Alles Gute, Joni. Ich arbeite morgen wieder mit dir. Wir wollen dich doch für Green Oaks fit machen!“

4

Beinahe einen Monat konzentrierte ich mich darauf, für Green Oaks fit zu werden. Dort würde ich wieder laufen lernen und neu mit dem Leben beginnen.

Als die Nachricht eintraf, daß man einen Platz für mich frei habe, waren alle voll freudiger Erwartung. Alle Schwestern und Ärzte kamen vorbei, um mir die besten Wünsche für diesen neuen Schritt in der Rehabilitation mit auf den Weg zu geben.

„Na, mein Mädchen, benimm dich jetzt! Keine wilden Partys oder Orgien", neckte Dr. Harris, „oder wir kommen und holen dich wieder hierher zurück."

„O nein, das werden Sie nicht tun!" rief ich. „Sie werden mich nie wieder hierher kriegen. Ihr habt genug Kranke, an denen ihr arbeiten könnt. Nun, vielleicht komme ich eines Tages doch zurück", korrigierte ich mich, „aber dann auf meinen eigenen zwei Beinen."

„Abgemacht", grinste Dr. Harris. Er drückte mir die Schultern, zwinkerte mit den Augen und ging.

Zwei Schwestern – Anita und Alice – halfen mir beim Auszug. Sie nahmen die Bilder und Poster von den Wänden und packten alles ein, was sich in diesen drei Monaten angesammelt hatte. Es waren ein paar Kisten voll.

Endlich kamen die Pfleger, die mich in den Krankenwagen trugen, der unten wartend bereitstand, um mich nach Green Oaks zu fahren.

Als sie mich durch die doppelten Außentüren des Erdgeschosses hinausfuhren, kitzelte eine leichte Brise herrlicher, süßriechender frischer Luft meine Nase, und überall war Sonnenschein.

„Ach, warten Sie doch bitte einen Moment“, bat ich die beiden Pfleger. „Können Sie die Luft riechen?“ rief ich aufgeregt.

„Verschmutzt“, brummte einer der beiden gutmütig.

„Nein, sie ist herrlich!“ Ich atmete mit vollen Zügen ihren frischen Duft ein.

„He, Sie kriegen noch einen Sauerstoffrausch“, neckte mich einer der Männer. Vorsichtig schoben sie meine Trage in den Krankenwagen, schlossen die Türen, und ab ging's nach Green Oaks.

Unwillkürlich verglich ich diese Krankenwagenfahrt mit der letzten. Damals waren die Bäume grün, das Gras saftig und voll Blumen gewesen, und die Menschen hatten ihre Sommergarderobe getragen. Heute war die Luft frisch und kühl. Die Geschäfte hatten ihre Fenster für Allerheiligen und den Herbstschlußverkauf geschmückt. Die Bäume leuchteten goldfarben, rot und orange – die Landschaft bot die volle Palette herbstlicher Farben und Eindrücke.

Der ganze Sommer war verstrichen, während ich im Krankenhaus gelegen hatte! Es war ein seltsames Gefühl, doch ich war nicht traurig. Reiz und Schönheit der Fahrt waren viel zu aufregend, als daß ich mir über den verlorenen Sommer Gedanken machen wollte.

Durch das Fenster schien mir die warme Sonne voll ins Gesicht. Der Fahrer kurbelte das Fenster herunter und ließ die frische Luft ein, die warm und weich über mich hinwegstrich. Es war ein solch herrliches Gefühl, daß ich vor Freude beinahe geweint hätte.

Als wir uns Green Oaks näherten, wurde ich noch aufgeregter. Green Oaks. Der Name an sich war schon ein gutes Omen. Ich stellte mir ein großes Gebäude im Kolonialstil vor, mit hohen, weißen Säulen, und dahinter ausgedehnte, von riesigen Eichen beschattete grüne Rasenflächen.

Als wir in die Einfahrt einbogen, sah ich, daß es diesem Bilde überhaupt nicht entsprach. Es war ein ausgedehntes, niedriges Steingebäude, das eher einem Industriekomplex, einem Bürohaus oder einer Fabrik glich.

„So, hier wären wir“, sagte der Fahrer.

„Tja“, sagte ich langsam.

„Ist was?“

„Hm – nein. Ich glaube nicht“, sagte ich schüchtern. „Ich bin nur ein bißchen enttäuscht, weil die Wirklichkeit so ganz anders ist als das, was ich mir vorgestellt hatte.“

Er nickte und fügte dann hinzu: „Machen Sie sich keine Sorgen – die leisten gute Arbeit hier. Ich glaube, es wird Ihnen hier gefallen. Hier gibt's 'ne ganze Menge Mädchen in Ihrem Alter. Sie werden sich hier schnell einleben.“

„Hoffentlich“, erwiderte ich besorgt.

Während er mich den Korridor entlang auf meine Station rollte, schaute ich mich um und blickte durch offenstehende Türen hindurch. Es war so ruhig, wie im Krankenhaus. Keiner war „geheilt“ – keiner lief.

Ich sah Menschen in Rollstühlen liegen, in Sandwich-Betten hängen oder in normalen Betten liegen. Die Korridore machten einen dunklen, deprimierenden Eindruck, ganz wie die Menschen, die da in Reih und Glied in ihren Rollstühlen saßen. Es war ein altes, dringend renovierungsbedürftiges Gebäude. Als man mich in mein Zimmer schob, war ich völlig entmutigt.

Mutter und Vater waren da, um mich zu begrüßen. Sie hatten schon die Aufnahmeformalitäten und Geldfragen geregelt. Sie versuchten, mich aufzuheitern, entschuldigten sich dann aber und gingen, sobald ich einigermaßen eingerichtet war.

Ich hatte diese Reaktion schon einmal, damals im Stadtkrankenhaus, bemerkt, als sie von der Unheilbarkeit meiner Verletzung erfahren hatten. Ich wußte, daß sie wieder einmal am Rande eines Nervenzusammenbruchs standen und nicht wollten, daß ich ihre Enttäuschung und ihre Tränen zu sehen bekäme. Sie verabschiedeten sich mit dem Versprechen: „Wir kommen sobald wie möglich wieder, Liebling."

Nachdem sie gegangen waren, sah ich mich in meinem Zimmer um. Vier Mädchen teilten den kleinen Raum mit mir. Ich entschloß mich, mich vorzustellen. „Hallo, ich bin Joni Eareckson", begann ich.

„Joni Eareckson!" hörte ich eine von ihnen meinen Namen voller Verachtung und von ein paar Schimpfwörtern begleitet wiederholen. „Das ist alles, was ich im Stadtkrankenhaus zu hören bekommen habe – Joni dies, Joni das. Ich könnte kotzen!"

Von der Verbitterung in der Stimme war ich wie vor den Kopf gestoßen. Ich erholte mich jedoch schnell genug und erwiderte: „Oh, ich wußte gar nicht, daß ich hier einen Fan-Club habe."

Damit war das Eis gebrochen. Die anderen lachten.

„Du mußt Ann entschuldigen", erklärte mir eines der Mädchen. „Sie ist auch neu hier. Sie kam nach dir ins Krankenhaus und scheint nicht die Musterpatientin gewesen zu sein, die du warst. Sie haben dich immer als Vorbild hingestellt. Ich bin Betty – Betty Jackson. Das Mädchen im Bett da drüben ist Denise Walters."

„Hallo! Entschuldige, daß ich nicht aufstehe."

„Ja, ich weiß, wie es ist, wenn man immer nicht kann, wie man will", und fügte hinzu: „Nett, dich kennenzulernen, Denise."

„Und das da drüben ist auch eine Betty", sagte Betty Jackson und wies mit einem Schlenker ihres kraftlosen Armes hinüber. „Betty Glover. Sie nennen mich B.J., um uns beide auseinanderzuhalten."

Betty Glover war ein hübsches, schmales, schwarzes Mädchen, das viel jünger als wir anderen aussah.

„Hallo, Betty", lächelte ich.

Betty blickte auf und nickte leicht.

„Ich bin wegen eines gebrochenen Genicks hier – genau wie du", erklärte B.J. „Betty hat ein Blutgerinnsel in der Wirbelsäule. Sie arbeiten schwer an ihr und wollen herausbekommen, warum sie gelähmt ist. Denise ist hier, weil sie MS hat."

„MS?" fragte ich unwissend.

„Multiple Sklerose."

Ich bereute, daß ich gefragt hatte. Ich erinnerte mich, etwas über Multiple Sklerose im Krankenhaus gehört zu haben. Es ist eine tödliche Krankheit. Denise wird wahrscheinlich tot sein, ehe sie zwanzig ist, dachte ich. Ein leichtes Grauen befiel mich, und doch wunderte ich mich, wie sie so freundlich und offen sein konnte.

„Und in dieser Ecke", alberte B.J., „ist Ann Wilson, deren loses Mundwerk du bereits kennengelernt hast. Anns Lieblingssport ist das Fluchen."

„Ach, leck mich –" fluchte Ann. Sie nahm ihre Zigarette aus dem Mund und warf sie in Richtung auf Denise. Sie landete aber harmlos auf dem gekachelten Boden.

„So, nun hast du uns kennengelernt. Bist du auf diese Ehe vorbereitet?" fragte B.J.

„Ich – ich glaube schon. Ja", stammelte ich. „Ausgenommen Ann und die Raucherei", fügte ich in Gedanken hinzu.

Ann hatte sich eine neue Zigarette angezündet.

Im Krankenhaus hatte ich die Menschen um mich herum davon abhalten können zu rauchen. In Green Oaks rauchten viele Patienten. Für mich war Rauchen eine häßliche, übelriechende Angewohnheit, der Leute von mir aus in ihren eigenen vier Wänden frönen konnten, aber möglichst nicht in meiner Gegenwart. Ich haßte den stinkenden Rauch und den beißenden Gestank von Zigaretten. Jetzt aber hatte ich nur auf ein Fünftel des Zimmers Anspruch; da blieb mir nichts anderes übrig, als mich an den Qualm zu gewöhnen.

Ich versuchte es mit der einzigen Masche, die ich kannte. „Weißt du, daß das Zeug Lungenkrebs hervorruft? Es kann dich töten.“

Ann sah mir geradewegs in die Augen und sagte mit ruhiger Stimme: „Was glaubst du denn, warum ich es sonst tue?“

Ann war aber nicht annähernd so schwierig und widerspenstig, wie es zuerst den Anschein hatte. Ich konnte vieles von meiner eigenen Verbitterung und von meinem Groll in ihr sehen. Noch vor wenigen Wochen litt ich unter der gleichen Niedergeschlagenheit und Verzagtheit wie sie, dachte ich. Auch ich hatte mich umbringen wollen. Ann war eher durcheinander als bösartig. Ihre Kaltschnäuzigkeit war nur Ausdruck ihrer Hiflosigkeit. Sie wußte einfach nicht, wie sie sich sonst hätte Luft machen sollen. Ich entschloß mich, den Versuch zu unternehmen, sie näher kennenzulernen.

In den nächsten paar Tagen erhielt ich einen noch besseren Einblick in die Verhältnisse in Green Oaks. Patienten aller Altersgruppen, aus allen beruflichen, rassischen und gesellschaftlichen Schichten waren in vier Flügeln der Anstalt untergebracht. Sie setzten sich aus Amputierten, Querschnittsgelähmten, Polio-Opfern (Kinderlähmung) und Patienten zusammen, die an Muskelschwund, Multipler Sklerose und anderen Krankheiten litten, die das Nervensystem betrafen.

„Wie kommt es eigentlich, daß so viele Neue hier sind – meistens in unserem Alter?“ fragte ich B.J.

„Genickbrüche. Die meisten Genickbrüche kommen im Sommer vor und passieren durch Schwimm- und Tauchunfälle. Sie verbringen gewöhnlich einige Monate in einem der städtischen Krankenhäuser und kommen dann zur Rehab hierher", erklärte B.J.

In Gedanken machte ich mir eine Notiz davon, wie sie das Wort Rehabilitation abkürzte. Ich achtete auf weitere dieser Eingeweihten- oder Slangausdrücke, die die Mädchen benutzten, um nicht zu lange als Neuling zu gelten.

„Wie viele Fälle von Genickbruch sind denn neu?" fragte ich.

„Oh, zehn oder vielleicht fünfzehn."

„Wie lange bist du denn schon hier, B.J.?"

„Zwei Jahre", antwortete sie.

Zwei Jahre! Innerlich schüttelte ich mich vor Grauen. Zwei Jahre, und sie ist noch immer gelähmt und liegt noch immer im Bett wie ich! Der Gedanke, daß ich vielleicht auch so lange hier bleiben müßte, war einfach niederschmetternd. Lange konnte ich kein Wort sagen.

In dieser Nacht lag ich in meinem Sandwich-Bett und versuchte zu schlafen. Aber es ging nicht. Die Verbitterung und der alte Groll gegen Gott, die mir schon im Krankenhaus so zugesetzt hatten, erwachten wieder in mir. Ich gab mir Mühe zu beten, konnte aber nicht. Ich suchte nach irgendeiner Verheißung aus dem Wort Gottes, die mir hätte Mut machen können, aber ich fand keine.

Die anderen Mädchen hatten sich anscheinend mit ihrem Schicksal abgefunden. Sie unterhielten sich leise und warteten auf den Augenblick, wo das Licht gelöscht wurde. Alle außer Ann. Sie beschwerte sich ausgiebig über alles und unterstrich ihre Beschwerden mit gesalzenen Ausdrücken.

Das machte auf mich einen tiefen Eindruck, so daß ich beschloß, zumindest nach außen freundlich und nett zu sein und nicht so zu werden wie Ann, wenn ich für den Rest meines Lebens in einer Anstalt bleiben müßte.

Ann hatte draußen keine Freunde, und im Haus behandelte

man sie ihrem Benehmen entsprechend. Niemand versuchte, auf sie einzugehen oder ihre Freundschaft zu gewinnen.

Ich brauche Freunde, oder ich drehe durch, sagte ich mir und gab mir selbst das Versprechen, nie die Beherrschung gegenüber Mutter, Vater, Jackie und all den anderen zu verlieren, die zu mir auf Besuch kamen. Wie verbittert ich auch sein mochte, ich wollte es unter keinen Umständen zeigen.

„Die Idee ist gut", bemerkte B.J., als ich ihr meine Gedankengänge am nächsten Tag erzählte. „Hier hat jeder die gleiche Nuß zu knacken, also wirst du auch nicht viel Mitgefühl zu erwarten haben. Eigentlich wäre es klug, hier keine Freundschaften zu schließen."

„Weshalb nicht?" fragte ich erstaunt.

„Man fühlt sich hier wie in einem Elfenbeinturm. Alle sind mehr oder weniger in der gleichen Lage. Hat man genügend Zeit im Sitzen verbracht, darf man auf Besuch nach Hause. Aber man kann die Rückkehr nach hier kaum erwarten. Es ist viel leichter, hier mit Menschen zu leben, die so sind wie wir. Da gibt es keine Probleme wegen der Stützapparate oder der Rollstühle. Aber wenn man dieses Haus verläßt, wird es schwierig. Die Leute auf der Straße meinen, wenn deine Beine gelähmt sind, ist mit deinem Gehirn auch nicht viel los. Sie behandeln dich wie einen Idioten. Und so kommt jeder gern wieder hierher zurück und vergleicht seine körperlichen und seelischen Schäden mit denen der anderen Kranken. Auch du wirst so werden, wenn du hier Freundschaften schließt. Aber weil es leichter ist, in einem Elfenbeinturm zu leben, bedeutet das nicht unbedingt, daß es auch besser ist. Das ist es nämlich nicht. Ich weiß es, denn ich bin schon zwei Jahre hier. Was du auch immer tust, pflege deine Freundschaften draußen!"

Jay schien meine emotionalen Bedürfnisse in dieser Hinsicht zu ahnen. Sie kam nicht nur selbst häufig, sondern trieb auch alte Schulfreundschaften zusammen und brachte sie mit.

Ich erinnere mich daran, wie Jay und ein paar Freunde uns einen Besuch abstatteten. Im Gegensatz zum Stadtkrankenhaus achteten die Angestellten von Green Oaks streng darauf, daß die Besuchszeiten genau eingehalten wurden. Punkt acht Uhr abends wurden Jay und ihre Freunde gebeten, das Haus zu verlassen.

Meine Tage wurden zu einem stumpfsinnigen Einerlei, das nur durch meine Besucher Abwechslung erfuhr.

An verschiedenen Druckstellen hatten sich Geschwüre gebildet; so war ich ans Bett gefesselt. Eine Schwester fütterte mich morgens und leerte meinen Urinbeutel aus. Danach prüfte sie den runden Spiegel über meinem Bett, ob er für den Fernsehempfang richtig eingestellt war.

Um die Mittagszeit herum wurde ich wieder gefüttert. Weiteres Fernsehen während des Nachmittags. Morgens kamen die Quiz-Sendungen, nachmittags die rührselig-kitschigen Fernsehfilme. Abends eine weitere Mahlzeit, Urinbeutelleerung und wieder Fernsehen bis zum Lichtausschalten. Jeder neue Tag war eine langweilige, monotone Wiederholung seines Vorgängers: Essen, fernsehen, schlafen – ein ununterbrochener, nerventötender Kreislauf.

Ich mußte lernen, schnell zu essen und zu trinken. Das Personal war immer beschäftigt und zu überlastet, um sich mit Patienten zu befassen, die bei den Mahlzeiten trödelten. Die Schwestern konnten gerade unsere unmittelbaren körperlichen Bedürfnisse befriedigen, mehr nicht. Juckte meine Nase, mußte ich warten, bis Jay oder jemand vom Personal in der Nähe war, um sie mir kratzen zu lassen. Mein Haar fing wieder an zu wachsen, verwirrte sich und verfilzte, verschmutzte und war voll Schuppen. Niemand hatte Zeit, es zu waschen.

Eines Tages, als Jay zu Besuch kam, fragte sie: „Was ist denn das für ein fürchterlicher Geruch?"

„Welcher Geruch?“ entgegnete ich.

„Pfui! Das ist dein Haar! Wann haben sie es dir denn zuletzt gewaschen?“

„Vor über einem Monat. Im Stadtkrankenhaus“, erwiderte ich.

„Das ist ja schrecklich! Es stinkt ja schon, so schlimm ist es! Dagegen muß ich etwas tun“, stieß sie hervor. Jay sprach bei der Schwester vor, erhielt eine Schüssel, Wasser und Seife und veranstaltete eine Haarwäsche bei mir.

„Ach, tut das gut!“ rief ich erleichtert.

„Mir auch“, rief Denise. „Waschen Sie doch bitte auch mein Haar, Jay!“

„Und dann meins“, schallte es von B.J. und Betty herüber.

Somit wurde es zu Jays Pflicht, uns fünf jede Woche die Haare zu waschen und zu legen, bis die „Hausregeln“ diesem Bemühen ein Ende setzten.

Nachdem mein Haar wieder zu wachsen anfing und hin und wieder sogar gekämmt wurde, bekam ich wieder Interesse an meinem Aussehen. Die Nebenwirkungen der Medikamente ließen langsam etwas nach, und ich sah nicht mehr ganz so furchterregend aus. Ich war jedoch noch immer zu dünn und hatte Untergewicht, und meine Knochen drückten sich durch die Haut und verursachten häßliche, offene Geschwüre.

*

Diana White, eine Freundin vom Gymnasium und von „Young Life“, besuchte mich jetzt regelmäßig. Sie war ein feinfühliges, fürsorgliches Mädchen mit einem lebensbejahenden, freundlichen Wesen. Und sie war Christin. Sie wirkte glücklich und fröhlich. Dennoch war sie ebenso praktisch wie optimistisch. Ihre Lebensanschauung bestand nicht aus flotter, leichtfertiger Naivität. Statt dessen begegnete sie Schwierigkeiten und Niedergeschlagenheit mit ihrer eigenen starken

Persönlichkeit. Ihre Hilfsbereitschaft und ihr fröhliches Wesen gewannen sofort Anerkennung bei den Menschen, mit denen sie zu tun hatte. Dianas Augen leuchteten, wenn sie sprach. Ihr Lächeln war wohltuend. In ihrer Gegenwart konnte ich freier atmen.

Ich wußte ihre Besuche um so mehr zu schätzen, als Jackie – zu der Zeit in eigene Schwierigkeiten verstrickt – mich nicht mehr so häufig besuchen konnte. Dianas Aufmunterungen erfrischten mich, und wenn sie aus Gottes Wort vorlas, füllte sich auch die Leere, die dadurch entstand, daß mich Dick wegen seines Studiums nicht mehr so häufig besuchen konnte. Auch Jason verschwand aus meinem Leben. Von anderen hörte ich, daß er mit einem Mädchen ginge, das er auf dem College kennengelernt habe, und daß er wohl auch ernste Absichten mit ihr habe.

Ich war dankbar dafür, daß die Krankengymnastik Teil der täglichen Routine wurde. Dadurch kam doch wieder mehr Abwechslung in mein tägliches Einerlei.

Zuerst kam die Krankengymnastin, Barbara Marshall, zu mir, um an meinen gelähmten Gliedern zu arbeiten. Aber nach einigen Wochen wurde ich täglich für zwei Stunden in den Krankengymnastikraum gefahren.

Beim Anblick dieses großen Raumes wurde ich an eine Folterkammer erinnert. Ich entdeckte bizarre Maschinen und Apparate zum Strecken, Ziehen und Beugen unbrauchbar gewordener Arme, Beine und Körper. So seltsam der Eindruck aber auch sein mochte, den dieser Raum auf mich machte, er hatte doch eine überwiegend positive Bedeutung für mich: Hier würde ich laufen lernen, so wie die anderen, die sich an Krücken und Gehgittern übten.

Joe Leroy, ein kräftiger Physiotherapeut mit großer Geduld, führte mich in dem Krankengymnastikraum herum und zeigte mir, was sich abspielte, wenn die Krankengymnastin versuchte, meine Glieder so weit wie irgend möglich zu bewegen, um Muskelschwund zu verhindern.

„Schau mal", sagte er ruhig, „dieses ganze Flach-auf-dem-Rücken-Theater hat einen Sinn." Dann fuhr er fort, mir zu erklären, wie mir das Biegen, Drehen und Strecken meiner Arme und Beine und meines schlaffen Körpers in allen möglichen Stellungen helfen würde. „Es hält deine Muskulatur elastisch", erklärte Joe.

„Aber ich kann doch gar nichts fühlen. Wieso macht es denn etwas aus, wenn meine Glieder steif werden?" fragte ich.

„Das wird zum Problem für die Durchblutung – der Kreislauf verschlechtert sich. Außerdem wird der Körper steif, wenn die Muskeln schwinden. Deine Arme und Beine werden dünner, und schließlich wächst der Körper ganz schief", sagte Joe und zeigte auf Patienten, die geschoben, gezogen und gehoben werden mußten.

Die Krankengymnastin arbeitete zwanzig Minuten täglich mit mir, um meine Muskeln wieder elastisch zu machen, obwohl sie nie wieder funktionstüchtig werden würden. Der nächste Schritt in der Gymnastik zielte darauf ab, mich aus meinem Sandwich-Bett wieder in ein richtiges Bett zu verlegen.

Dann kamen mörderische Übungen, um mir das Aufsitzen im Bett beizubringen. Sie befestigten mich auf einem schrägen Brett und hoben das Kopfende an und senkten meine Beine. Als sie mich ganz langsam über die Horizontale hinaushoben, spürte ich, wie mein Blut aus dem Kopf abfloß und mich eine Welle von Übelkeit überkam.

„Warten Sie! Gehen Sie nicht höher! Ich halte es nicht mehr aus!" schrie ich.

Einige wenige Sekunden mit erhobenem Kopf waren schon zuviel für mich, nachdem ich sechs Monate flach gelegen hatte.

„O Joe“, schluchzte ich, „ich dachte, ich würde ohnmächtig! Werde ich mich denn nie wieder aufsetzen können?“

„Sicher wirst du das, Joni. Es braucht nur alles seine Zeit. Wir hatten dich nur um etwa 45 Grad hochgedreht. Wir werden es noch einmal etwas länger probieren. Wenn du es dann einige Minuten so aushalten kannst, werden wir den Winkel des Bretts noch etwas vergrößern. Bis zum Erntedankfest sollst du wenigstens im Stuhl sitzen können“, sagte Joe fröhlich.

Earl, ein anderer Pfleger, nickte und sagte: „Siehst du, dein Körper ist das flache Liegen so gewohnt, daß sich dein Kreislauf im Laufe der Zeit darauf eingestellt hat.“ Er unterstrich seine Erklärung mit weitausholenden Armbewegungen. „Wenn wir deinen Oberkörper heben, fließt das Blut aus dem Kopf ab, so daß du meinst, du klapptest zusammen. Tun wir das aber ganz langsam und allmählich, ‚erinnert‘ sich dein Herz wieder an seine Aufgabe und fängt wieder an, seine Arbeit aufzunehmen. Dein Kreislauf erholt sich wieder, und es wird wieder Blut in deinen Kopf gepumpt.“

So trainierten wir jeden Tag ein bißchen länger, bis ich auf dem schrägen Brett „aufsitzen“ konnte, ohne daß es mir schwarz vor den Augen oder übel wurde.

Eine Bestandsaufnahme von meiner Muskelkraft und meinem Empfindungsvermögen wurde gemacht. Die Ärzte und Krankengymnasten stellten fest, daß ich Gefühl in Kopf, Genick und Schultern bis in das Schultergelenk hinein hatte. Ein leichtes Kribbeln war in den Oberarmen und im Brustkorb zu spüren, als ob diese Körperteile eingeschlafen wären.

Diana kam dazu, als ich solche Fortschritte in der Krankengymnastik machte, und ermutigte mich. Ihr Optimismus wirkte ansteckend. Jedesmal, wenn sie mich besuchte, hatte sie neue Ermunterungen aus der Bibel.

„Hör mal“, rief sie. „In Johannes 16,23 und 24 steht: ‚So

ihr den Vater um etwas bitten werdet in meinem Namen, so wird er es euch geben. Bisher habt ihr um nichts gebeten in meinem Namen. Bittet, so werdet ihr empfangen, daß eure Freude vollkommen sei.' Ist das nicht großartig?"

„Ja, wirklich. Hm – vielleicht tut Gott etwas Besonderes. Hast du schon von unserer Gemeinde gehört?" fragte ich.

„Gemeinde?" fragte Diana. „Nein. Was ist denn passiert?"

„Unsere Gemeinde hat für mich eine Gebetsversammlung einberufen, die die ganze Nacht durchgehen soll. Sie wollen für meine Heilung und Wiederherstellung beten", erklärte ich ihr.

„Au, das ist ja toll! ‚Bittet, so werdet ihr empfangen!'", wiederholte Diana.

Die Übungen mit der Krankengymnastin verursachten in meinen Fingern ein leichtes Kribbeln. Dadurch wurde ich noch weiter ermutigt. Obwohl die Finger noch immer taub und gelähmt waren, verspürte ich doch ein schwaches Gefühl in ihnen. „Gott fängt an, mich zu heilen!" jubelte ich.

Am Abend der Gebetsversammlung drängten sich Freunde vom Gymnasium, Lehrer, Eltern und Freunde meiner Freunde in die Reformierte Episkopale Kirche. In jener Nacht schlief ich in der festen Erwartung ein, am nächsten Morgen geheilt aufzuwachen.

So geschah es natürlich nicht. Also überlegte ich, ob der Herr wohl meinen Glauben prüfen wollte und sich Heilungsprozeß und vollständige Wiederherstellung langsam und nicht plötzlich und übernatürlich vollziehen würden.

Kamen Diana, Jay und „Young-Life"-Freunde zu mir zu Besuch, machte ich nach außen hin den Eindruck, als sei alles in Ordnung und ließ mir keine Enttäuschung und Ungeduld anmerken. „Der Herr wird mich heilen", versicherte ich ihnen. „Wir wollen nur weiter beten und ihm vertrauen."

„Oh, Joni", sprudelte der eine oder andere meiner Besucher dann heraus. „Du bist vielleicht tapfer! Ich wünschte, ich hätte deinen Glauben!“

Dann lächelte ich liebenswürdig, betete aber inständig zu Gott, er möge mich doch schnell heilen.

5

Im Dezember war ich noch immer schwach, mager und an den Druckstellen voller Geschwüre, doch hatte mir die Krankengymnastik soviel Übung im Sitzen eingebracht, daß ich für einen Tag nach Hause durfte.

Ich wählte mir den Weihnachtstag, und die Vorbereitungen dafür brachten mich außer Rand und Band. Als man mir die Nachricht brachte, daß ich für einen Tag nach Hause gehen dürfte, war ich in der folgenden Nacht so aufgeregt, daß ich kein Auge zutun konnte. Ich lag in der Dunkelheit und versuchte, mich an das letzte Weihnachtsfest vor dem Unfall zu erinnern. Ich war mit Dick im Schnee spazierengegangen, hatte am Heiligen Abend den Gottesdienst in der Kathedrale besucht, dann hatten wir Schneemänner gebaut, später vor dem Kamin heiße Schokolade getrunken, Weihnachtslieder gesungen, und ich hatte den Gesang mit meiner Gitarre begleitet. Wie würde es wohl in diesem Jahr werden?

Endlich kam Weihnachten! Jay half der Schwester, mich für die Heimfahrt anzuziehen. Ich trug den hübschen dunklen Hosenanzug, den ich mir auf unserer Familienfahrt in den Westen unmittelbar vor meinem Unfall gekauft hatte; er hing wie ein Sack um mich herum. Jay schenkte mir eine hübsche blonde Perücke, die ich über meinem Haar tragen konnte, das noch immer nicht lang genug zum Frisieren war.

Vater fuhr bis vor den Eingang von Green Oaks und wartete dort. Dann trugen mich Joe und Earl in den Wagen. Sie gaben meinen Angehörigen genaue Anweisungen, wie ein Tetraplegiker im Wagen zu transportieren ist.

„Mir ist nie der Gedanke gekommen, daß das Fahren in einem Auto gefährlich sein könnte", sagte ich und fügte hinzu: „Außer natürlich, wenn man in einen Unfall verwickelt wird."

„Du brauchst nicht einmal einen Unfall zu haben, um dich zu verletzen", warnte mich Joe. „Siehst du, du kannst als Gelähmte nicht ohne Hilfe im Auto sitzen. Rutscht der Wagen, bremst er plötzlich, oder biegt er um eine Ecke, wirst du mit dem Schwung mitgetragen. Du kippst um und schlägst mit dem Kopf vielleicht an der Tür oder auf dem Armaturenbrett auf oder wirst gegen die Windschutzscheibe geschleudert, wenn du vorn sitzt." Er erklärte uns, wie ich mit dem Sicherheitsgurt des Wagens zu befestigen sei, und riet den Mitfahrern, mich in jedem Fall festzuhalten, insbesondere vor Kurven, beim Anfahren und Halten.

Nichts passierte auf dem Heimweg, obwohl die Fahrt aufregend und voll interessanter kleiner Begebenheiten zu sein schien. *Jetzt ist es Winter. Zwei volle Jahreszeiten sind vorübergegangen, ohne daß ich zu Hause gewesen bin.*

„Na, jetzt sind wir ja gleich da", bemerkte Jay, als der Wagen an der letzten Kreuzung abbog.

Ich schaute die Straße entlang – das Gymnasium, das Haus meiner Klavierlehrerin, die Apotheke – alles war so, wie ich es noch in Erinnerung hatte. Ein Gefühl von Heimweh überkam mich.

Nach einigen Minuten waren wir die steil ansteigende Allee vor unserem Haus hinaufgefahren und in die Hintereinfahrt eingebogen. Vater und Jay hoben mich behutsam aus dem Wagen und trugen mich ins Haus.

Das Heimweh wurde stärker. Das Haus war für die Feiertage geschmückt, und ein großer, duftender Tannenbaum stand im Speisesaal, wo ich übernachten sollte. Mutter hatte ein Krankenhausbett organisiert und es dort aufgestellt.

Ich dachte an mein altes Zimmer, das genau über dem Speisesaal lag und das so viele Erinnerungen an meine geheimsten Gedanken, Gebete und Hoffnungen barg. Natürlich konnten mich meine Lieben nicht die enge, gewundene Treppe zu meinem alten Zimmer hinauftragen. Ich würde also für eine Nacht im Speisesaal schlafen.

Mutter hatte den riesigen Eßtisch an die Wand gerückt, um den Raum gemütlicher zu machen.

Als Vater dieses Haus baute, tat er es in dem Bewußtsein, daß wir immer viele Gäste bewirten würden. Der Speisesaal war wirklich ein kleiner Saal – zwei- bis dreimal so groß wie ein gewöhnliches Speisezimmer –, etwa vierzig Quadratmeter, und der Tisch war so groß, daß vierzehn Menschen bequem daran Platz hatten.

Ein prasselndes Feuer im Steinkamin, hübscher, duftender Weihnachtsschmuck, Kerzen und Lichter – das alles erfüllte

Das Haus, welches Jonis Vater seiner Familie in Baltimore gebaut hat

den Raum mit Glück und Freude. Es war fast zuviel für meine Sinne. Die Bilder, Gerüche und Geräusche wirkten berauschend. Während meines Aufenthalts im Krankenhaus und in Green Oaks hatte ich nach Geist, Seele und Leib gelitten und vieles entbehren müssen. Jetzt wurde ich von einem solchen Glückstaumel erfaßt, daß sich das Zimmer auf einmal wie im Kreis um mich drehte.

Ich war leider nur kurze Zeit in der Lage, aufrecht zu sitzen, daher entpuppte sich das Krankenhausbett als sehr zweckmäßig. Halb liegend, halb sitzend nahm ich darauf Platz. In meinem Hosenanzug und der blonden Perücke sah ich beinahe „menschlich" aus, fühlte mich aber dennoch meines Aussehens wegen sehr gehemmt – besonders wegen meiner Beine. Es kam mir vor, als ragten sie ungeschickt und widerlich in die Gegend.

„Würdest du mich bitte zudecken, Mutter?" bat ich.

„Ist dir kalt, Liebling?"

„Nein, ich möchte nur zugedeckt sein. Ich sehe schrecklich aus!"

„Unsinn", erwiderte sie. „Du siehst sehr hübsch aus. Stimmt's, Jay?"

„Selbstverständlich", rief meine Schwester zurück.

„Ich möchte aber doch zugedeckt sein. Hol doch bitte die braune Decke und lege sie mir auf die Beine. Ich möchte nicht, daß Leute kommen und mich anstarren. Bitte!" Ich bestand darauf.

„Schon gut, Joni, ganz, wie du willst", sagte Mutter seufzend, legte die Decke auf mich und schlug sie mir um die Beine.

Der eigentliche Grund, weshalb ich meine Beine bedeckt haben wollte, waren aber gar nicht die Menschen. Vielmehr war es so, daß mich meine Beine ständig daran erinnerten, wie anders dieses Weihnachtsfest im Gegensatz zu den früheren war. Ich konnte es einfach nicht ertragen, dauernd meine Beine zu sehen.

An diesem Tage kam Dick mit seinen Angehörigen und Freunden zu uns, und die Zeit verging wie im Flug.

Zuerst ärgerte ich mich darüber. Dann aber war ich auch dankbar dafür, denn ich wurde ständig an frühere Weihnachtsfeste erinnert und war wegen der Veränderung in meinem Leben doch sehr traurig.

Ich konnte nicht mehr einfach in den Schnee hinauslaufen oder mit den Nachbarn Weihnachtslieder singen. Diese und andere Freuden würden mir für immer versagt bleiben – und alle schienen es zu spüren. Es gab keine Tränen – zumindest damals nicht –, doch ein Hauch der Traurigkeit hing über uns allen, und das war fürchterlich.

Erst als ich wieder in meinem Bett in Green Oaks lag, erlaubte ich mir zu weinen. Dann gab es kein Halten mehr.

B.J., Betty, Denise und Ann waren ebenfalls zu einem eintägigen Weihnachtsbesuch zu Hause gewesen.

Eigentlich waren die Feiertage für alle, ob sie nun irgendwo hingehen konnten oder in Green Oaks bleiben mußten, gleich traurig, denn alle wurden von Erinnerungen an frühere und bessere Zeiten gequält.

Ich versuchte, meine Gefühle über meinen Aufenthalt zu Hause zu ergründen. Ich war überglücklich gewesen, nach Hause zu kommen, war aber sehr ernüchtert worden, als ich mich in der bekannten und vertrauten Umgebung sah.

Als die Schwester am nächsten Tag ins Zimmer kam und mich untersuchte, sagte sie: „Joni, ich fürchte, daß das für eine ganze Weile dein letzter Besuch zu Hause war."

„Warum denn das?"

„Weil seitdem alle Geschwüre an den Druckstellen an deinen Hüften und an deinem Rücken wieder offen sind. Deine Knochen stehen vor und reiben die Haut durch. Sie können überhaupt nicht zuheilen, wenn wir dich nicht wieder ins Sandwich-Bett legen", sagte sie einfach.

„Aber darf ich mich dann überhaupt nicht mehr aufsetzen?" bettelte ich.

„Tut mir leid, nein. Gerade beim Aufsetzen spannt die Haut, und die Folge ist Durchliegen. Wir müssen wenigstens solange warten, bis alles abgeheilt ist."

*

Dick besuchte mich so oft wie möglich. Von der Universität Maryland bis Green Oaks und zurück mußte er etwa hundert Kilometer zurücklegen. Er kam immer per Anhalter. Ich merkte, daß mein Unfall auch an seinen Nerven zu zerren begann. Er war fast genauso am Ende seiner Kraft wie ich.

„Dick", sagte ich eines Tages zu ihm, „wir hängen zu sehr an der Vergangenheit. Das dürfen wir nicht. Wir können die Zeit auf dem Gymnasium nicht mehr zurückholen."

Er blickte mich traurig an und nickte. „Aber es wird doch wieder besser werden. Du wirst bald –"

„Nein!" rief ich. „Es wird nie mehr besser werden. Verstehst du denn nicht? Mit mir wird es nicht besser! Kannst du das nicht sehen?"

Wieder wurde ich von Selbstmordgedanken gequält. Hier saß ich wie eine Raupe, die sich in einer Segeltuchdecke verpuppt hatte. Ich konnte nur meinen Kopf bewegen und war schon fast eine Leiche. Es bestand kein Fünkchen Hoffnung, jemals wieder laufen zu lernen. Ich würde niemals ein normales Leben führen und Dick heiraten können. Es ist sogar wahrscheinlich, daß er für immer aus meinem Leben verschwindet, überlegte ich. Ich wußte vor lauter Verzweiflung nicht, wie ich diesem Leben – aufwachen, essen, fernsehen, schlafen – noch einen Sinn abgewinnen sollte.

Warum in aller Welt soll ein Mensch gezwungen werden,

solch ein blödes, langweiliges Leben zu leben? Ich betete darum, bei irgendeinem Unfall ums Leben zu kommen, um nur nicht weiterleben zu müssen. Die seelischen Qualen waren genauso unerträglich wie die körperlichen Schmerzen.

Doch auch diesmal ergab sich für mich keine Möglichkeit, Selbstmord zu begehen. Eine grenzenlose Verzweiflung packte mich. Ich war mutlos, zugleich aber auch wütend über meine Hilflosigkeit. Oh, wie ich mir Kraft für meine Hände wünschte, um etwas, irgend etwas, unternehmen zu können, um diesem Elendsleben ein Ende zu setzen! Tränen der Angst, Verzweiflung und Wut trugen nur noch zu meiner Mutlosigkeit bei.

Noch eine weitere Komplikation ergab sich, die mir das Leben unerträglich machte. Die Geschwüre an den durch meine vorstehenden Knochen entstandenen Druckstellen heilten nicht. Die Ärzte meinten, ein chirurgischer Eingriff sei die einzige Möglichkeit, mit diesem Problem fertig zu werden. So wurde ich am 1. Juni 1968 zur Operation wieder ins Stadtkrankenhaus gebracht. Das ganze Unternehmen war eine Bestätigung dafür, daß meine Verletzung endgültig war, denn die Ärzte würden die Spitzen der vorstehenden Knochen an den Hüften und am Kreuzbein niemals wegoperieren, wenn auch nur die geringste Hoffnung bestanden hätte, daß ich jemals wieder laufen könnte.

Der Chirurg, Dr. Southfield, erklärte mir die Operation. „Da du kein Gefühl hast, werden wir keine Narkose brauchen. Wenn du aber den Anblick des Blutes scheust –“

„Ist schon in Ordnung“, sagte ich schroff. „Ich habe das alles ja schon einmal durchgemacht. Vergessen Sie bitte nicht, daß ich schon beinahe ein Jahr hier bin. Es gibt nicht viel, was ich noch nicht gesehen hätte. Es gibt wohl auch kaum etwas, was man mit mir nicht schon angestellt hätte. Schneiden Sie ruhig drauflos!“

Ich beobachtete, wie Dr. Southfield mit dem Skalpell meine Hüfte aufschnitt. Das Blut spritzte heraus, als er Haut- und Muskelgewebe zurückklappte. Assistenten reichten ihm die verschiedenen chirurgischen Instrumente, nach denen er verlangte.

Nach wenigen Minuten vernahm ich ein seltsames Kratzgeräusch, als er an meinem Hüftknochen meißelte und die scharf hervorspringenden Kanten abfeilte, die die Ursache für meine Druckstellen und die Geschwüre waren.

Wenn ich mich vor der Operation auch sehr überlegen gezeigt hatte, so gingen mir die Geräusche der Operation doch auf die Nerven. Mir wurde übel. Ich begann zu singen, um meine Aufmerksamkeit von der Operation abzulenken. Aus Leibeskräften schmetterte ich ein schreckliches Repertoire pessimistischer Lieder in den Raum.

„Kannst du nicht etwas anderes singen – etwas Fröhlicheres?“ fragte Dr. Southfield schließlich.

„Nein!“ schnauzte ich und setzte mein Konzert fort.

Nach einer Weile wurde ich umgedreht, und der Chirurg begann, an meinem Kreuzbein zu arbeiten. Er kratzte und feilte auch hier die Knochenvorsprünge weg. Endlich vernähte er alle Schnittwunden. Dann wurde ich untersucht, verbunden und nach Green Oaks zurückgebracht.

Nachdem die Operationsnähte und die Geschwüre verheilt waren, durfte ich mich langsam wieder aufsetzen. Earl legte mich vorsichtig im Bett zurecht und versuchte, mir beim Aufsetzen behilflich zu sein.

„Es geht los, Joni“, sagte er. „Fang schön langsam an. Wir wollen doch nicht, daß dir wieder schwindlig wird und du in Ohnmacht fällst, nicht wahr?“

„Stimmt.“

„Vorsicht jetzt!“

„Wie denn, Earl? Ich sitze ja! Wie ist es denn?“

Earl antwortete nicht. Nach kurzer Zeit trug er mich in mein Sandwich-Bett zurück.

„O bitte, laß mich doch im richtigen Bett, Earl", bettelte ich. „Ich habe so lange darauf gewartet, mich wieder aufsetzen zu können. Wenn du dir Sorgen machst, ich könnte in Ohnmacht fallen –"

„Tut mir leid, Joni. Ich muß dich wieder zurücktragen. Die Operation hat nichts gebracht. Deine Wirbelsäule hat die Operationswunden wieder aufgerissen. Du blutest."

*

Während ich in den nächsten Wochen in meinem Sandwich-Bett lag, gab ich endgültig alle Hoffnung auf, jemals wieder laufen zu können. Ich setzte dafür aber alle Willenskraft ein, um zu lernen, wie ich meine Hände wieder gebrauchen könnte. Hätte ich das erst einmal geschafft, wäre ich doch nicht mehr so hilflos. Ich wäre nicht mehr so sehr auf Jay oder Diana angewiesen, die mir beim Waschen und Bürsten meiner Haare halfen. Oder einfach beim Essen. Könnte ich nur etwas – irgend etwas – allein tun, käme ich mir nicht mehr so hilflos vor.

„Du kannst mit deinem Mund manche Dinge tun, für die du normalerweise deine Hände gebrauchst", meinte die Arbeitstherapeutin Chris Brown eines Tages, nachdem sie sich meine Klagen angehört hatte. „Du hast doch in der Arbeitstherapie Leute gesehen", fügte sie hinzu, „die schreiben lernten, indem sie einen Stab oder einen Bleistift zwischen ihren Lippen hielten. Das kannst du auch lernen."

„Nein", sagte ich „das ist ja abscheulich. Demütigend. Das werde ich nicht tun!"

Chris versuchte nicht, mich zu überreden. „Vielleicht tust du's doch eines Tages", meinte sie.

Später kam Jay zu Besuch. Obwohl sie lächelte und sich zu

beherrschen schien, hatte sie wieder geweint. „Hallo, Schwesterchen“, sagte sie.

„Du hast geweint, Jay.“

Jay nickte. Sie hatte mich nie mit ihren eigenen Problemen belasten wollen und ihre Gefühle vor mir verborgen. Schließlich hatte ich aber doch herausbekommen, daß sie in ihrer Ehe Schwierigkeiten hatte. Jetzt war ihre Scheidung endgültige Tatsache.

Mechanisch sagte sie: „Es ist vorbei. Es wird schon gehen, Joni. Mach dir keine Sorgen.“

„Aber –“

„Wirklich. Mach dir keine Sorgen.“ Jay wechselte das Thema. „Hier, ich hab dir was zu naschen mitgebracht.“ Sie machte eine Tüte auf, die voller Krapfen war. Sie nahm einen heraus und hielt ihn mir hin. „Deine Lieblingskrapfen!“

Wir unterhielten uns eine ganze Stunde und lasen zusammen eine Illustrierte durch, die sie unter meinem Bett ausbreitete.

Als sie sich dann zum Gehen fertigmachte, schaute sie mir ernst in die Augen und sagte: „Joni, ich möchte – ich möchte, daß du zu mir und meiner kleinen Kay ziehst, wenn du aus dem Krankenhaus kommst.“

„Wir wollen es uns überlegen“, erwiderte ich. „Wir überlegen es uns, in Ordnung?“

Sie küßte mich auf die Wange und fuhr mir mit dem Handrücken über die Stirn. Lächelnd ging sie.

Langsam ging mir die Bedeutung dessen auf, was Jay gesagt hatte. Ich dachte lange über ihre Bemerkung und ihr Angebot nach, nahm mir aber vor, keine Pläne zu schmieden. Dennoch beruhigte mich der Gedanke, bei Jay zu wohnen.

Als Dick später zu Besuch kam, rollte er mein Sandwich-Bett in das Spielzimmer, damit wir uns besser unterhalten könnten. Wir probierten ein neues Verhältnis aus – eine

Nur-Freundschaft. Obwohl sich keiner von uns eine Änderung in unserem Verhältnis anmerken ließ, wußten wir doch, daß wir keine Aussichten für ein Verhältnis von Mann und Frau hatten. Zuerst mußte ich meine Hände wieder gebrauchen lernen. Dann würde ich wieder Rehabilitation durchmachen müssen, und das würde alles lange dauern. Darum vermieden wir es, über Dinge wie Liebe und Heirat zu reden.

Wenn mich Dick besuchte, war sein Augenmerk meistens darauf gerichtet, mich zu ermutigen. Dazu las er mir aus einer modernen Übersetzung des Neuen Testaments vor. Die Botschaft darin war klar und deutlich zu verstehen: Glaube, Hoffnung, Vertrauen.

Doch ich wies dies alles als zu oberflächlich zurück. Für den Durchschnittsmenschen, der auf seinen Füßen stehen konnte und mit den Dingen des täglichen Lebens, mit Versuchungen und Zweifel zu kämpfen hatte, mochte das ganz gut sein. Was aber hatte Gott *mir* zu sagen? Ich lag eingeschlossen in mein Sandwich-Bett und war völlig hilflos!

Diana las mir oft aus dem Alten Testament vor. Dann versuchte ich, mich mit den Propheten zu identifizieren. Wie Jeremia dachte ich, daß der Zorn Gottes im Gericht über mich ausgegossen wäre.

Ich las mich durch die Klagelieder hindurch und identifizierte mich völlig mit dem Leid, von dem Jeremia geschrieben hatte: „Des Nachts weint sie unaufhörlich, und ihre Tränen laufen ihr über die Wangen hinab; sie hat unter allen ihren Liebhabern keinen Tröster" (Klagelieder 1,2). *O Gott, wie wahr ist das! Und ich kann mir nicht einmal die eigenen Tränen abwischen!*

„Denn der Herr hat ihr Trübsal verursacht um ihrer vielen Übertretungen willen" (Klagelieder 1,5). *Ja! Ich habe seine Moralgesetze verletzt. Jetzt folgt die Strafe.*

„Schauet und sehet, ob ein Schmerz sei wie mein Schmerz,

der mich getroffen, mit welchem mich der Herr bekümmert hat am Tage seines grimmigen Zorns!" (Klagelieder 1,12). *Niemand anders wird so bestraft. Warum hat Gott mir das nur angetan?*

„Er sandte ein Feuer von der Höhe, das alle meine Gebeine durchdrungen hat" (Klagelieder 1,13). *Meine Verletzung beim Tauchen – die Lähmung!*

„Er hat mich zu einer Ruine gemacht, ich bin krank immerdar" (Klagelieder 1,13). *Wut – Schwäche und Angst.*

„Er hat meine Kraft gebrochen" (Klagelieder 1,14). *Ein Jahr im Bett und für immer vollständig auf Schwestern und Pfleger angewiesen.*

„Meine Augen sind ausgeweint, mein Inneres kocht; mein Herz schmilzt..." (Klagelieder 2,11). *Wieviel kann ich noch ertragen? Ich bin am Ende!*

„Nur gegen mich kehrt er immer wieder den ganzen Tag seine Hand" (Klagelieder 3,3). *Warum, o Gott, warum? Warum?*

„Er hat mein Fleisch und meine Haut verschlungen und meine Knochen zermalmt" (Klagelieder 3,4). *Die Druckstellen, die Geschwüre, die Nähte, die Knochenchirurgie...*

„Er hat rings um mich her Gift und Drangsal aufgebaut" (Klagelieder 3,5). *Und ich bin noch immer von Segeltuch, Katheterschläuchen und Urinbeuteln umgeben.*

„In dunkeln Höhlen läßt er mich wohnen wie längst Verstorbene" (Klagelieder 3,6). *Ich bin in diesem düsteren Krankenhaus eingesperrt, wo wir wie lebende Leichen auf den Tod warten.*

„Er hat mich eingemauert, daß ich nicht herauskommen kann; mit ehernen Ketten hat er mich beschwert" (Klagelieder 3,7). *Ich sitze in der Falle! Sandwich-Bett, Gurte und Kopfzangen...*

„Ob ich auch schreie und rufe, verstopft er doch die Ohren

vor meinem Gebet" (Klagelieder 3,8). *O Gott, warum kümmerst du dich nicht um mich?*

„Und du hast meine Seele aus dem Frieden verstoßen" (Klagelieder 3,17). *Er hat mich verlassen!*

*

Wer oder was ist Gott? Sicherlich kein persönliches Wesen, das sich um den einzelnen kümmert, überlegte ich. Was nützt der Glaube, wenn deine Gebete auf taube Ohren stoßen?

Meine Zweifel wurden allmählich so stark wie mein Groll. Lasen Diana oder Dick eine biblische Verheißung vor, schaltete ich einfach ab. „Das klingt alles viel zu sehr nach Patentlösung", sagte ich ihnen. „Diese Verse versprechen viel zuviel. Sie können nur oberflächliche Bedeutung haben. Erklärt mir doch mal, wie sich mein Hierliegen von mehr als einem Jahr zum Guten auswirken soll! Welches Gute? Wo? Wann? Ich will nichts mehr hören!"

Und dann gab es Leute in Green Oaks, die noch ein gut Teil zu meinem Gefühl der Hilflosigkeit und Niedergeschlagenheit beitrugen. Frau Barber, eine der Nachtschicht-Helferinnen, hatte in ihrer Familie schwierige Verhältnisse und war deshalb ständig gereizt und verbittert. Oft ließ sie gemeine und obszöne Bemerkungen fallen, die denen, die ihr in den Weg kamen, wehtaten und sie beleidigten. Für Frau Barber waren wir keine Patienten, die der Pflege bedurften, sondern Störenfriede, die ihr nur Arbeit machten.

Eines Abends kam sie in unser Zimmer und fegte wütend meine Bilder vom Belüftungsapparat, der in der Nähe meines Bettes stand. „Wie zum ... soll ich diesen ... Belüfter anstellen, mit all diesem ... drauf?" zischte sie.

Die Bilder hatten schon wochenlang dagestanden und die Funktion des Apparates in keiner Weise beeinträchtigt.

Sie suchte eine Fotografie von Dick heraus und sagte

schreckliche Dinge über ihn – daß er in alle möglichen schmutzigen Affären verwickelt sei. Ihre Perversitäten ekelten mich an, und ich schimpfte zurück.

Sie trat an mein Sandwich-Bett heran und knurrte mich wütend an: „Ich sollte dich eigentlich bis zum Morgen so liegen lassen und nicht umdrehen. Um dir aber zu zeigen, was für ein netter Mensch ich bin, will ich es doch tun.“ Mit diesen Worten schwenkte sie mich rücksichtslos herum.

Sie hatte nicht die übliche Vorkehrung getroffen und nicht nachgesehen, ob meine Arme auch eingesteckt waren. Einer war nicht befestigt, und als sie mich umdrehte, schlug meine Hand heftig gegen das Bett.

Obwohl meine Hand gelähmt und gefühllos war und ich deswegen auch keine Schmerzen empfand, schwoll sie doch an, und es bildete sich ein großer Bluterguß.

Sie ließ den verletzten Arm herunterhängen und eilte aus dem Zimmer, um sich anderen Aufgaben zuzuwenden.

Aufgeregt, ängstlich und zornig schluchzte ich still vor mich hin.

„Ich habe gesehen, was sie getan hat, Joni“, sagte B.J. „Du solltest es der Oberschwester melden.“

„Ja. Ich habe alles gehört. Du solltest dich über sie beschweren“, fügte Denise hinzu.

„Ich kann mich doch aber nicht über sie beschweren. Dann stellt sie etwas anderes an“, schluchzte ich.

Am nächsten Tag kam Mutter zu Besuch. Sie erkundigte sich gleich nach meiner geschwollenen Hand.

Ich versuchte, es geringschätzig als Unfall abzutun, doch meine Zimmergenossinnen erzählten Mutter, was vorgefallen war.

Wütend ging Mutter geradewegs zur Oberschwester und beschwerte sich lautstark.

Spät am Abend kam Frau Barber in unser dunkles Zimmer,

trat leise an mein Bett und kam mit ihrem Gesicht dicht an meinen Kopf. Dann zischte sie mir ins Ohr: „Wenn du mich jemals wieder verpetzt, du ..., dann werde ich sehen, daß dich das teuer zu stehen kommt! Hast du mich verstanden, du ... ?"

Das war keine bloße Drohung. Ich war entsetzt und hatte schreckliche Angst, daß mir etwas Furchtbares zustoßen könnte, falls ich mich noch einmal beschweren würde.

Außer den wenigen, die wie Frau Barber die Patienten und deren Pflege haßten, gab es auch andere, die sich wirklich um uns bemühten; doch hatten die wenigsten genügend Zeit. Die Schwestern schienen nur Zeit zu haben, Medikamente auszugeben und Stuhlgangkurven nachzutragen. Die meisten Hilfskräfte waren überarbeitet und dazu schlecht bezahlt und hatten demzufolge auch kein Interesse an uns.

Solche Vorkommnisse trugen noch mehr zu meiner Niedergeschlagenheit bei.

Jim Pollard war ein intelligenter junger Tetraplegiker, der die gleichen Fragen stellte wie ich. Seine Muskeln waren so geschädigt, daß er seinen Kopf nicht ganz geradehalten konnte; er fiel sehr leicht auf die linke Schulter. Seine Stimme und sein Geist waren aber völlig in Ordnung.

„Wenn es keinen Gott gibt, der sich persönlich um mich kümmert, was hat dann alles überhaupt für einen Sinn?" fragte ich ihn.

„Das ist es ja gerade", erklärte er mir. „Ich habe viel gelesen und studiert. Ich habe mich eingehend mit Religion und Philosophie befaßt. Das Leben hat absolut keinen Sinn. Es ist sinnlos. Absurd."

„Warum soll ich dann eigentlich noch leben?" fragte ich weiter. „Warum nicht einfach Selbstmord begehen? Und warum begeht dann die ganze menschliche Rasse nicht einfach Selbstmord, wenn doch alles sinnlos ist?"

„Oh, es kann schon einen Sinn haben. Manche Menschen

glauben an Gott, und das gibt ihrem Leben einen Sinn. Wenn es aber hart auf hart geht – wie bei uns hier –, dann merkt man, wie nichtssagend Religion doch letzten Endes ist", sagte er mit tiefer Überzeugung.

„Aber glaubst du denn, daß das Leben überhaupt keinen Sinn hat?"

„Für uns wahrscheinlich nicht. Menschen mit gesunden Gliedern können essen, arbeiten, sich lieben – alles mögliche tun. Ihrem Glück nachgehen, verstehst du?"

Ich nickte.

„Aber bei uns ist das doch wohl ganz anders. Für uns ist das Leben auf seinen einfachsten Nenner gebracht. Für uns gibt es keinen Grund weiterzuleben."

„Warum bist du dann noch am Leben?"

Jim zuckte die Schultern. „Ich habe wahrscheinlich einfach nicht genügend Schneid, mich selbst um die Ecke zu bringen. Außerdem könnte das Leben doch einen Sinn haben. Man müßte ihn nur finden."

„Wie denn?"

„Unser Gehirn. Unser Denkvermögen. Ich habe Spaß daran, meinen Geist zu entwickeln. Was soll mir noch mein Körper? Vielleicht finde ich einen gewissen Reiz darin, intelligent zu sein."

„Vielleicht", wandte ich ein. „Aber was ist mit all den anderen? Sie werden geboren. Sie leben und sterben. Die Existenz scheint ihr einziges Ziel zu sein. Wozu das Ganze?"

„Da fragst du mich zuviel, Joni", antwortete er. „Lies doch mal ein paar von meinen Büchern! Ich habe was da von Sartre, Marx und anderen großen Denkern."

Ich las alles und entfernte mich dadurch nur immer weiter von Gott und jeder Hoffnung. Der Sinn des Lebens ist, daß das Leben keinen Sinn hat. Ein Leben ohne ewiges Ziel, ohne Gott, führt zur Verzweiflung. Das sah ich ein; ich wußte aber nicht, was ich sonst hätte glauben sollen. Hatte Gott, sofern es einen Gott gab, mir nicht den Rücken zugewandt?

Jim fuhr fort, mich in der Lehre des Agnostizismus, Sammelbegriff für alle philosophischen Lehren, die eine rationale Erkenntnis des Göttlichen oder Übersinnlichen leugnen, zu unterrichten. „Schau mal, Joni, nichts kann jemals einen Sinn haben. Das mußt du zuerst akzeptieren. Das Leben ist launisch und vergänglich. Arbeit, Familie, Freundschaft – alles das sind nur Etappen auf dem Wege zum Tod. Du existierst nur eine kurze Zeit; wenn du etwas vom Leben haben willst, hole es dir jetzt. Glaube bloß nicht, daß du irgend etwas für ein Leben nach dem Tode aufheben kannst."

„Aber das Schlimme ist, Jim", unterbrach ich ihn, „daß ich schon auf dem Gymnasium gemerkt habe, daß mich Vergängliches auf die Dauer nicht befriedigt."

„Und was ist mit deinem Unfall? Der ist gewiß nicht vergänglich", war seine bissige Antwort. „Du hast mir erzählt, daß sich nach der Bibel selbst deine Lähmung noch zum Guten wenden würde. Wie denn?"

„Ich – ich weiß es nicht. Das ist es ja, was mich an Gott zweifeln läßt. Wenn er wirklich existierte, würde er es mir doch irgendwie zeigen. Dann hätte ich das Gefühl, daß das Ganze einen Sinn hat!"

Jim sagte: „Du wächst einfach über dein Verlangen nach Religion und Gott hinaus, Joni. Hast du eins der Bücher gelesen, die ich dir gegeben habe?"

„Ja. Ich habe ‚Siddhartha' und Kafkas ‚Prozeß', ‚Bio-Ethik' und eh – ‚Des Menschen Suche nach dem Sinn' gelesen. Alle. Ich habe jeden existentialistischen Schriftsteller gelesen, den du mir gegeben hast", sagte ich.

„Oh, alle Achtung! Dann solltest du ja allmählich wissen, daß der Gedanke an einen Gott, der sich persönlich um uns Menschen kümmert, lachhaft ist."

„Soweit bin ich noch nicht, Jim. Ich weiß es nicht. Ich habe alles gelesen, was du mir gegeben hast. Diese Bücher untermauern ja deine Ansichten ganz schön, aber –“

„Aber du hast Angst. Du denkst, Gott sitzt da oben im Himmel und wartet darauf, dir einen neuen Schlag zu versetzen, wenn du an ihm zweifelst. Nun, dann sag mir mal eins, Joni. Wenn es einen Gott gibt, was könnte er dir denn noch antun? Schlimmeres gibt es doch nicht mehr! So sehe ich es wenigstens. Ich bin ein Krüppel. Für immer. Ich werde nie wieder auf meinen Füßen stehen können. Was wird Gott tun, wenn ich nicht mehr an ihn glaube? Mich zur Hölle verdammen? Ich bin bereits in der Hölle! Nein, es gibt keinen Gott, Joni. Keinen Gott“, schloß er wehmütig, als hege er immer noch die Hoffnung, daß es doch einen Gott gäbe. Aber Jim war von seinem Unglauben überzeugt und hatte sich damit abgefunden: „Es gibt keinen Gott.“

Ich betete inbrünstig: „O Gott, ich habe die Wahl zwischen zwei Möglichkeiten: Entweder bist du da, oder du bist nicht da. Existierst du nicht, sehe ich keinen logischen Grund zum Weiterleben. Ich möchte wissen, ob Menschen, die glauben, bloß an etwas Bedeutungslosem festhalten. Warum soll ich mir weiterhin etwas vormachen? Mein Leben ist sinnlos. Der einzige Zweck meines Lebens scheint Verzweiflung zu sein. Was soll ich tun, Herr? Ich möchte so gern glauben, aber ich habe nichts, woran ich mich klammern kann. O Gott, du mußt mir zeigen, daß du da bist!“

Ich war völlig durcheinander. Gedanken, Philosophien, logische, rationale, intellektuelle Überlegungen schossen mir durch den Kopf, nur, um genauso schnell von ebenso stichhaltigen Argumenten wieder umgeworfen zu werden. Was war richtig? Was war falsch?

Wo war die Wahrheit? Ich kam mir vor wie in einem Irrgarten und wußte weder aus noch ein. *Verliere ich jetzt auch noch den Verstand, wie ich schon meine Glieder verloren habe?* Müde vom Grübeln, fielen mir schließlich die Augen zu.

Plötzlich überkam mich von irgendwoher eine tiefe Ruhe. Ein Gedanke – oder eine Erinnerung – tauchte in mir auf und flüsterte meinem zermarterten Gehirn die Worte zu: „Einem festen Herzen bewahrst du den Frieden, weil es auf dich vertraut."

So schlief ich ein.

6

Diana besuchte mich immer häufiger. Schließlich kam sie so oft, daß einige Besucher sie für eine Krankenhaus-Angestellte hielten.

Eines Tages legte sie die Bibel, aus der sie gerade vorgelesen hatte, beiseite und sagte: „Joni, ich habe mich entschlossen, hier freiwillig zu arbeiten, damit ich dich besser betreuen kann.“

„Aber Diana, du kannst doch nicht dein Studium aufgeben!“ protestierte ich.

„Ich habe viel darüber gebetet, Joni. Ich glaube, daß Gott es von mir verlangt. Siehst du, ich weiß nicht, was für Pläne Gott für meine Zukunft hat. Ich werde jetzt mein Studium zunächst für ein Semester unterbrechen und Gott um seine weitere Führung bitten“, erklärte sie mir.

„Ja, aber –“

Diana unterbrach mich. „Kein Aber. Während der Zeit, wo ich Gottes Willen zu erkennen suche, werde ich hier freiwillig arbeiten – wenigstens bis zum Herbst.“

„Diana, das ist sehr lobenswert. Bist du aber auch überzeugt, daß das richtig ist?“ fragte ich.

Sie nickte. Ihre Augen blitzten vor Entschlossenheit. „Ja. Ich habe mich dazu entschlossen und dabei echten Frieden gefunden.“

Es war schön, Diana im Krankenhaus als Freiwillige um mich zu haben. Sie beschäftigte sich außer mit mir auch mit anderen Patienten und beobachtete die Schwestern und Therapeuten, um auch wirklich eine Hilfe sein zu können.

Währenddessen geriet ich auf geistlichem Gebiet immer mehr in eine Sackgasse. In meinem Wunsch, auch gegenüber anderen Gedankengängen, die nichts mit dem Glauben an Gott zu tun hatten, offen zu bleiben, geriet ich in zunehmende Verwirrung. Je mehr ich las, desto mehr geriet mein Glaubensleben durcheinander. Gab es denn gar keine Klarheit und Wahrheit? Was ich von Sartre, Hesse und Marx gelesen hatte, brachte mir keine Erleuchtung.

Je weiter ich meinen Geist diesen Philosophien, die nichts mit Gott zu tun hatten, öffnete, desto mehr entfernte ich mich von Gott.

Endlich gelangte ich zu der Überzeugung, daß mich diese Schriften nicht weiterbringen könnten und daß ich daraus nichts lernen konnte. Mein Suchen führte mich schließlich zur Bibel zurück. Ich begann zu spüren, daß Gott eben doch Wirklichkeit ist und daß er etwas mit mir vorhatte.

„Meine Gedanken sind nicht eure Gedanken. Meine Wege sind nicht eure Wege“, rief er mir durch sein Wort zu. Ich mußte einfach verstehen lernen, daß ich den Sinn und Zweck meines Lebens nur dann begreifen konnte, wenn ich bereit war, die Allmacht Gottes voll anzuerkennen.

„Wie meinst du das?“ fragte Diana, als wir dieses Thema eines Tages zusammen diskutierten.

„Nun, ich habe versucht, in der Welt einen Sinn zu erkennen, indem ich nach Dingen suchte, zu denen ich eine Beziehung knüpfen konnte. Ich wollte Sinn und Zweck in meinem Leben sehen. Die Bibel sagt aber, daß es der Sinn und Zweck unseres Lebens ist, Gott zu verherrlichen. Mein Leben hat also einen Sinn, wenn ich Gott verherrliche“, erklärte ich.

„Ja, ich verstehe“, sagte Diana. „Wie willst du diese Absicht aber in die Tat umsetzen?“

„Darüber bin ich mir noch nicht klar. Ich weiß nur, daß ich bis jetzt versucht habe, im Mittelpunkt zu stehen, so daß sich die Welt sozusagen um mich drehen mußte. Das will und muß ich ändern."

„Hm, die Antwort auf diese Fragen finden wir doch in der Bibel", bemerkte Diana. „Wenn du dort suchst, wirst du den Willen Gottes erkennen."

„Ja", erwiderte ich, „aber ich verliere die Geduld, weil ich das Leben nicht so sehe, wie Gott es sieht. Ein Jahr im Sandwich-Bett kommt mir wie ein Jahrhundert vor – ein Jahr ist für Gott aber keine lange Zeit, nicht wahr? Sein Maßstab ist die Ewigkeit. Vielleicht benötigt alles viel mehr Zeit, als ich gedacht habe."

„Und was kommt dann als nächstes, Joni?"

„Ich weiß es nicht. Ich glaube, ich muß jede Hürde einzeln für sich nehmen. Ich bin ja gelähmt und weiß nicht, warum mir Gott dieses Unglück widerfahren ließ. Vielleicht werde ich den Grund aber auch nie erfahren. Vielleicht sollte ich mich davon auch nicht mehr aufhalten lassen."

„Dann konzentriere dich doch darauf, hier herauszukommen", riet mir Diana.

„Ja, das muß ich ja wohl. Ich habe Angst, Diana. Und wahrscheinlich habe ich deswegen Angst, weil ich nicht weiß, was werden wird, wenn ich nach Hause zurückkehre."

„Aber Joni, darin liegt doch gerade die Bedeutung unseres Vertrauens gegenüber unserem himmlischen Vater." Sie lächelte, ihre Augen strahlten vor Freude über die Wahrheit, die sie soeben neu entdeckt hatte. „Du brauchst nicht zu wissen, weshalb dir Gott etwas widerfahren läßt. Tatsache ist, daß Gott genau weiß, was er tut, und das allein zählt. Vertraue nur auf ihn, daß er alles zum Guten wenden wird – wenn nicht jetzt, dann später."

„Wie meinst du das?"

„Würde es dir weiterhelfen, wenn du wüßtest, weshalb Gott es zugelassen hat, daß du gelähmt bist? Ich bezweifle es.

Quäle dich also nicht damit herum, daß du nach einem tieferen Grund für diesen Unfall suchst", schalt sie mich.

„Was soll ich deiner Meinung nach denn dann tun?"

„Hm, da ist zum Beispiel die Therapie. Du weißt ja, wie du dich bis jetzt um die Arbeitstherapie herumgedrückt hast. Du hast gesagt: ‚Wozu soll ich denn mit einem Pinsel schreiben lernen, den ich mit dem Mund halten muß?' Nun, wenn Gott den endgültigen Sinn und Zweck aller Dinge kennt, kann er auch deinem Leben einen Sinn verleihen. Du darfst aber nicht gegen ihn ankämpfen."

„Ich mache aber doch Fortschritte in der Krankengymnastik. Warum soll ich denn mit meinem Mund schreiben lernen? Ich warte doch darauf, daß ich meine Hände wieder gebrauchen kann!"

„Aber", fragte Diana vorsichtig, „aber was wird, wenn du deine Hände nicht wieder gebrauchen lernst?"

Ich antwortete nicht sofort. Diese Möglichkeit kam für mich überhaupt nicht in Betracht. Ich dachte: Ich kann ein oder mehrere Jahre meines Lebens verlieren und hier liegen. Ich kann sogar meine Beine opfern und den Rest meines Lebens in einem Rollstuhl verbringen. Ich will mich nicht beschweren. Aber, Gott, du willst mir doch nicht etwa auch noch meine Hände vorenthalten und mich daran hindern, ein halbwegs normales Leben zu führen! Du willst mich doch nicht für immer in diesem Zustand lassen?

„Joni!"

„Ja?"

„Vielleicht sollten wir jetzt nicht an die Zukunft denken", sagte Diana leise, als ob sie meine Gedanken lesen könnte. „Wir werden immer nur einen Schritt auf einmal tun, wie du es vorgeschlagen hast."

„Ich habe vielleicht doch nicht entschlossen genug das Ziel verfolgt, hier herauszukommen. Das ist ja immerhin ein Rehabilitationsheim. Ich will mich mehr darauf konzentrieren, hier herauszukommen!"

Am nächsten Tag sagte ich meiner Arbeitstherapeutin Chris Brown, daß ich lernen wollte, bestimmte Dinge mit dem Munde zu verrichten.

Chris war genauso freundlich, fröhlich, hilfsbereit und aufmunternd wie meine beiden Gymnastik-Helfer Joe und Earl. „Es ist ja meine Aufgabe", erklärte sie mir, „dir dabei behilflich zu sein zu lernen, wie du mit der Welt da draußen fertig werden kannst."

„Ist das alles?" witzelte ich.

„Nun, du wirst dabei die eigentliche Arbeit leisten müssen. Meine Aufgabe ist demgegenüber kinderleicht."

„Was wollen Sie mir denn beibringen?"

„Hm, wie wär's zunächst mit dem Schreibenlernen?"

„Okay, Chris, was soll ich tun?"

„Nimm diesen Bleistift in den Mund. Halte ihn mit deinen Zähnen – so." Chris zeigte es mir. Um es vorzuführen, nahm sie einen Bleistift in den Mund und legte mir auch einen zwischen die Zähne.

„Okay. Gut. Siehst du, es ist ganz einfach. Halt, nicht so fest! Beiß die Zähne nicht so zusammen, sonst bekommst du einen Schreibkrampf im Gaumen", ulkte sie. „Halte den Stift so, daß er nicht herunterfällt, aber doch fest genug, daß du ihn unter Kontrolle hast. Siehst du?"

„Mmm-mmff", nuschelte ich zum Zeichen, daß ich sie verstanden hatte.

Chris brachte mir das Zeichnen von Linien, Kreisen und anderen Figuren bei.

Zuerst waren diese recht krakelig und zittrig, aber allmählich, nach vielen Übungsstunden, beherrschte ich den Zeichenstift immer besser.

Endlich konnte ich Buchstaben schreiben. Mit Entschlossenheit und Konzentration schrieb ich einen Brief an Mutter und Vater. Er war nur kurz, und die Buchstaben sahen aus wie Krähenfüße, aber man konnte es doch Schrift nennen!

Das Gefühl, etwas geleistet zu haben, führte bei mir zu einer etwas optimistischeren Lebenseinstellung. Personal und Patienten bejubelten jedes Stückchen Fortschritt. Das stärkte mein Selbstvertrauen ungeheuer. Allmählich bekam ich Spaß an der Therapie.

Im September wurde ich zu einer zweiten Rückenoperation ins Krankenhaus gebracht. Ich wollte das eigentlich gar nicht, aber die vorstehenden Dornfortsätze meiner Wirbelsäule verhinderten, daß die Geschwüre an Rücken und Gesäß zuheilten.

Dieses Krankenhaus lag nur etwa eine Meile von unserem Haus in Woodlawn entfernt. Der Gedanke, meinen Lieben so nahe zu sein und doch nicht nach Hause gehen zu können, machte mir schwer zu schaffen.

Diesmal war die Operation ein Erfolg, und ich dankte Gott dafür. Dennoch standen mir noch vierzehn Tage im Sandwich-Bett bevor. In dieser Zeit hatte ich außerdem einen Kampf mit der Grippe durchzustehen.

Ich las sehr viel in diesen Tagen. Anstelle der negativen, atheistischen Bücher, die ich früher gelesen hatte, wandte ich mich jetzt der Bibel und nützlicher Literatur mit christlichem Gedankengut zu. Während ich las, wurde Mutter nicht müde, mir geduldig die Bücher zu halten. „Mere Christianity" von C. S. Lewis war eine erfrischende Abwechslung und ein guter Ausgleich für all das, was ich vorher gelesen hatte. Es war eine riesige Hilfe für meine geistliche Einstellung.

An meinem Geburtstag, dem 15. Oktober, wurde mir ein besonderes und höchst willkommenes Geschenk zuteil: Ich durfte endlich wieder auf dem Rücken liegen! Es war einfach großartig. Diana, Mutter und Vater, Jay und Dick – alle besuchten mich. Obwohl ein Wechsel in meiner Beziehung zu Dick eingetreten war, besuchte er mich so treu wie eh und je.

Allmählich wurde der Aufenthalt in Green Oaks etwas leichter für mich. Da die Operation erfolgreich verlaufen war, sollte ich mich allmählich an den Gebrauch eines Rollstuhls gewöhnen. Auch auf verschiedenen Gebieten der Therapie sollte es Erleichterungen geben.

Außerdem wirkte es sehr ermutigend auf mich, als ich sah, daß etliche Patienten Green Oaks verließen. Einige meiner querschnittgelähmten Freunde waren rehabilitiert und entlassen worden. Sie sollten nun ihren Weg zurück ins Leben finden. Das war mir ein großer Ansporn, so daß ich mit neuer Entschlossenheit an die Rehabilitation ging.

Chris Brown war nur zu gern bereit, diese neue Phase der Begeisterung und Energie auszunützen. „Sollen wir jetzt nicht mal etwas Künstlerisches herstellen, wo du doch schon so gut mit dem Mund schreiben kannst?"

„Etwas Künstlerisches?" fragte ich ungläubig.

„Ja. Du hast mir doch Zeichnungen von früher gezeigt. Du arbeitest gern schöpferisch. Du könntest zum Beispiel diese Keramikplatten da bemalen; das gibt schöne Geschenke."

Ich sah zu, wie eine gelähmte Frau einen Pinsel im Mund hielt und Farbe auf eines der tönernen Stücke klatschte. Es kam mir so nutzlos vor – wie ein Kinderspiel. „Ich weiß nicht", bemerkte ich leise.

„Ach, komm schon, versuch's doch einmal!" drängte Chris.

„Na, gut."

Ich versuchte es mit dem Malen, verschüttete Farben und schmierte ungeschickt aussehende Muster auf die Lehmtafeln. Das Ganze war sehr entmutigend. Am Anfang schien mir jede Minute vergeudet. Als die Platten aber aus dem Trockenofen kamen, sahen sie halbwegs annehmbar aus. Und – wie beim Schreiben –: Mit ständiger Übung ging es allmählich besser. Nach ein paar Wochen hatte ich verschiedene Weihnachtsgeschenke für Angehörige und Freunde fertiggestellt.

Ich wußte natürlich nicht, was sie von den Schalen für Nüsse und Süßigkeiten halten würden: Mir gefielen sie aber recht gut. Schließlich bedeutete es eine tiefe Befriedigung für mich, daß ich alles allein hergestellt hatte.

Eines Tages brachte mir Chris etwas feuchten Ton.

„Wozu ist das denn?"

„Ich möchte, daß du ein Bild darauf zeichnest."

„Wie denn? Mit dem Bleistift im Mund?"

„Versuche es mit dem Griffel."

„Was soll ich denn machen? Soll ich etwas schreiben?"

„Male doch etwas, was deine Stimmung widerspiegelt. Einfach etwas, was dir gefällt."

Vorsichtig schätzte ich die Entfernung zwischen mir und dem Ton, prüfte dessen Nachgiebigkeit mit dem Griffel und

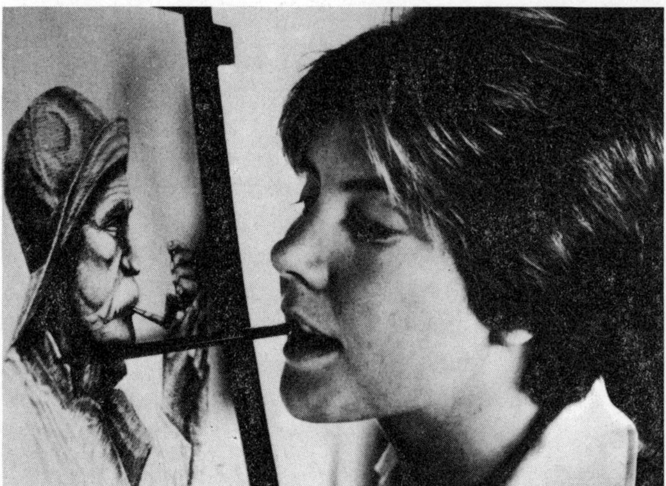

Joni vor ihrer Staffelei – mit dem Munde zeichnend

versuchte dann, etwas einzugravieren. Ich sagte zu Chris: „Das letzte Mal, wo ich versuchte, etwas zu zeichnen, war auf unserer Reise in den Westen vor meinem Unfall. Schon als ich noch ein Kind war, hat mich Vater zum Zeichnen angehalten. Er hat sich das Malen selbst beigebracht."

Ich sprach auch darüber, daß es mir besonders viel Freude bereitet hatte, Landschaftsbilder mit Holzkohle zu skizzieren. Im Westen hatte ich meinen Zeichenblock mit Skizzen von Bergen, Pferden, Menschen und Tieren gefüllt.

Ich erinnerte mich an einzelne Szenen. Dann versuchte ich, mir den unbewußten Ablauf beim Zeichnen ins Gedächtnis zurückzurufen. Das geschaute Bild wird über den Geist verarbeitet, der die Hände anleitet, die Szene auf Papier zu bringen. Meine Hände hielten also den Schlüssel zu meinem künstlerischen Talent. Taten sie das wirklich?

Ich blickte auf die einfache Skizze, die ich eben fertiggestellt hatte. Es war eine Strichzeichnung von einem Cowboy auf einem Pferd, die in den weichen Ton geritzt war. Es war nicht besonders schöpferisch oder beeindruckend, aber es war ein Anfang.

Chris schien über meinen ersten Versuch zu staunen. „Joni, das ist ja großartig! Du hast echte Begabung!" Freudestrahlend meinte sie: „Du hättest das schon früher machen sollen. Du mußt wieder zur Kunst zurückfinden."

„Aber das war doch, als ich meine Hände noch gebrauchen konnte", wandte ich ein.

Sie schüttelte den Kopf. „Das ist egal. Hände sind Werkzeuge, nichts anderes. Geschick und Begabung sind im Gehirn. Wenn du einmal Übung hast, kannst du mit dem Mund genauso gute Arbeit leisten wie mit den Händen!"

„Ach – wirklich?"

„Ja. Willst du's versuchen?"

„Natürlich! Los, versuchen wir's!"

Das war ein wirklich befriedigender Tag für mich. Zum erstenmal seit beinahe anderthalb Jahren war es mir möglich gewesen, mich wieder einmal schöpferisch zu betätigen. Ich war ganz aufgeregt und schöpfte neue Hoffnung.

Auch mein seelischer Zustand besserte sich allmählich. Früher hatten sich Ärger und Zorn in Verbitterung umgewandelt. Ich hatte gedacht: Wie kann ein liebender Gott – sofern ein solcher existiert – solch ein Elend zulassen? Mein Suchen auf anderen Gebieten hatte keine vernünftige Antwort gebracht. Doch nachdem ich mich wieder der Bibel zugewandt hatte, schmolz meine Verbitterung und machte einem tiefen Frieden Platz.

Ich war wütend darüber gewesen, daß mein Leben auf die Grundbedürfnisse, Atmen, Essen und Schlafen, zusammengeschrumpft war. Dann entdeckte ich aber, daß sich, im Grunde genommen, die ganze Menschheit im gleichen Boot befand. Das Leben aller Menschen drehte sich im gleichen sinnlosen Kreis – nur daß sie in ihren Möglichkeiten nicht so eingeengt waren wie ich. Außerdem ließen sie sich durch oberflächliche Dinge von der Tatsache ablenken, daß sie sich in einer Tretmühle befanden. Sie waren mit Beruf, Schule, Familie und Freizeitbeschäftigungen ausgefüllt, so daß ihnen nicht bewußt wurde, daß ihr Leben letzten Endes auf die gleichen Elemente reduziert war wie meines auch – atmen, essen, schlafen.

Langsam wurde mir bewußt, daß Gott doch Interesse an mir nahm. Ich war wohl eine Art „Versuchskaninchen“, eine Vertreterin der Menschheit, an der die Wahrheit getestet werden sollte. Alle Ablenkung und alles Überflüssige war weggefallen. Gott hatte alles entfernt und mich allein auf mich gestellt. Mein Leben war auf die absoluten Grundbedürfnisse reduziert.

Und jetzt? Was soll ich mit meinem Leben anfangen? überlegte ich. Ich besitze zwar keinen Körper, dennoch bin ich ein

Mensch. Ich muß einen neuen Sinn in meinem Leben finden, Weisung von Gott, nicht nur eine vorübergehende Befriedigung. Zu welchem Zweck bin ich am Leben geblieben? Wie kann ich Gott verherrlichen? Was will er, daß ich tun soll?

Ja, es muß einen Gott geben, der sich persönlich um mich kümmert. Er ist vielleicht nicht bereit, sich mir auf spektakuläre Weise zu offenbaren – warum sollte er das auch? Ich bin doch nicht besser als die anderen Menschen, die auch Gott und den Sinn ihres Lebens durch Glauben und nicht durch Schauen finden müssen. Sollte es bei mir anders sein?

Ich erzählte Diana von meinen Überlegungen. „Bis jetzt ergibt eigentlich nichts einen Sinn, Diana. Ich weiß nicht, was Gott vorhat, ich glaube aber, daß er Wirklichkeit ist und nicht nur Bescheid weiß, sondern auch Verständnis hat. Meine Gedanken gehen jetzt in eine andere, positive Richtung. Ich bin zwar noch immer verwirrt, aber früher neigte ich in meiner Verwirrung zum Zweifeln, und jetzt möchte ich lieber vertrauen."

„Vielleicht hat es etwas mit deinem Gebet vor dem Unfall zu tun?" deutete Diana an.

„Welches Gebet?"

„Weißt du nicht mehr? Du erzähltest mir doch, daß du kurz vor deinem Unfall gebetet hättest: ‚Herr, tue etwas in meinem Leben, das mich ändert und umkrempelt.' Vielleicht ist dies Gottes Antwort auf dein Gebet."

„Das habe ich mich auch schon gefragt. Es könnte sein. Es ist aber auf jeden Fall nicht das, was ich als Erhörung erwartet habe. Gott hat wohl seinen eigenen Zeitplan", sagte ich und fügte hinzu: „Ich kenne sein Ziel nicht, das er mit all diesem verfolgt. Ich werde doch wahrscheinlich nie wieder laufen können. Und das Schlimmste ist: Wie soll ich jemals wieder fröhlich sein können? Das macht mir am meisten zu schaffen."

„Nicht wieder fröhlich sein zu können?"

„Ja. Eines habe ich von diesen existentialistischen Schriftstellern gelernt: Der Mensch kann nicht mit Verzweiflung leben. Glaubst du, daß ich jemals wieder glücklich sein werde, Diana?"

„Ich weiß es nicht, Joni. Ich weiß es wirklich nicht."

Mit allem Ernst setzte ich jetzt mein Bibelstudium fort und las dazu andere christliche Literatur. Die Werke von Francis Schaeffer und C. S. Lewis wirkten, verglichen mit Marx, Hesse und den anderen unchristlichen Schriftstellern, wie eine frische Brise auf mich. Ich lernte, das Wort Gottes direkt auf mein Leben anzuwenden. Dabei erfaßte mich eine tiefe Dankbarkeit gegen Gott. Zum erstenmal wurde mir aus der Bibel klar, daß mein Leben einen Sinn hat. Meine eigenen „Feuerproben" waren jetzt ein wenig leichter zu ertragen, wenn ich – besonders beim Lesen der Psalmen – sah, wie ich in Gottes Plan hineinpaßte. „Der Herr wird ihn [mich] auf seinem [meinem] Siechbett erquicken" (Psalm 41,4).

Am schlimmsten war es nachts. Vielleicht war tagsüber die Therapie schlecht gelaufen. Oder es war niemand zu mir zu Besuch gekommen. Oder Frau Barber war wieder einmal ungezogen gewesen. Was auch immer gewesen sein mochte, ich hatte dann das Bedürfnis zu weinen. Das machte mich aber noch verzweifelter, denn ich konnte ja nicht einfach weinen. Es war niemand da, der mir die Tränen aus den Augen gewischt oder mir die Nase geputzt hätte. Da munterte mich dann die Heilige Schrift auf, und ich wandte die Zusagen Gottes auf meine eigenen, speziellen Bedürfnisse an.

In diesen schweren mitternächtlichen Stunden stellte ich mir vor, Jesus selbst stände neben meinem Sandwich-Bett. Ich sah ihn als eine starke Persönlichkeit, die mir Trost zusprach: „Siehe, ich bin immer bei dir. Wenn ich dich so geliebt habe, daß ich für dich gestorben bin, glaubst du dann nicht, daß meine Liebe stark genug ist, dich weiterzuführen und nicht loszulassen, auch wenn du gelähmt bist?“ Dieser Trost war so stark und wirklichkeitsnah, daß ich spürte: Der Herr ist jetzt bei mir. Neben mir in meinem Zimmer! Das war der Trost, den ich brauchte.

Mir wurde deutlich, daß der Herr Jesus ja tatsächlich Verständnis für meine Lage aufbringen konnte. In den schmerzhaften, schrecklichen Stunden, in denen er auf den Tod hatte warten müssen, hatte er sich ja auch nicht zu rühren vermocht; auch er war gelähmt gewesen.

Jesus wußte, was es bedeutet, sich nicht bewegen, sich nicht die Nase kratzen, nicht das Gewicht verlagern, sich nicht die Augen trocknen zu können. Er war am Kreuz völlig hilflos gewesen. Er konnte Arme und Beine nicht bewegen. Also wußte er genau, wie einem in solcher Lage zumute war.

„Da wir nun einen großen Hohenpriester haben, der die Himmel durchschritten hat, Jesus, den Sohn Gottes, so lasset uns festhalten an dem Bekenntnis! Denn wir haben nicht einen Hohenpriester, der kein Mitleid haben könnte mit unseren Schwachheiten, sondern der in allem gleich (wie wir) versucht worden ist, doch ohne Sünde“ (Hebräer 4,14–15).

Vor meinem Unfall „brauchte“ ich Jesus Christus nicht. Jetzt aber brauchte ich ihn dringend. Als ich noch gehen und stehen konnte, hielt ich es nicht der Mühe wert, ihn bei meinen Entscheidungen um Rat zu fragen – welche Party oder Freundin ich besuchen oder welches Fußballspiel ich mir ansehen sollte, und so weiter. Ich dachte, er hätte an solchen Belanglosigkeiten überhaupt kein Interesse. Jetzt aber, da mein Leben auf die primitivsten Lebensbedürfnisse reduziert war, nahm er vollen Anteil daran, weil er sich um mich kümmerte. Tatsächlich war er die einzige zuverlässige Realität.

Diese Zusicherungen, die für mich wie neu waren, wirkten beruhigend auf mich. Ich glaube, sie halfen auch Jay, als ich im

Blick auf ihre persönlichen Schwierigkeiten mit ihr darüber sprach.

Mein Zeichnen, im Stil noch völlig auf meine Stimmungen abgestellt und einfach in der Ausführung, besaß eine größere therapeutische Wirkung, als ich erwartet hatte. Als Zeugnis für meine neue Einstellung zum Leben zeichnete ich alle meine Zeichnungen mit PTL – „Praise the Lord" (Preist den Herrn!). Es sollte der Ausdruck meines Glaubens an die mir

Eine von Jonis Zeichnungen

zuteil werdende göttliche Führung sein, ein ganz einfacher Versuch, ihm die Ehre für seine Hilfe zu geben.

Allmählich interessierte ich mich wieder für meine äußere Erscheinung. Nach meinem Erlebnis im Krankenhaus hatte ich alle Spiegel gemieden. Jetzt waren mir Jay und Diana dabei behilflich, mein Haar zu ordnen, mein Gesicht zurechtzumachen, passende, nette Kleidung auszusuchen und sie mir anzuziehen – kurz, Wege zu finden, um mein Äußeres anziehender zu gestalten.

In der Krankengymnastik durfte ich mit Versuchen zum Aufsitzen anfangen. Wieder kamen Schwindel und Übelkeit über mich, als mich meine Helfer in meinem neuen Bett in eine Sitzstellung brachten und meine Beine über den Bettrand hängen ließen. Das Ganze ging sehr langsam vor sich, doch bald konnte ich fast aufrecht sitzen. Dann benutzte ich, wie schon früher, das schräge Brett, um mich langsam wieder an das Sitzen in senkrechter Haltung zu gewöhnen. Meine lange Zeit ungenutzten Muskeln mußten es neu lernen, meinen Kopf aufrecht zu halten.

Nachdem sich mein Innen-Ohr und die Halsmuskeln an das Aufrechtsitzen gewöhnt hatten, konnte ich in einem Rollstuhl sitzen. Meine Beine wurden mit elastischen Binden umwickelt, um eine Venenentzündung zu vermeiden. Auch sollten Embolien, die durch das Festsetzen von Blutgerinnseln in den Bein- und Hüftschlagadern hervorgerufen werden konnten, nach Möglichkeit ausgeschlossen werden. Zur Stützung meines Oberkörpers wurde mir ein enges Korsett angepaßt, das es mir ermöglichte, mich aufzusetzen und bequem zu atmen.

Ich freute mich über meine Fortschritte besonders deswegen, weil ich über die Weihnachtsfeiertage nach Hause gehen durfte. Weihnachten 1968 – ein ganzes Jahr war vergangen, seit ich zuletzt daheim gewesen war! Diesmal sollte ich für ein paar Tage nach Hause fahren dürfen.

Kurz vor Weihnachten brachten mir Mutter und Vater eine interessante Neuigkeit.

„Joni, wir haben von einem neuen Krankenhaus in Kalifornien gehört", sagte Vater. „Es heißt ‚Rancho Los Alamos' und liegt in Los Angeles. Sie machen dort bemerkenswerte Fortschritte in der Behandlung von Gelähmten."

„Die Rehabilitationsmethoden dort sind sehr fortschrittlich", fügte Mutter hinzu. „Sie haben es geschafft, Menschen beizubringen, wie sie ihre Arme und Beine wieder gebrauchen können. Sogar in den sogenannten unmöglichen Fällen."

„Oh, herrlich!" rief ich begeistert. „Laßt uns hinfahren! Können wir das?"

„Wir haben schon dorthin geschrieben und erwarten bald Antwort. Ich glaube aber, daß es günstig aussieht", sagte Vater. „Leider können wir nicht selbst mitkommen, aber wir haben mit Jay gesprochen; sie würde gern mitgehen. Sie könnte dort bleiben und sich eine kleine Wohnung in der Nähe mieten."

„Das hört sich ja großartig an", rief ich aufgeregt. „Laßt uns doch darum beten, daß Gott es möglich macht. Das wäre ein tolles Weihnachtsgeschenk!"

Es wurde ein aufregendes Weihnachtsfest. Ich war kräftig genug, um ein paar Tage zu Hause bleiben zu können. Es war ein schönes Gefühl, wieder einmal in einer normalen Umgebung zu sein.

Als mich Dick bat, mit ihm ins Kino zu gehen, war ich ganz entzückt.

Aber so sehr ich mich auch danach sehnte, wieder normal zu sein, es war einfach nicht möglich.

Dick legte seinen Arm um mich, und ich wußte es nicht einmal. Er drückte mich herzlich – liebevoll –, doch ich spürte nichts. Ich hatte nur Augen für den Film.

Endlich fragte er: „Fühlst du denn überhaupt nichts?"

„Was?“

„Das.“ Er drückte mich erneut.

„Nein“, sagte ich leise und schämte mich. „Es tut mir leid.“ Ich wollte doch seinen Arm – seine Berührung – so gern spüren!

Auf der Fahrt nach Hause mußte Dick den Wagen plötzlich anhalten, und ich schlug mit dem Kopf heftig auf das Armaturenbrett auf. Ich konnte mir nicht helfen – mich nicht einmal allein aufrichten. Ich hatte mir nicht weiter wehgetan, aber mein Stolz und mein Ich waren tief verletzt.

Dick machte sich heftige Vorwürfe, daß das passieren konnte. „Warum habe ich bloß nicht daran gedacht, dich festzuhalten!“

„Dick, bitte mach dir keine Sorgen! Du mußt dich ja erst daran gewöhnen. Ich bin doch nicht verletzt. Das soll uns nicht den Abend verderben.“

Wir kamen ohne einen weiteren Zwischenfall nach Hause.

Während mich Dick ins Haus rollte, sagte ich: „Dick, ich danke dir. Was haben wir für Spaß gehabt! Es – es war beinahe so wie früher. Zum erstenmal seit anderthalb Jahren habe ich wieder etwas Normales getan. Ich danke dir, Dick.“

„Es hat mir auch Spaß gemacht“, sagte er schlicht und einfach, beugte sich vor und küßte mich auf die Stirn. „Ich freue mich, daß es dir gefallen hat.“ Mit seinen immer mitfühlenden Augen blickte er mich lächelnd an.

Ja, es hatte Spaß gemacht. Und doch war es nicht wirklich wie „früher“ gewesen. Wir benahmen uns gezwungen und ungeschickt mit dem Rollstuhl, und ich fragte mich: Kann denn überhaupt alles jemals wieder normal werden? Ich gab mir selbst das Versprechen, alles in meinen Kräften Stehende zu tun, um das zu erreichen – zumindest von meiner inneren Einstellung her.

Welch ein Gegensatz zum vergangenen Weihnachtsfest!

Vor einem Jahr durfte ich nur einen Tag zu Hause sein. Da hatte ich mich wegen meines Aussehens noch so geschämt, daß ich mich in den Hintergrund verzog und meine Beine mit einer alten braunen Decke zudeckte. In diesem Jahr trug ich neue Strümpfe und einen orangefarbenen Pullover mit einem dazu passenden, modisch kurzen Cordrock. Mein Haar, obwohl immer noch kurz, war in einer fraulichen Frisur aufgesteckt. Ich kam mir wirklich wieder wie ein weibliches Wesen vor, nicht mehr wie ein in Krankenhauswäsche gestopfter Körper!

Diesmal wollte ich auch nicht mehr nach Green Oaks zurück.

„Du mußt nicht, Joni", sagte Vater.

„Was?"

„Du mußt nicht nach Green Oaks zurück. Wir haben gerade Nachricht von Kalifornien bekommen. Rancho Los Alamos hat einen Platz für dich frei. Wir fliegen nächste Woche, nach Neujahr, hin."

Ich fing an zu weinen. „O Vati, ich bin ja so glücklich! Der Herr ist wirklich ein lebendiger Gott. Er erhört Gebete."

„Mutter und ich fliegen mit dir, und Jay fährt mit dem Wagen hin und trifft uns dann dort."

„Ich kann es gar nicht fassen, daß es wirklich losgeht."

Rancho Los Alamos – dort werde ich meine Hände zurückbekommen! dachte ich.

7

Der Flug nach Kalifornien wurde ein denkwürdiges Ereignis. Immerhin war es mein erster Flug, und ich flog der Hoffnung entgegen. Bald würde ich meine Hände gebrauchen lernen – Dick und ich könnten unser früheres Verhältnis wieder aufnehmen und heiraten. Endlich schien sich Gottes endgültiger Plan für mein Leben abzuzeichnen.

Als wir in Los Angeles ankamen – etwa 3 000 Meilen (fast 5 000 Kilometer) von den eiskalten, vereisten Straßen Baltimores entfernt –, war das Wetter mild und sonnig. Ich war sofort davon überzeugt, daß es mir hier gefallen würde.

Ich erinnerte mich an die tiefe Enttäuschung, die der erste Eindruck von Green Oaks in mir hervorgerufen hatte, und vermied es bewußt, mir gleich ein Bild von Rancho Los Alamos zu machen.

Zu meiner Überraschung war Rancho sehr hübsch und personalmäßig gut besetzt. Viele Hilfskräfte und Angestellte waren College-Studenten, die sich hier das Geld für ihr Studium verdienten. Es waren auch Mädchen unter ihnen, und ich freute mich, wieder mit Menschen meines Alters und ähnlichem Bildungsweg Umgang haben zu können.

Auch von der Ordnung und Arbeitsweise, die ich hier vorfand, war ich sehr beeindruckt. In Green Oaks waren immer alle sehr beschäftigt, überall herrschte eine hektische Eile, ein Zeichen für Überforderung. Hier gab es keine Hektik. Obwohl jeder vollauf zu tun hatte, geschah alles zum Wohle der Patienten und nicht auf ihre Kosten. Ich bin überzeugt, daß der Grund darin lag, daß es in Rancho ausreichend Personal gab, das auch gut bezahlt wurde.

Mutter und Vater blieben so lange, bis ich mich einigermaßen eingelebt hatte, dann kehrten sie nach Baltimore zurück. Jay bezog mit Kay in der Nähe von Rancho Los Alamos eine gemietete Wohnung.

Eines Abends, etwa eine Woche nach meiner Ankunft, vernahm ich Tumult im Korridor. Ich bemühte mich, die Stimmen zu erkennen. Nein, ein Irrtum war ausgeschlossen: Diana, Dick und Jackie stürmten in mein Zimmer!

„La, la, la", sang Diana heftig gestikulierend.

„Wir fühlten uns so einsam", bemerkte Dick grinsend. „Freust du dich, uns zu sehen?" fragte Jackie.

„Oh, ihr seid eine Bande! Wie seid ihr nur hierhergekommen?"

„Mit dem Auto", sagte Diana.

„Ohne Unterbrechung", fügte Dick hinzu. „Darum sind wir auch so dreckig."

„Ja", sagte Jackie lächelnd. „Wir haben in Nevada getankt und sind seitdem ohne Pause durchgefahren. Wir wollten heute abend noch vor Ende der Besuchszeit hier sein!"

„Die letzten fünfzig Meilen sind wir nur mit Abgasen gefahren", sagte Dick lachend.

„Ihr seid einfach unmöglich!" rief ich.

Es war eine lebhafte, stürmische Begrüßung. Die Besuchszeit wurde an jenem Abend stark überzogen. Meine Besucher berichteten mir in allen Einzelheiten über ihre Reise. Alle redeten auf einmal, flegelten sich der Reihe nach auf meinem Bett herum und unterstrichen ihren Redeschwall mit wilden Gesten und ansteckendem Gelächter.

Jay und Kay kamen später auch noch dazu und luden meine Freunde prompt ein, in ihren Schlafsäcken auf dem Rasen vor ihrer Wohnung zu übernachten.

*

In Rancho setzte für mich die Behandlung vom ersten Tage an ein. Sie bestand zunächst darin, mich so selbständig wie möglich zu machen. Es wurden mir Stützen für die Unterarme angepaßt, und man lehrte mich, die Rücken- und Schultermuskulatur zum Bewegen der Arme einzusetzen. Durch das „Umpolen" einiger Muskeln lernte ich es, meine Arme bis zu einem gewissen Grad zu heben und zu senken, doch Finger und Handgelenke lernte ich nicht bewegen.

Ich lernte aber, selbständig zu essen. Ein Löffel wurde im Winkel von 45 Grad gebogen und an meiner Armstütze anmontiert. Durch die Bewegung meines Armes konnte ich den Löffel auf einen mit Essen gefüllten Teller herablassen, etwas davon aufnehmen und zum Munde bringen.

Diese Bewegungen – siebzehn Jahre meines Lebens fließend, leicht und unbewußt durchgeführt – erfolgten jetzt ungeschickt und mit großer Schwierigkeit und bedurften äußerster Konzentration. Wenn ich also den Löffel hob und in die Speisen auf meinem Teller gleiten ließ, konnte ich essen. Die Bewegung glich der eines Löffelbaggers. Oft ließ ich fast alles vom Löffel fallen und brachte kaum etwas in meinen Mund. Dennoch war es ein aufregendes Erlebnis, zum erstenmal seit anderthalb Jahren wieder selbständig essen zu können!

Allmählich wurden meine Bewegungen fließender. Ich probierte das Essen dann auch mit einer in gleicher Weise gebogenen Gabel, jedoch mit mäßigem Erfolg. An sich bedeutet es nicht viel, einen Bissen Kartoffelbrei zum Munde zu führen, aber für mich war dieses Erfolgserlebnis sehr bedeutsam.

Mein Arzt in Rancho war ein erfolgreicher junger Spezialist, dessen Methoden neu und vielleicht auch ein wenig unorthodox waren.

„Ich danke Ihnen, daß Sie meine Freunde nicht fortgeschickt haben, nachdem sie hier hereingeplatzt sind, Herr Doktor", sagte ich.

„Ich möchte nicht, daß irgend jemand deine Freunde wegschickt“, erwiderte er. „Ich möchte sogar, daß sie kommen – so oft wie möglich.“

„Tatsächlich?“

„Ja. Ich möchte, daß sie dich während des gesamten Behandlungsablaufes beobachten und soviel wie möglich von der Ursache deiner Behinderung verstehen lernen.“

„Heißt das, daß sie mir auch während der Krankengymnastik und Arbeitstherapie zuschauen dürfen?“

„Bei allem. Siehst du, Joni, ich möchte, daß deine Angehörigen und Freunde deine Reaktionen, deine Bedürfnisse und Probleme so gut kennenlernen wie wir.“

„Warum denn, Herr Doktor?“

„Um deine Betreuung immer mehr vom Krankenhaus unabhängig zu machen“, sagte er.

„Möchten Sie, daß sie mich pflegen lernen?“

„Ganz richtig. Und ich möchte auch, daß du dir im Blick auf deine Entlassung ein realistisches Ziel setzt.“

„N-nach Hause?“ stotterte ich.

„Ich meine, du solltest darauf hinarbeiten, daß du hier bis zum 15. April fertig bist.“

„Zum 15. April! Aber das ist ja schon in drei Monaten! Werde ich denn bis dahin so weit sein?“

„Das liegt an dir. Bist du gewillt, hart auf das Ziel hin zu arbeiten?“

„Und ob!“

Das Ganze schien unglaublich. Ich war es nicht gewohnt, mit eigener Energie so zielbewußt meine Rehabilitation anzugehen. In Green Oaks wußte ich nie, was geschah und ob überhaupt etwas geschah. Ich war gezwungen worden, meine Hoffnungen auf ein Minimum zurückzuschrauben, und hatte darum überhaupt keine Pläne geschmiedet. Ich nahm einfach jeden Tag so, wie er kam. Diesmal aber gab es ein Ziel, das ich erreichen sollte, und zwar schon in drei Monaten. Mir brummte der Kopf. Ich träumte lebhaft von dem bevorstehenden Nachhausegehen.

Eine Studentin mit Namen Judy, die jeden Tag ein paar Stunden als Helferin in Rancho arbeitete, freundete sich mit mir an. In ihrer geistlichen Entwicklung war sie viel weiter fortgeschritten als ich, darum unterhielt ich mich öfter mit ihr über den Herrn Jesus Christus, in der Hoffnung, daß sie mir etwas von ihrem tiefgegründeten Vertrauen vermitteln könnte.

Judy studierte auf einem Bibelseminar in der Nähe und war gerne bereit, mir etwas von ihrer Erkenntnis der biblischen Wahrheit mitzuteilen. So hatte ich bald das Gefühl, auf allen Lebensgebieten Fortschritte zu machen.

Eines Morgens betrat Judy mein Zimmer und schob einen leeren Rollstuhl vor sich her. „Du hast jetzt so viel Sitzübungen gemacht, daß du einen Rollstuhl benützen könntest."

„Tatsächlich? Kann ich ihn denn fortbewegen? Wie denn?"

„Siehst du diese acht Gummiknöpfe an der Außenseite der Räder?"

Ich nickte.

„Also, dann paß auf! Laß deine Arme neben den Rädern herunterhängen und lege deine Hand gegen die Gummiknöpfe. Siehst du?"

„Ja, ja. Und weiter?"

„Denk daran, daß wir deine Schultermuskeln trainiert haben. Wenn du deine Schultermuskeln bei der Bewegung mitwirken läßt, kannst du deine Arme gegen die Gummiknöpfe am Rad drücken. Es wird langsam gehen und ermüdend sein, bis du es richtig gelernt hast."

„Okay, wann fange ich damit an?"

„Jetzt gleich. Du kannst jetzt zur Krankengymnastik fahren", sagte Judy.

wird von zwei Rettungsschwimmern an Land gebracht. Aufnahme während der Dreh-ten für die Szene, in der Joni aus der Chesapeake Bay gezogen wird.

Jonis Angehörige warten im Krankenhaus auf den ärztlichen Befund. Von links nach rechts: Jonis Schwester Kathy (Sarah Rush), ihr Freund Butch (Jeff Austin), Jonis Freund Dick (Cooper Huckabee), ihre Mutter (Jay MacIntosh), Vater (Bert Remsen) und Schwester Jay (Kathry DeHetre).

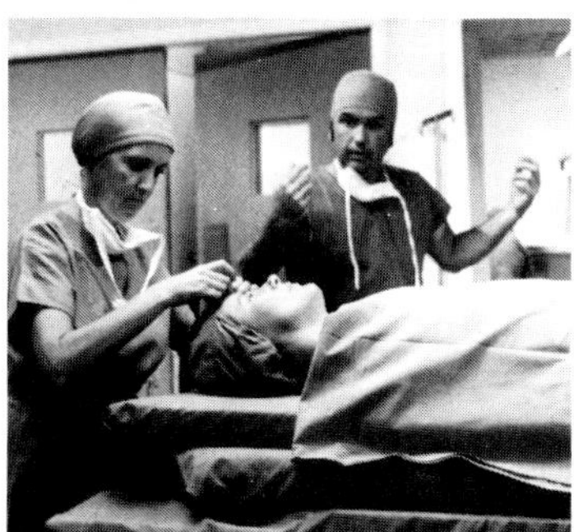

Hauptdarstellerin des Films ist Joni Eareckson selbst. Der Film wurde produziert von World Wide Pictures unter William F. Brown, dem Präsidenten der Gesellschaft, und Frank R. Jacobson als Produzenten und James Collier als Direktor.

Ein Arzt und eine Krankenschwester bereiten Joni für die Operation vor.

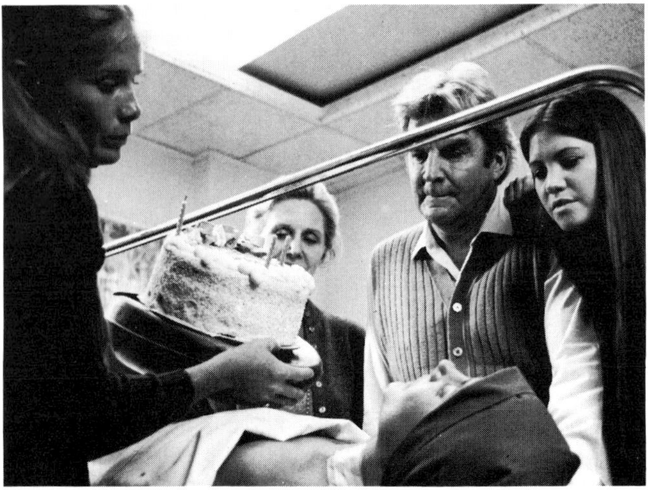

Jonis Angehörige überraschen sie an ihrem 18. Geburtstag mit einem Geburtstagskuchen. Joni liegt auf dem Sandwich-Bett.

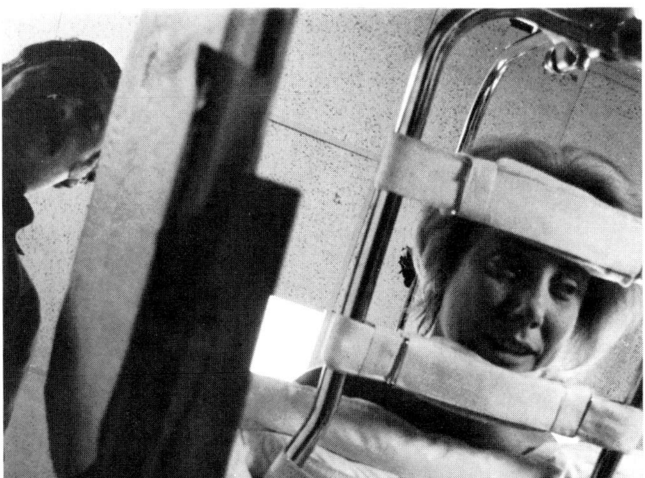

Joni mit dem Gesicht nach unten in ihrem Sandwich-Bett.

Joni darf Weihnachten zu Hause bei ihren Lieben verbringen.

Immer noch auf dem Sandwich-Bett bekommt Joni Besuch von ihrem Freund Dick (Cooper Huckabee).

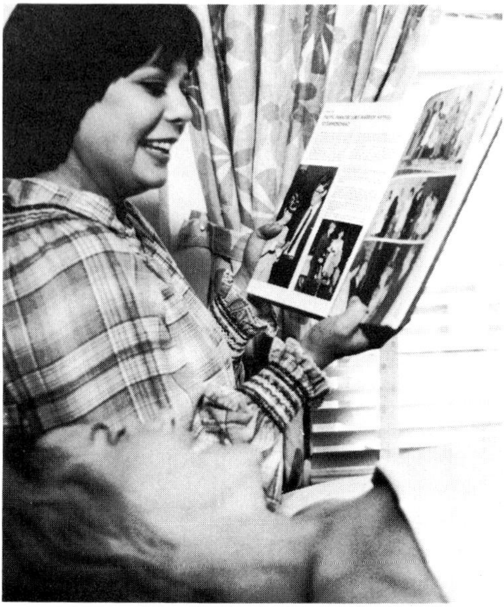

Jonis Freundin Diana (Louise Hoven) blättert neben Joni in dem Jahrbuch der Woodlawn High School.

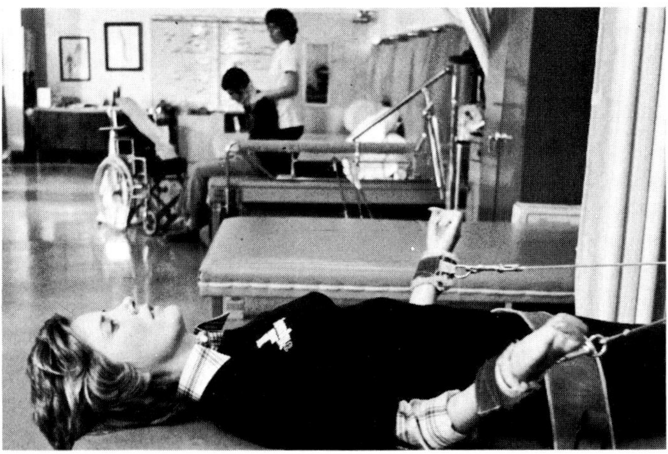

Joni arbeitet an ihrer Rehabilitation. Sie trainiert ihre Schultermuskeln.

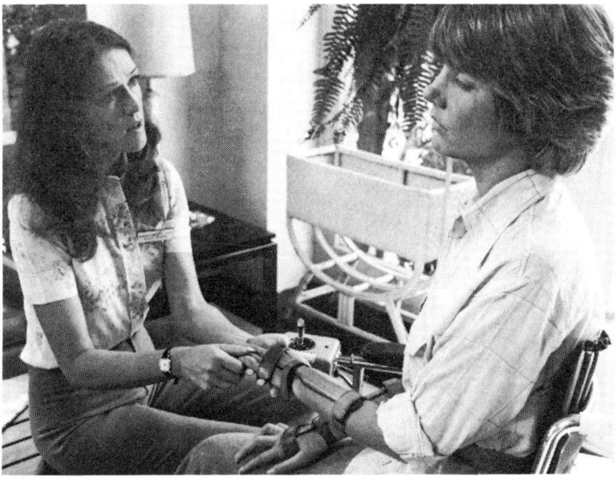

Eine Krankengymnastin (Cloyce Morrow) eröffnet Joni, daß sie nie wieder ihre Hände gebrauchen kann.

Joni übt an der Staffelei im Rehabilitationszentrum, um mit dem Mund schreiben und malen zu lernen.

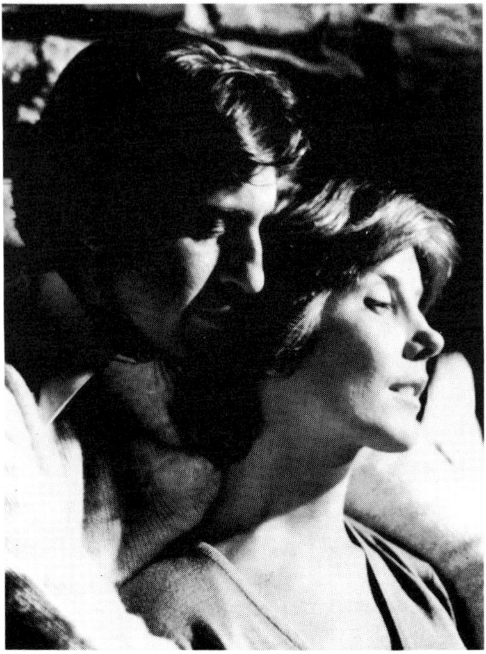

Im Kampf, sich an ein Leben als Behinderte zu gewöhnen, öffnet Joni ihr Herz einem aufmerksamen jungen Mann, Don Bertolli (Michael Mancini).

Don Bertolli hebt Joni in sein Kabrio, um sie auszufahren.

Joni liegt hilflos am Boden, nachdem ihr elektrischer Rollstuhl umgestürzt ist.

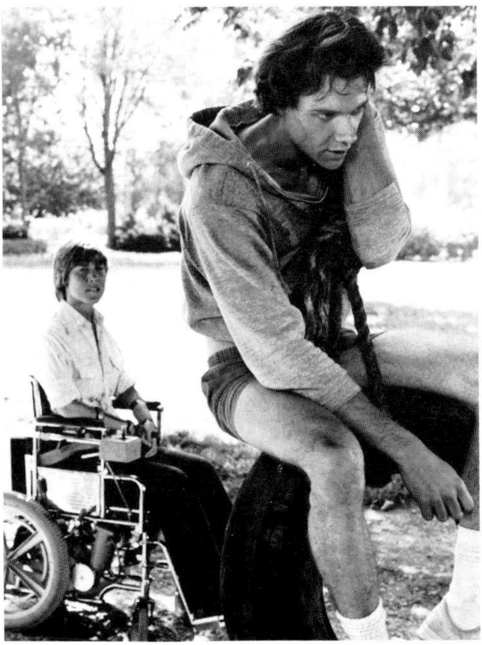

Joni spricht mit ihrem Freund Steve Estes (Richard Lineback).

Joni und ihre Schwester Jay (Kathry DeHetre).

Joni gibt einer neuen Zeichnung den letzten Schliff.

„Aber ich habe doch erst um neun Uhr Krankengymnastik. Jetzt ist es gerade erst sieben Uhr.“

Judy grinste. „Genau“, sagte sie.

Das ist wirklich ein langsames und ermüdendes Vorankommen, dachte ich. Ich war an den Stuhl festgebunden, damit ich nicht herausfiel, und es war gut, daß es so war. Ich probierte jede Bewegung aus, an die ich mich entsinnen konnte, um meine Armmuskulatur durch die Schultermuskulatur zu ersetzen. Ich brauchte tatsächlich zwei Stunden, um den Rollstuhl etwa neun Meter in Richtung auf die Krankengymnastik zu bewegen. Als ich angekommen war, war ich erschöpft und atemlos und hatte keine Kraft mehr für krankengymnastische Übungen.

Judy war aber dort, wartete auf mich und lächelte mich wegen meiner Anstrengung freundlich an. „Wunderbar!“ sagte sie lebhaft.

„Wirklich? Braucht jeder so lange?“

„Beim erstenmal schon“, nickte Judy. „Viele geben völlig auf – und einige fallen sogar aus dem Stuhl.“

Ich war stolz und fühlte mich durch diesen Erfolg angeregt. Es war das erstemal seit anderthalb Jahren, daß ich mich aus eigener Kraft vorwärtsbewegt hatte.

Mit viel Übung gelang es mir, meine Geschicklichkeit mit dem Rollstuhl und auch die Geschwindigkeit zu verbessern. Doch gab es auch ein paar Rückschläge. Einige Male rannte ich gegen die Wand und blieb dreißig oder vierzig Minuten stecken, bis mich jemand erlöste.

Endlich gab man mir einen Rollstuhl mit elektrischem Antrieb. Welch ein Gefühl der Freiheit verlieh mir dieser Rollstuhl! Er wurde elektrisch über einen Schaltkasten gesteuert, den ich mittels meiner Armstütze bedienen konnte. Allmählich konnte ich so geschickt damit umgehen, daß ich praktisch in dem Rollstuhl lebte.

Die kalifornische Gemeinde, zu der das Krankenhaus gehörte, hatte ihre Bürgersteige rollstuhlgerecht konstruiert; selbst die Rinnsteine waren leicht abfallend angelegt, um einen problemlosen Rollstuhlverkehr zu ermöglichen. Es verlieh mir ein Gefühl der Befriedigung und Unabhängigkeit, wenn ich für andere Patienten, die sich nicht frei bewegen konnten, zum Schnellimbiß fuhr. Es war jedoch immer noch beschämend, wenn mich die Menschen auf der Straße anstarrten oder ich ihre Bemerkungen anhören mußte. Ebenso demütigend war es für mich, wenn ich, dort angekommen, nicht in der Lage war, das Geld für die Bestellung hinzuzählen. Der Manager des Restaurants war es aber gewohnt, Behinderten zu helfen. Mit Leichtigkeit und Humor wurde er mit jeder Schwierigkeit fertig. Er packte die Sachen fest in meinen Schoß, holte sich das Geld aus meiner Handtasche und erklärte lachend, daß ich bald für das Ontario-500-Rennen aufgestellt würde.

Ich ließ mich zwar nicht für das Rennen in Ontario aufstellen, veranstaltete aber selbst einige Rennen.

Rick, ein anderer Tetraplegiker, besaß auch einen elektrischen Rollstuhl. Da wir beide eine ähnliche Vergangenheit hatten, mußte dies bald zu einem Wettkampf führen.

„Ich kann mit meinem Stuhl schneller fahren als du mit deinem", prahlte ich eines Tages.

„Ach ja? Das glaubst auch nur du! Sollen wir ein Wettrennen machen?"

Ein Summen erklang, als unsere Stühle im „Hundertmeterlauf" den Korridor entlang und um die nächste Ecke herum in Richtung Ausgang rasten. Das Ergebnis war ein „Unentschieden".

„Wir müssen eine längere Rennstrecke haben, um überhaupt in Fahrt zu kommen", meinte Rick grinsend. „Laß uns doch mal von dieser Gebäudeecke bis zum anderen Ende des

Korridors und um die Ecke herum bis zum Vordereingang fahren. Machst du mit?“

„Klar!“ sagte ich.

Judy und eine weitere Helferin taten, als ob sie unsere Ausgelassenheit nicht bemerkten, und liefen auf der entgegengesetzten Seite des Korridors entlang.

„Auf die Plätze!“ rief ich Rick zu. „Fertig! Los!“

Wir schossen beide gleichzeitig davon und rasten wie verrückt den Korridor entlang.

„Drängele mich nicht weg, Eareckson!“ lachte Rick. „Bleib gefälligst auf deiner Seite der Straße!“

Während wir lachend und lärmend an den Zimmern vorbeisausten, schauten die Patienten amüsiert unserem Spiel zu.

Zuerst ging Rick in Führung, dann ich, dann wieder Rick. Kopf an Kopf gingen wir in die „Kurve“, die rechtwinklige Abbiegung zum nächsten Korridor.

Ich fegte um die Ecke, ohne das Tempo zu verlangsamen. Als ich um die Ecke raste, tauchte plötzlich eine Schwester vor mir auf, die ein Tablett mit Flaschen und Medikamenten trug. Stocksteif vor Schreck blieb sie stehen. Ich schrie: „Aufpassen!“

Zu spät. Das Tablett flog im Bogen davon und landete klirrend auf dem Fußboden, und mein Stuhl klemmte die schreiende Schwester an der Wand fest.

Ich versuchte, den Motor zu stoppen, indem ich auf den Schaltkasten schlug, aber ich benahm mich ungeschickt und konnte den Strom nicht abschalten.

Die Räder drehten sich, die Schwester schrie, und Rick lachte hysterisch.

Als Strafe für mein waghalsiges Fahren entzog man mir für eine Weile die Fahrerlaubnis. Als ich sie zurückerhielt, durfte ich nur noch im kleinsten Gang fahren.

Diana, Dick und Jay neckten mich ein paar Tage lang deswegen. Aus ihren „paar Tagen“ Besuch waren allmählich drei Wochen geworden. Doch dann mußten sie in den Osten zurückkehren. Es war ein trauriger, aber doch hoffnungsvoller Abschied. Ich versicherte ihnen, daß sie mich kurz nach dem 15. April zu Hause erwarten könnten.

Ehe mich Dick zusammen mit den anderen verließ, drückte er mich fest an sich. „Ich möchte dir nur sagen, daß ich dich sehr liebhabe. Ich kann es kaum erwarten, dich im April wiederzusehen!“

Ein starkes Gefühl der Sicherheit und Beruhigung durchströmte mich, als mich Dick in seinen Armen hielt. Das gab mir Grund, optimistischer in die Zukunft zu sehen. Der Augenblick würde kommen, wo wir wieder mehr als nur befreundet sein würden. Hätte ich nur meine Hände schon zurück! Dick und ich hofften weiter, und wir beteten um nichts anderes. Vielleicht gab es doch noch eine gemeinsame Zukunft für uns beide.

Am 15. April hatte ich in der Rehabilitation wirklich mein Ziel erreicht. Man teilte mir mit, daß ich nach Hause entlassen werden könnte. Eine ernste Frage blieb aber noch unbeantwortet.

„Herr Doktor, ich habe hart gearbeitet, um meine Hände wieder gebrauchen zu können. Jetzt frage ich mich, ob ich das jemals erreichen werde.“

„Nein, Joni. Du wirst deine Hände nie wieder gebrauchen können“, sagte er mir schonungslos. „Du hörst am besten auf zu hoffen und gewöhnst dich an den Gedanken.“

Diese Worte waren das genaue Gegenteil von dem, was ich hören wollte – worum ich gebetet hatte. Ich war nicht bereit, der Tatsache ins Auge zu sehen, daß ich zeitlebens an Händen und Füßen gelähmt sein sollte, für immer abhängig, für immer hilflos.

Letztlich war die Nachricht nicht so furchtbar überraschend

für mich. Wahrscheinlich hatte ich es die ganze Zeit geahnt; dennoch hoffte ich unentwegt, daß sich in Rancho Los Alamos eine Wunderheilung vollziehen würde.

Mit tränennassen Augen schrieb ich Dick einen Brief, worin ich ihm erklärte, was mir der Arzt mitgeteilt hatte.

„Aus irgendeinem Grund ist Gott nicht auf unsere Gebete eingegangen. Dick, ich werde meine Hände nie wieder gebrauchen können. Das bedeutet, daß ich für alle Zeit von anderen abhängig und hilflos sein werde. Ich kann niemals eine Ehefrau werden. Ich weiß, daß Du mich liebst – so wie ich Dich liebe. Dennoch muß Gott irgend etwas anderes mit uns im Sinn haben. Laß uns weiterhin Freunde bleiben, Dick. Ich möchte jetzt aber, daß Du frei bist, eine andere Verbindung einzugehen. Gehe mit anderen Mädchen aus und vertraue auf Gott, daß er Dir das richtige Mädchen zuführt. Ich kann diese Frau nie sein. Es tut mir leid, Dick, aber ich kann es nicht verantworten, Dich als Partner in einem so hoffnungslosen Verhältnis festzuhalten. Laß uns an unserer Freundschaft genug haben."

Ich unterschrieb diesen Brief nicht mit „Deine Joni", wie ich dies in allen anderen Briefen getan hatte. Diesmal unterschrieb ich einfach mit „Joni".

Es war nicht leicht für mich, diesem besonderen Verhältnis zu Dick einfach ein Ende zu setzen. Tatsache war, daß ich sogar Angst davor hatte. Ich liebte ihn, wollte ihn ja gar nicht verlieren, wußte aber doch ganz genau, daß ich ihn nicht heiraten konnte – wenigstens nicht jetzt und nicht in diesem Zustand. Meine Lähmung wäre eine zu große Bürde für ihn gewesen, und eine Bindung ohne Aussicht auf eine Ehe wäre ihm gegenüber ungerecht gewesen. Es schmerzte tief, als ich zu der Einsicht kam, daß mich Dick nie würde heiraten können. Aber es wurde mir auch klar, daß ich endlich aufhören müsse, über die in der Vergangenheit abgegebenen Versprechen, die einfach nicht gehalten werden konnten, nachzugrübeln.

Ich hatte mich zwar mit meinem Schicksal abgefunden, nie wieder laufen zu können, doch hatte ich immer noch geglaubt, einen Platz unter jenen Behinderten einnehmen zu können, die trotz ihres Handikaps in der Lage waren, Auto zu fahren, Mahlzeiten zuzubereiten, mit den Händen zu arbeiten und den Geliebten zu umarmen. So hatte ich gehofft, daß ich fähig sein würde, mich selbst zu baden, ein Glas Wasser zu trinken, mein Haar auszubürsten und zu frisieren. Zwar keine großen Leistungen, gewiß, aber doch Dinge, die den Unterschied zwischen einem Behinderten und einem völlig auf andere Angewiesenen ausmachen.

Ganz allmählich wurde mir die grausame Wirklichkeit meiner Verletzung bewußt: Ich würde zeitlebens an allen vier Gliedmaßen gelähmt bleiben.

8

Nach meiner Rückkehr aus Kalifornien dankte ich Gott oberflächlich und formal für seine Absicht, die er damit verfolgte, daß er mir den Gebrauch meiner Hände nicht zurückgegeben hatte. Deshalb konnte ich ja Dick auch nicht heiraten. Langsam verfiel ich wieder dem Zynismus und zweifelte an der Wahrheit von Römer 8,28.

Mutter und Vater freuten sich, mich wieder zu Hause zu haben, und ich freute mich, wieder bei ihnen sein zu dürfen. Innerlich aber war ich verbittert und voll Groll, daß Gott meine Gebete um die Bewegung meiner Hände nicht erhört hatte.

Diana verbrachte viel Zeit bei uns zu Hause. Sie betreute mich und versuchte, mich zu ermutigen. „Ich weiß, daß man dir in Rancho Los Alamos gesagt hat, daß du nie wieder laufen oder deine Hände gebrauchen könntest; du kannst aber nicht einfach aufgeben", redete sie auf mich ein.

„Warum denn nicht?" erwiderte ich schwerfällig.

„Du mußt mit dem arbeiten, was dir verbleibt."

„Mir ist ja nichts geblieben."

„Sag das doch bitte nicht!" schalt Diana. „Ich habe Menschen in Green Oaks und Rancho gesehen, die viel schlechter dran waren als du – blind, stumm, taub. Einige hatten sogar ihr Denkvermögen verloren – sie lebten wie Tiere. Denen ist nichts mehr geblieben, Joni. Du aber hast noch deinen Verstand, deine Stimme, deine Augen und Ohren. Du hast alles, was du brauchst. Und du wirst das, was du hast, voll einsetzen, wenn ich hier etwas zu sagen habe", bestimmte sie.

„Na, wir werden sehen“, meinte ich.

Dick kam zu Besuch, aber unsere Unterhaltung wirkte ungeschickt und gekünstelt. Er hatte meinen Brief nie beantwortet, nie gesagt: „Ja, Joni, du hast recht. Wir können nicht heiraten, weil ich mit den Problemen, die deine Behinderung mit sich bringt, nicht fertig werde.“

Endlich schnitt er eines Abends das Thema an. „Joni, mir ist es egal, ob du wieder ganz gesund wirst oder nicht. Wirst du nicht gesund und habe ich das Glück, dich heiraten zu dürfen, dann werde ich wohl der einzige Mensch auf der Welt sein, dem Gott eine Frau gibt, die an einen Rollstuhl gefesselt ist.“

„Wie kannst du nur so etwas sagen? Ein Geschenk soll das sein?“

„Natürlich. Ich betrachte dich und dein Leben als einen besonderen Segen.“

„Als Segen?“ unterbrach ich ihn.

„Jawohl, als Segen, denn Gott schenkt nur Gutes“, erwiderte Dick schlicht.

„Nein, Dick, daraus wird nie etwas. Meine Lähmung – das ist zuviel, um damit fertig zu werden. Es ist fast zuviel für mich, wieviel mehr für dich.“

„Aber die Last teilen heißt doch, sie für jeden von uns leichter machen.“

„Das klingt zwar schön, ist aber unrealistisch“, erwiderte ich.

Dick schwieg. Er wollte das, was ich sagte, nicht wahrhaben. Er stellte sich das Ergebnis so vor, wie er es sehen wollte, nicht, wie es in Wirklichkeit sein würde.

Endlich, mit Tränen in den Augen, lächelte er und nickte. „Ich glaube, du hast recht. Vielleicht kann ich nicht damit fertig werden. Vielleicht bin ich nicht stark genug dafür –“

Später ging Dick wieder mit anderen Mädchen aus. Häufig brachte er seine neuen Freundinnen zu mir nach Hause, um sie mir vorzustellen. Einige seiner Rendezvous bestanden aus nichts anderem als einem Besuch bei mir.

*

Ich zog mich in mich selbst und die Einsamkeit unseres Hauses zurück. Nachdem ich so lange fortgewesen war, gefiel es mir in dem alten Haus mit seinen schönen Erinnerungen. Doch aus irgendeinem Grund fühlte ich mich nicht mehr zu Hause; ich kam mir im eigenen Haus fehl am Platz vor.

Dieser Zustand löste unheimliche Gefühle in mir aus, ähnlich wie die Depressionen, die mich in den ersten schweren Monaten nach meinem Unfall überfallen hatten.

„Was ist denn los, Schatz?“ fragte mich Vater eines Tages.

„Ich – ich weiß es nicht, Vati. Ich bin einfach traurig – deprimiert.“

Vater nickte.

„Ich weiß nicht, ob ich mich jemals an meine Lähmung gewöhnen kann“, sagte ich. „Immer wenn ich meine, ich hätte es geschafft, erleide ich einen Rückfall.“

„Nun, laß dir Zeit, Joni. Wir wollen alles tun – alles, um dir zu helfen. Das weißt du ja.“ Seine glänzenden Augen und sein lächelndes Gesicht strahlten Ermutigung aus.

Ich seufzte tief und sagte: „Das, was mich am meisten bedrückt, ist meine Hilflosigkeit. Ich schaue mich hier im Hause um und sehe überall Dinge, die du gemacht, geschaffen hast. Es ist wirklich traurig, daß ich kein Erbe hinterlassen kann wie du. Wenn du einmal nicht mehr bist, wirst du uns ein schönes Haus, Malereien, Steinmetzarbeiten, Kunstwerke hinterlassen. Sogar die Möbel hast du gemacht. Ich kann all das nie machen. Ich werde meiner Nachwelt nichts Wertvolles hinterlassen können.“

Vati zog für einen Moment die Stirn kraus, dann grinste er wieder. „Du siehst das alles falsch, Joni. Diese Dinge, die ich mit meinen Händen gemacht habe, bedeuten im Grunde nichts. Es ist viel wichtiger, daß du Charakterstärke entwikkelst. Daß du etwas von dir selbst zurücklassen kannst. Und seinen Charakter formt man nicht mit den Händen."

„Vielleicht hast du recht, Vati."

„Natürlich habe ich recht."

„Aber warum läßt Gott das alles zu? Schau dir unsere Familie an. Wir haben mehr als genug an Kummer mitbekommen – zuerst mein Unfall, dann Jays Scheidung, jetzt die kleine Kelly (meine Nichte hatte Gehirnkrebs und war dem Tode nahe). Es ist so ungerecht", jammerte ich.

Vati legte seine Hände auf meine Schultern und schaute mir in die Augen. „Vielleicht werden wir das ‚Warum?' unserer Nöte niemals ergründen können, Joni. Sieh mal, ich bin kein Pastor oder Schriftsteller, und ich weiß nicht, wie ich das, was uns zustößt, beschreiben soll. Aber, Joni, ich muß einfach glauben, daß Gott weiß, was er tut."

„Ich weiß es nicht", wandte ich ein.

„Schau mal. Wie oft hast du jemanden fromm beten hören – wir haben es oft genug selbst getan –: ‚Herr, ich bin ein großer Sünder. Ich hätte die Hölle und dein Verdammungsurteil verdient. Aber ich danke dir, daß du mich erlöst hast.' In einem Atemzug sagen wir Gott, daß wir seine Güte nicht verdient haben, und danken ihm für die Errettung. Sobald wir aber Sorgen oder Leid zu ertragen haben, werden wir verbittert und machen Gott Vorwürfe: ‚Herr, was tust du mir an?' Siehst du? Ich glaube, wenn wir zugeben, daß wir eigentlich das Schlimmste – die Hölle – verdient haben, und durch unsere Trübsal dann eine Ahnung davon bekommen, was Hölle bedeuten könnte, dann sollten wir doch versuchen, unser Leid zu ertragen. Meinst du nicht?"

„Glaubst du, daß ich es verdient habe, gelähmt zu sein – daß mich Gott bestraft?"

„Natürlich nicht, mein Schatz. Das wurde am Kreuz erledigt. Ich kann auch keine Erklärung dafür geben, warum dies alles geschieht. Ich muß einfach glauben, daß Gott weiß, was er tut. Vertraue auf ihn, Joni. Vertraue auf ihn."

„Ich will's versuchen", sagte ich kleinlaut.

*

Als nach dem Frühling der Sommer ins Land zog, wurde es mit meiner Gemütsverfassung nicht besser. Ich hatte in Rancho Los Alamos ein Wunder von Gott erwartet. Ich war davon überzeugt gewesen, daß er mir den Gebrauch meiner Hände zurückgeben würde. Als das nicht geschah, fühlte ich mich betrogen. Gott hatte mich enttäuscht. Also war ich böse auf Gott.

Um mich an ihm zu rächen, fand ich einen Weg, ihn zusammen mit meiner ganzen Umwelt aus meinem Sinn zu verbannen: Ich ging auf launisch-depressive Phantasie-„Ausflüge". Entweder schlief ich bis spät in den Tag, um träumen zu können, oder ich machte während des Tages Nickerchen, um meinen Träumen und Phantasie-Vorstellungen nachzuhängen. Durch intensive Konzentration war es mir möglich, Gegenwart und Wirklichkeit völlig auszuschalten.

Ich versuchte, mir jedes einzelne Detail aus meinen früheren Erlebnissen ins Gedächtnis zu rufen. Ich konzentrierte meine gesamte geistige Kraft darauf, diese Erlebnisse immer und immer wieder zu durchleben.

In diesen Träumereien weckte ich die Erinnerung an jedes körperliche Behagen, das ich jemals empfunden hatte – das Gefühl, weiche, abgetragene Jeans zu tragen, das warme Prickeln einer Dusche, das Liebkosen des Windes auf meinem Gesicht, das Gefühl der Sommersonne auf der Haut. Schwimmen. Reiten. Das quietschende Geräusch des Sattelleders zwischen meinen Schenkeln. Keine dieser kleinen

Freuden war an sich schlecht. Ich benutzte sie aber dazu, Gott aus meinen Gedanken zu verbannen.

Eines Tages saß ich in meinem Rollstuhl vor der Ranch, unserer Farm in Sykesville. Meine Freunde, die zu uns auf Besuch gekommen waren, hatten Pferde gesattelt und waren davongeritten. Ich war mir selbst überlassen und schwamm in Selbstmitleid. Ich verglich mein Los mit dem ihren. Wie hatten sie es so gut! Die warme Sommersonne schimmerte durch die Zweige der großen Eichen und tanzte in hellen Farben auf dem saftigweichen Rasen zu meinen Füßen. Ich schloß die Augen und ließ im Geiste einen ähnlichen Tag vor ein paar Jahren an mir vorüberziehen.

In meinen Gedanken war ich wieder mit Jason zusammen und ritt mit ihm über duftende Wiesen dem Walde entgegen, um an einem einsamen Ort haltzumachen. Ich schwelgte in der Erinnerung an uneingeschränkte Freuden und aufregende, sinnliche Befriedigung – Gefühle, die zu genießen mir damals wie heute eigentlich verboten waren.

Als mich der Heilige Geist anklagte, rebellierte ich noch mehr. „Was für ein Recht hast du, mir zu verbieten, an so etwas zu denken? Du bist es ja, der mich so weit gebracht hat! Ich habe ein Recht, an das alles zu denken. Ich werde sinnliche Gefühle und Freuden nie wieder zu spüren bekommen. Aber meine Erinnerungen kannst du mir nicht nehmen."

Je mehr ich jedoch über diese und andere Erlebnisse nachdachte, desto mehr zog ich mich in mich selbst zurück. Ich war mutlos und verbittert und gab Gott die Schuld, daß mir diese Erinnerungen so viel bedeuteten.

Dann versuchte ich, mich an anderen Erinnerungen zu weiden. Als ich eine Freundin in deren Elternhaus besuchte und neben dem Schwimmbecken saß, freute ich mich über die Empfindungen, die ich im Wasser gehabt hatte: die Wonne des mich umgebenden Wassers, das Schwimmen in dem kühlen Naß, das Auftauchen aus dem Wasser und das erfrischende Einatmen der Luft in meine Lungen, das nasse, strähnige Haar auf meinem Kopf, das Sonnen auf der warmen Schwimmbeckenumrandung. Dann rief ich mir ins Gedächtnis zurück, wie die winzigen, warmen Wasserperlchen in schmalen, kitzelnden Bahnen an meinen Armen und Beinen hinunterrollten.

Ich haderte mit Gott. Ich versuchte, jede winzige körperliche Freude in meinem Gedächtnis aufzuspüren, und warf sie ihm voll Bitterkeit vor. Ich konnte mich einfach nicht mit der Wirklichkeit – Gottes Willen, wie man mir sagte – abfinden. Sollte ich das alles nie wieder erleben oder empfinden dürfen?

Nach außen hin zeigte ich eine Maske der Fröhlichkeit. Innerlich aber kannte meine Rebellion gegen Gott keine Grenzen.

*

Diana kam, um den Sommer über bei uns zu wohnen. Zuerst merkte sie nichts von meinen Gedanken-„Ausflügen“. Doch dann bekam sie den Eindruck, daß meine Anfälle von Niedergeschlagenheit außer Kontrolle gerieten, gerade, als ob ich mich in einem Traumzustand befände.

„Joni! Hör auf damit! Wach auf!“ schrie Diana eines Tages. Sie schüttelte mich heftig an den Schultern.

Langsam kehrte ich wieder in die Wirklichkeit zurück. „W-was ist?“

„Joni, was ist denn los? Ich habe mit dir gesprochen, und du hast einfach an mir vorbei ins Leere gestarrt. Bist du krank?“

„Nein. Laß mich in Ruhe! Laß mich einfach in Ruhe!“

„Das wird dir nicht helfen. Du kannst der Wirklichkeit nicht ausweichen“, sagte Diana. „Du mußt der Wahrheit ins Auge sehen. Du kannst sie nicht aussperren. Die Vergangenheit ist tot, Joni. Aber du bist am Leben.“

„Bin ich das?" erwiderte ich zynisch. „Das ist doch kein Leben."

Ab und zu riß mich Diana schimpfend aus meinen Phantasie-Trips in die Wirklichkeit zurück; doch genauso oft entkam ich ihr wieder. Ich merkte, daß das Einnicken am besten klappte, wenn das Zimmer abgedunkelt war und der Belüftungsapparat leise lief. Er wirkte wie ein hypnotisierendes Geräusch, das mich die Welt um mich her vergessen ließ. Es dauerte nicht lange, da befand ich mich wieder im erwünschten Traumzustand und durchlebte in Gedanken die Vergangenheit mit ihren Freuden und Gefühlen.

Endlich sah ich ein, daß ich mit meinen rebellischen Wutausbrüchen Gott gegenüber nicht weiter kam. Ich erkannte, daß auch das Sünde ist. Vor meinem Unfall bestand meine Sünde darin, daß ich Dinge tat, die Gott nicht gefielen. Jetzt hatte ich keine Möglichkeit, meine sündigen Gedanken in die Tat umzusetzen. Ich sah ein, daß es Sünden der Tat, aber auch der Gedanken gibt. Vor der Tat bauen Gedanken und Sinne die Grundlage für unsere Auflehnung gegen Gott. Mir wurde klar, daß Zorn, Wollust, Aufbegehren, obwohl „nur" geistige Vorgänge, dennoch Sünde waren. Sünde beging ich also nicht nur in meinen Taten, sondern sie war ein Bestandteil meines ganzen Seins. Obwohl ich keine Möglichkeit hatte, mit der Tat gegen Gott zu rebellieren, sündigte ich dennoch. Die Sünde war einfach ein Teil meiner selbst.

Ich wußte, daß ich mich genau in dem Zustand befand, den der Apostel Paulus als „fleischlich" – im Gegensatz zu „geistlich" – beschrieben hat. Ich befand mich in einem unmöglichen Zustand – unglücklich und nicht in der Lage, mir selbst oder Gott zu gefallen. „Die Gesinnung des Fleisches ist Feindschaft wider Gott; denn sie ist dem Gesetz Gottes nicht untertan... Die aber im Fleische sind, vermögen Gott nicht zu gefallen" (Römer 8,7–8).

Noch sich selbst! sagte ich mir verzweifelt. Ich sah ein, daß mich meine Depressionsanfälle und Fluchtversuche in die Welt der Phantasie nur noch tiefer in Not und Verzweiflung führten.

Ich verstand nicht, was mir Gott zeigen wollte. Also betete ich wie früher schon einmal: „Herr, ich weiß, daß du etwas mit meinem Leben vorhast. Ich brauche aber Hilfe, um deinen Willen zu erkennen. Ich brauche Hilfe, um dein Wort kennenzulernen. Bitte, Gott, tue etwas in meinem Leben, daß ich dir dienen und dein Wort besser verstehen lerne."

9

Es war im Sommer 1969, zwei Jahre nach meinem Unfall. Ich dachte über alles nach, was mir in diesen zwei schweren Jahren widerfahren war. Bei dieser Inventur meines geistlichen Lebens fand ich, daß dieses fast nur aus Höhen und Tiefen – meistens jedoch aus Tiefen – bestanden hatte. Ich hatte erst kürzlich die schlimmste Depression seit meinem Unfall überwunden und wußte, daß ich bald erneut abrutschen würde, wenn ich nicht irgendwie Hilfe durch gereifte Menschen erführe. Es war nur eine Frage der Zeit.

In körperlicher Hinsicht hatte ich in der Rehabilitation wirklich gute Fortschritte gemacht, und doch stand es jetzt fest, daß ich nie wieder laufen, nie wieder meine Hände gebrauchen könnte, daß ich für immer von den Schultern an abwärts gelähmt und nie wieder in der Lage sein würde, mich selbst zu versorgen. Es war offensichtlich, daß ich im Blick auf mein körperliches Wohlbefinden und auf jede körperliche Funktion für immer von anderen abhängig sein würde. Diese Abhängigkeit an sich hätte schon ausgereicht, mich in einen neuen Depressionsanfall abrutschen zu lassen.

Ich sprach mit Diana einige Male über meine Sorgen. „Dieses fatale Gefühl der Hoffnungslosigkeit und Wertlosigkeit quält mich, Di", sagte ich. „Ich schreie zum Herrn, daß er etwas mit meinem Leben anfängt und mir zeigt, daß es dennoch für ihn wertvoll ist."

„Ich habe auch so ernsthaft darum gebetet, Joni", erwiderte sie und fügte hinzu: „Weißt du, ich werde einmal einen Freund mitbringen; den mußt du kennenlernen."

„Wen denn? Warum denn?"

„Steve Estes. Du kennst ihn nicht, aber er steht geistlich genau am anderen Ende wie du. Er hat eine solche Liebe für den Herrn und kennt sich so gut in der Bibel aus, daß er wirklich eine Hilfe für dich sein könnte."

„Vielleicht", sagte ich ohne viel Begeisterung.

„Er ist jung. Genauer gesagt: Er ist noch auf dem Gymnasium."

„Auf dem Gymnasium? Diana! Dann ist er ja noch ein Kind?"

„Nein, urteile noch nicht. Warte, bis du ihn gesehen hast."

Steve Estes kam noch am gleichen Abend zu Besuch. Als er durch die Tür ins Zimmer trat, verflog sofort alle Voreingenommenheit.

Steve ragte hoch über meinem Rollstuhl auf. Seine durchdringenden grünen Augen gaben mir sofort das Gefühl von Offenheit und Wärme. In der darauf folgenden Einführungsunterhaltung verflog alle Befangenheit vollständig. Er bewies Reife und angenehmes Selbstbewußtsein, und seine Haltung mir gegenüber fiel mir besonders auf.

Viele Menschen, die mir zum erstenmal begegnen, kommen sich in Gegenwart des Rollstuhls befangen und unbeholfen vor. Er schüchtert sie ein oder veranlaßt sie, mich zu bedauern. Es bedarf gewöhnlich mehrerer Besuche und Gespräche, bis die Besucher den Rollstuhl vergessen und in der Lage sind, eine normale Unterhaltung zu führen. Leider bringen es manche Besucher nicht fertig, diesen Punkt zu überwinden, und ich bleibe infolgedessen ebenfalls befangen und gehemmt.

Steve aber benahm sich völlig natürlich, so daß ich mich vom ersten Augenblick an wohlfühlte. Er sprach schnell, drückte sich mit lebhaften Gesten aus und schien von allem begeistert. Während wir uns unterhielten, teilte er mir seine

Ansichten über die Bibel mit – Gedanken, die ihn bewegten und mich zum Nachdenken brachten.

„Joni“, meinte er ernsthaft, „ist es nicht großartig, was Gott im Leben mancher Menschen getan hat und auch heute noch tut?“

Was? Bei wem? Wo? Ich schämte mich, ihm die Fragen so zu stellen, wie sie mir gerade in den Sinn kamen.

Es spielte aber gar keine Rolle. Steve beantwortete sie, ohne daß ich etwas sagte.

„Jugendliche erleben phantastische Dinge durch ‚Young Life‘ in Woodlawn, und bei uns in der Gemeinde haben wir gesehen, wie der Geist Gottes viele wirklich lebendig macht. Ein Ehepaar stand kurz vor der Scheidung – Gott führte sie wieder zusammen. Ein Bursche war schwer rauschgiftsüchtig, und Jesus Christus erlöste ihn. Ein Mädchen war innerlich völlig durcheinander, und der Herr Jesus brachte sie wieder zurecht. Du solltest sie heute mal sehen!“

Die Geschichten sprudelten nur so aus ihm heraus, wie Maschinengewehrfeuer, und ich begann, die Gegenwart der Kraft Gottes zu spüren. Jesus Christus hatte im Leben verschiedener Menschen wunderbar gewirkt, und diese Tatsache und ihre Bedeutung färbten auf Steve und durch sein Erzählen auch auf mich ab.

Steve selbst hatte es erlebt, wie sich Gottes Liebe und Kraft in einem Menschen auswirken können. Sein Glaube, seine Energie und seine geistliche Reife waren offensichtlich Eigenschaften, die ihn stark von mir unterschieden. Er strahlte Vertrauen, Liebe zu Jesus Christus und ein gesundes Selbstbewußtsein aus. Ich war erstaunt darüber, daß ein Sechzehnjähriger über so viel geistliches Einfühlungsvermögen und über so viel Vernunft verfügte. Als Zwanzigjährige war ich noch lange nicht so weit wie er. Etwas war an ihm – eine Art Lebensqualität –, die ich auch gern gehabt hätte. Er strahlte

Selbstsicherheit und Autorität aus. Er sprach mit tiefer Überzeugung von dem Herrn Jesus Christus und gab mit schlichter, einfacher Kraft Zeugnis von dem Glauben, den nur Jesus Christus einem Menschen geben kann.

„Steve, was du mir da erzählst, ist wie eine ganz frische, neue Wahrheit", sagte ich freudig erregt. „Komm doch bitte wieder und erzähle mir mehr."

„Klar. Das will ich gern tun."

„Kannst du mir helfen, das auch zu bekommen, was du hast? Ich bin ja Christin, aber da gibt es so viel, was ich von Jesus noch nicht weiß. Du besitzt viel mehr geistliche Kraft und biblisches Wissen als ich."

„Joni, was würdest du sagen, wenn ich jeden Mittwoch zu dir käme und mit dir die Bibel studieren würde?"

„Großartig", antwortete ich.

Diana lächelte und nickte. „Ich werde auch dabei sein, und vielleicht würden Jay und die anderen auch kommen. Ist dir das recht?"

„Natürlich", lächelte Steve.

Seltsam. Hier war ein Junge, eben erst sechzehn, der einer Gruppe junger Erwachsener Unterricht über den christlichen Glauben erteilen wollte. Niemand stellte seine Autorität und Fähigkeit für diese Aufgabe in Frage. Er hatte schon damals die Redegewandtheit und die göttlichen Gaben, die jeder Pastor haben sollte. Alle erkannten seine Führungsqualitäten an.

Steve schätzte diese Herausforderung hoch ein. Er sagte: „Joni, in deinem Haus fühle ich mich so richtig wohl. Es ist wie eine Freizeit – die Atmosphäre ist so, als ob ich mit Francis Schaeffer in L'Abri wäre."

Er spürte, daß ich – und einige andere – die grundlegenden Lehren des Christentums – das Wesen Gottes, die Göttlichkeit Jesu Christi, Sünde, Buße und Erlösung – noch nicht richtig verstanden hatte. Diese Dinge wurden nun die Hauptthemen unseres wöchentlichen Bibelstudiums.

„Im Epheserbrief", erklärte er uns, „sagt Paulus, daß wir ein phantastisches Erbteil erlangt haben: Gott hat uns in Christus auserwählt, ehe noch die Welt geschaffen wurde. Er schuf uns nach seinem Ebenbild. Dabei hatte er ein ganz bestimmtes Ziel im Auge. Gott will, daß wir in unserem geistlichen Leben wachsen und zunehmen. Viele Menschen wissen nicht genau, was geistliche Reife wirklich ist. Kann jemand viele Bibelverse auswendig, wird er oft für geistlich gehalten. Eine große Erkenntnis biblischer Wahrheiten zu haben, ist aber noch keine echte geistliche Reife. Echtes geistliches Leben bedeutet, Gottes Wort in die Tat umsetzen – ihm gehorchen und ihn nicht als ein schönes Ideal hinstellen."

Während Steve die biblischen Wahrheiten mit uns durchging, wurde mir allmählich die Oberflächlichkeit meines eigenen Glaubenslebens bewußt. Meine geistlichen Hoch- und Tiefpunkte konnten genauso wie mein körperlicher Zustand in Kurven erfaßt werden. Ich nahm mir fest vor, das jetzt zu überwinden und damit auf positive Weise fertig zu werden. Langsam fing ich an, geistliche Grundsätze zu erkennen und mein Leben nach ihnen auszurichten.

Als ich mit Gott allein war, wurde mir klar, wie ich mich von ihm zurückgezogen und ihm den Rücken zugewandt hatte. Ich bekannte: „Herr, ich habe mich geirrt, als ich versuchte, dich aus meinem Leben zu verbannen. Vergib mir, Gott. Ich danke dir für das Verständnis, das du mir neu für dein Wort gegeben hast. Bitte vergib mir und führe mich zu dir zurück – zurück zur Gemeinschaft mit dir." Der Heilige Geist führte mich in eine tiefe Buße. Danach belehrte er mich. Mit jeder Woche wurden mir die biblischen Wahrheiten größer. Ganz langsam lernte ich es, das Leben von Gottes Warte aus zu sehen.

Ich erkannte auch, daß das Wort Gottes ein Handbuch für

vernünftige Lebensführung ist. Gott gibt uns keine Anweisungen, ohne einen Grund dafür zu haben.

Auch wurde mir klar, daß Gott in der Heiligen Schrift auch Warnungen ausspricht, zum Beispiel, daß Sex vor der Ehe gegen seinen Willen ist. Offensichtlich gibt es in der Bibel viel mehr Warnungen vor verbotenem Geschlechtsverkehr als vor anderem sündhaften Verhalten wie beispielsweise Klatschsucht, Mißgunst, Lügen und Zorn. Von diesen Dingen sagt die Bibel: „Widerstehet dem Teufel“ (Jakobus 4,7); stellt euch zum Kampf gegen sie und überwindet sie. Im Blick auf sexuelle Sünden sagt die Bibel aber: „Fliehet!“ (1. Korinther 6,18). Wäre ich gehorsam gewesen und hätte der Versuchung widerstanden, wäre ich später nicht von Gelüsten und Verlangen gepeinigt worden, die nie befriedigt werden konnten. Sie waren wie ein unlöschbarer Durst nach etwas Unerreichbarem. Wie oft ich mich auch aus der Wirklichkeit flüchtete, um in meiner Phantasie noch einmal alles zu durchleben, es konnte doch nie ein echtes Erlebnis sein. Die Gefühle waren nur schattenhaft und unbefriedigend.

Aus meinem Verhältnis mit Jason mußte ich eine schmerzhafte Lehre ziehen. Ich litt Qualen – nicht, weil ich etwas Häßliches oder Abscheuliches getan hätte, ganz im Gegenteil. Körperliche Liebe ist schön und erregend. Sondern weil ich Dinge vorweggenommen hatte, die der Ehe vorbehalten sind. Ich hatte voller Gier in Erinnerungen geschwelgt.

Ich kenne andere Mädchen, die darüber bittere Tränen vergossen haben. Sie haben erfahren müssen, daß der voreheliche Geschlechtsverkehr Gewissensbisse und Schuldgefühle hervorruft, die ein sonst glückliches Leben stark belasten und eine sonst gut funktionierende Ehe zerstören können.

Aber mit Gottes Hilfe tat ich jetzt Buße, erlangte Vergebung und ließ alles hinter mir. Ich bat um seine Führung und um die Willenskraft, diesen Gedanken nicht mehr nachzuhängen. Außerdem bat ich um geistliche Kraft, damit ich mich nicht in Selbstmitleid erginge und alten Erinnerungen nachjagte. Ich besann mich auf die Aufforderung, das Vergangene ein für allemal zu vergessen und meine Aufmerksamkeit auf die Gegenwart zu richten. Dabei berief ich mich auf die Verheißung der Heiligen Schrift, daß Gott unsere Übertretungen für immer von uns nimmt (Psalm 103,12).

Ich faßte den Entschluß, mich möglichst von allen Erinnerungen aus der Vergangenheit freizumachen. Ich verschenkte meine geliebten Hockey- und Lacrosse-Schläger, verkaufte mein Pferd Tumbleweed und löste mich von allen Gegenständen, die mich noch an alte Erinnerungen fesseln konnten.

So war ich gezwungen, auf Gott zu vertrauen. Ich hatte keine andere Möglichkeit mehr, als ihm für das zu danken, was er aus meiner Zukunft machen würde.

Als ich dann betete und mich wirklich auf ihn verließ, enttäuschte er mich nicht. Früher hatte ich gesagt: „Herr, ich will deinen Willen tun, und natürlich ist es dein Wille, daß ich wieder auf die Füße komme oder zumindest lerne, meine Hände wieder zu gebrauchen." Ich traf die Entscheidung darüber, was Gott mit mir tun sollte, und rebellierte, wenn die Sache nicht so verlief, wie ich es mir vorgestellt hatte.

Jetzt weinte ich über diese verlorenen Monate, die so voll von Verbitterung und sündigem Verhalten gewesen waren. Ich betete darum, Gott möge mich doch seinen Willen für mein Leben erkennen lassen. Was war Gottes Wille für mein Leben? Um das herauszubekommen, mußte ich daran festhalten, daß alles, was bisher geschehen war, ein Teilstück dieses Planes war. Ich las: „Seid in allem dankbar, denn das ist der Wille Gottes in Christus Jesus für euch." Es war Gottes Wille für mich, ihm für alles dankbar zu sein? In Ordnung. Ich vertraute jetzt blindlings darauf, daß das die Wahrheit sei. Also dankte ich Gott für das, was er tat und noch tun würde.

Als ich so meine ganze Aufmerksamkeit auf die Worte der Heiligen Schrift richtete, brauchte ich mich nicht mehr von der Wirklichkeit zurückziehen. Gefühle schienen nicht mehr wichtig. Phantasien nachzuhängen, körperliche Empfindungen und Gefühle wahrzunehmen, war nicht mehr notwendig, denn ich lernte erkennen, daß alles vergänglich ist und daß ich solchen Gefühlen nur vorübergehend entsagen mußte. Die Bibel macht uns deutlich, daß unser Leib irdisch ist. Folglich war auch meine Lähmung nur an den irdischen Leib gebunden. Als ich mich vom Irdischen lösen und mich auf die Ewigkeit einstellen konnte, wurden alle Sorgen und Nöte darüber, daß ich an einen Rollstuhl gefesselt war, nebensächlich.

Steve zeigte mir aus der Bibel, daß Gott die Dinge völlig anders sieht als wir. In Hebräer 12,1 werden wir dazu ermutigt, das Leben mit Geduld zu ertragen. 2. Korinther 5,15 erinnert uns daran, daß unser Körper nur vorübergehend die Herberge für unsere Seele und unsere Persönlichkeit ist. Philipper 1,29 sagt, daß manche gerufen werden, für ihn zu leiden – vielleicht sogar die „Feuerprobe" zu erdulden, wie der Autor des 1. Petrusbriefes es ausdrückt: „Geliebte, lasset euch die unter euch entstandene Feuerprobe nicht befremden, als widerführe euch etwas Fremdartiges; sondern je mehr ihr der Leiden Christi teilhaftig seid, freuet euch, damit ihr auch bei der Offenbarung seiner Herrlichkeit frohlocken könnt" (1. Petrus 4,12–13).

Steve führte mich in die Heilige Schrift ein; gleichzeitig half er mir dabei, meine Leiden und Schmerzen im Licht Gottes zu sehen.

„Die Menschen, die zu leiden haben", erklärte mir Steve, „sollten ihre Aufmerksamkeit darauf richten, daß sie das Richtige tun und dabei ihr Leben Gottes Fürsorge übergeben. Natürlich sollen wir das alle tun; und doch sagt die Bibel ausdrücklich, daß die, die schwere Prüfungen durchzumachen haben, ganz besonders für Jesus Christus leben sollten."

In meinen Phantasien und Träumereien hatte ich vergangene Erlebnisse gesucht, weil ich der harten Wirklichkeit entfliehen wollte. Aber aus biblischer Sicht ist nicht einmal die Gegenwart Wirklichkeit. Eines Tages wird es für uns ein Leben geben, das ein Höchstmaß an Wirklichkeit darstellt; aber wir können diese Wahrheit nur im Glauben ergreifen. Nur das, was wir durch den Glauben sehen, ist echte Wirklichkeit.

Durch Steves Unterricht, der sich oft bis in die Nacht hinzog, profitierten wir alle und machten in unserem geistlichen Leben Fortschritte.

Diana wohnte zunächst weiter bei uns, kehrte aber im Herbst ins College zurück, um Psychologie zu studieren. Dort lernte sie das „Spiel mit vertauschten Rollen", durch das man ein besseres Verständnis für Menschen in den verschiedenen Lebenslagen erlangen sollte.

Eines Abends, nach unserem Bibelstudium, tauschten wir untereinander die Rollen, um für eine Stunde „in die Schuhe des anderen zu schlüpfen". Diana und ich tauschten die Plätze. Jemand trug mich aufs Sofa, während Diana im Rollstuhl Platz nahm.

„Wißt ihr, das ist komisch", fing Diana das Gespräch an, als sie meine Rolle spielte. „Ihr scheint euch vor dem Rollstuhl zu fürchten. Jeder scheint einen gewissen Abstand wahren zu wollen. Es kommt mir so vor, als ob um den Stuhl herum ein leerer Raum wäre, den keiner betreten möchte."

„Das ist interessant", fügte ich hinzu. „Ich dachte gerade eben, daß mir die Menschen weniger unbeholfen vorkommen, wenn ich auf dem Sofa sitze."

Wir sprachen über den Rollstuhl und welchen Eindruck er auf die verschiedenen Menschen macht. Die typische Reaktion Fremder ist, daß sie ein Gefühl der Herablassung demjenigen gegenüber merken lassen, der ihrer Ansicht nach irgendwie minderwertig ist. Ich nehme an – das habe ich schon früher einmal gesagt –, daß die Menschen meinen, wenn man körperlich behindert ist, müsse man auch geistig unterbelichtet sein.

Diana, Dick und Jay hatten sich so an den Rollstuhl gewöhnt, daß sie sich nicht mehr daran störten. Sie benahmen sich so zwanglos, daß das Spazierenfahren mit mir häufig in ein Spiel ausartete. Sie schoben mich mit einer Hand oder gaben mir einen Schubs und liefen neben dem Stuhl her. Sie taten dies, um die spießbürgerlichen, verknöcherten Ansichten, die manche den Menschen in Rollstühlen gegenüber hegen, abzubauen. Wenn der Rollstuhl auch nur etwa 62 cm breit ist, so machen die Menschen auf dem Bürgersteig doch so viel Platz, daß ein Auto vorbeifahren könnte. Dieses unterschwellige Gefühl der Verlegenheit trägt nur dazu bei, die Hemmungen des an den Rollstuhl Gefesselten zu verstärken. Er kommt sich dick und tolpatschig vor.

Häufig starren mich Menschen an, ohne es zu wollen, besonders wenn der Rollstuhl ihrer Meinung nach zu schnell gefahren wird. Offensichtlich scheint es allgemein gültige Ansicht zu sein, daß man einen Menschen im Rollstuhl wie eine Ladung kostbarer antiker Vasen behandeln muß.

In den Kaufhäusern oder auf der Straße kamen oft ältere Damen auf mich zu, schnalzten mit der Zunge und sagten etwa: „Ach, du armes, liebes, tapferes Mädchen!“ Dann lächelte ich sie sehr höflich an, obwohl ich große Lust gehabt hätte, ihnen meine tatsächlichen Gefühle zu zeigen – die nicht immer sehr liebevoll waren!

Wenn andere Menschen beim Anblick des Rollstuhls Probleme hatten, tat ich alles in meiner Macht Stehende, um ihnen diese Befangenheit zu nehmen. Während unseres Bibelstudiums ließ ich mich von Dick aufs Sofa tragen. War der

Rollstuhl nicht mehr zu sehen, schüchterte er die Menschen auch nicht mehr ein. Wenn ich auf dem Sofa saß und die Beine auf ein Fußkissen gelegt hatte, sah ich wie ein „normaler" Mensch aus.

Was als einfaches Experiment für angewandte Psychologie begann, wurde für mich allmählich zur Gewohnheit. Ich genoß es, auf diese Weise Teil der Gruppe zu sein, und freute mich darüber, daß es alle beruhigte.

Diana ging dann zu einem weiteren Experiment in unserem Spiel mit vertauschten Rollen über. Diesmal sah ich meine Lage so, wie sie die anderen sahen. Diana saß im Rollstuhl und ich auf dem Sofa. „Joni, ich hätte gern ein Glas Wasser", sagte Diana und stellte sich hilflos.

In ihre Rolle versetzt, merkte ich etwas, was ich von meinem Rollstuhl aus nie bemerkt hatte: Ich ärgerte mich. „Mensch, ich bin so richtig in diese Fernsehsendung vertieft. Kannst du nicht warten, bis die Werbung kommt?" fragte ich.

„Ja – ich glaube schon", seufzte Diana.

Alle lächelten verständnisinnig.

Ich sagte: „Bin ich denn wirklich so? Du liebe Zeit, das tut mir aber leid! Jetzt sehe ich auf einmal, wie egoistisch ich bin, ohne es zu wissen. Ich werde mich bemühen, von jetzt an etwas mehr Rücksicht auf euch zu nehmen."

Es tat auch meiner Selbstsicherheit als Frau gut, wenn ich ab und zu aus dem Rollstuhl herauskam. Im Rollstuhl fühlte ich mich manchmal steif und unbeholfen, auf der Couch war ich viel entspannter und unbefangener.

Eines Abends vor dem Fernsehen streckte sich Dick aus und legte seinen Kopf in meinen Schoß. Es gelang mir, mein Armgerüst abzunehmen und Dicks Haare mit meiner Hand zu streicheln. Ich fühlte natürlich nichts, aber Dick fühlte es. Er entspannte sich und genoß die Aufmerksamkeit, die ihm ein Mädchen bewies.

Diese angenehmen Augenblicke wurden nur durch Kellys Krankheit verdüstert. Sie wurde fast täglich schwächer. Aber ich konnte ihr Schicksal und mein eigenes leichter ertragen, weil ich im Glauben wuchs und an Verständnis zunahm.

Steve kam weiterhin, oft einige Male in der Woche. Sein Unterricht über die einfachen Lehren der Bibel wurde mir allmählich unentbehrlich. Früher hatte ich die biblische Lehre fast ohne Fragen zu stellen akzeptiert. Ich hatte sie mir aber nicht als meine eigene Erfahrung angeeignet. Ihre Wahrheit hatte ich nicht geprüft. Während meiner Depression in Green Oaks hatte ich philosophische und theologische Ansichten untersucht, weil es mir nicht mehr möglich war, eine Lehre ohne Prüfung zu übernehmen. Hier wurden meine Fragen, schon während ich sie stellte, beantwortet. Steve erklärte die biblischen Zusammenhänge so gut, daß es mir vorkam, als spräche der Herr selbst zu mir.

Die Tatsache, daß Steve in mein Leben gekommen war, sah ich als gezielte Antwort auf das verzweifelte Gebet, das ich unmittelbar, bevor ich ihn kennenlernte, an Gott gerichtet hatte.

Unter anderem sprachen wir auch über die Wiederkunft Jesu Christi. Steve wies darauf hin, daß Jesus eines Tages wiederkommen werde und daß ich dann einen funkelnagelneuen Körper bekäme. Jesus Christus würde mir einen verherrlichten Körper geben, der all das würde tun können, was ich früher gekonnt hatte – wahrscheinlich sogar noch mehr. Eines Tages würde ich wieder ein Gefühl haben! *Ich werde nicht ewig gelähmt sein!*

Durch diese Aussicht erübrigte es sich für mich, zu Phantasieausflügen und Träumereien meine Zuflucht nehmen zu müssen.

Steve half mir dabei, das Auf und Ab in meinem geistlichen Wachstum zu beenden. „Suchet, was droben ist“, las er aus

Kolosser 3. „Trachtet nach dem, was droben, nicht nach dem, was auf Erden ist." Da mich die Hoffnung erfüllte, daß ich eines Tages einen neuen Körper haben würde, fiel es mir leicht, meine Wünsche auf himmlische, ewige Dinge auszurichten. Ich hatte die irdischen Dinge – wie zum Beispiel den Gebrauch meines Körpers – bereits verloren, darum war es verhältnismäßig leicht für mich, diese Wahrheit anzunehmen. Obwohl ich zu einem Leben im Rollstuhl „verurteilt" war, wußte ich, daß ich eines Tages frei und gesund sein würde.

„Steve", sagte ich, „allmählich sehe ich in meinem Rollstuhl eher ein Werkzeug Gottes als eine Tragödie. Ich glaube, daß mir Gott in dieser Richtung noch mehr beibringen will."

Steve lehrte mich, Gottes Wort in die Praxis umzusetzen und auf seine Verheißungen und Gebote einzugehen. Ich las in der Bibel und sagte bewußt: „Dies ist Gottes Wille." Verstandesmäßig war mir die Bedeutung völlig klar. Gefühlsmäßig mußte ich diese neue Wahrheit erst ausprobieren, mit meinem eigenen Willen in Übereinstimmung bringen. „Ja, dies ist Gottes Wille", sagte ich und fügte hinzu: „für mich."

„Herr, ich vertraue dir, daß du mich durch diese Situation siegreich hindurchbringst", betete ich. Die Heilige Schrift bekam für mich eine ganz persönliche Bedeutung. Hiob hatte leiden müssen, also waren seine Aussprüche angesichts meiner Bedürfnisse überzeugend. Jeremia hatte leiden müssen, also konnte ich auch von ihm lernen. Da Paulus Auspeitschungen, Schiffbruch, Verhaftung und Krankheit hatte ertragen müssen, fühlte ich mich auch mit ihm verbunden. Ich fing an, das zu verstehen, was die Bibel „Gemeinschaft der Leiden" nennt.

Ich lernte Bibelabschnitte auswendig, die eine große Bedeutung für mich hatten. Weil ich solche Abschnitte gut verstand, die meine Bedürfnisse ansprachen, fiel es mir viel leichter, Gott im Blick auf mein Leben zu vertrauen. Selbst in Zeiten des Kleinglaubens und der Verzweiflung konnte ich mich auf die Tatsache stützen, daß „Gott weiß, was er tut", wie Vati häufig sagte.

Durch das Auswendiglernen von Gottes Verheißungen lernte ich, daß mich der Herr aus dieser Ausbildung in der Schule des Leidens auch einmal herausnehmen würde – aber erst zu einem ihm gefälligen Zeitpunkt. Der Apostel Paulus schrieb, daß der Schlüssel zum Erfolg fortwährendes Bemühen sei. Auf dem Höhepunkt seines Lebens und seiner Hingabe an Jesus Christus gestand er, das Ziel noch nicht erreicht zu haben.

Wahrscheinlich, überlegte ich, ist mein Leiden und Lernen ein lebenslänglicher Wachstumsprozeß. Er wird erst dann beendet sein, wenn ich Jesus Christus im Himmel begegnen werde.

Für mich gab es viel nachzuholen. Sollte das Leben für mich überhaupt eine Bedeutung haben, mußte ich soviel wie möglich lernen – und nicht nur geistliche Wahrheiten. Ich mußte mir auch akademisches Wissen aneignen. Ich mußte einen Weg finden, wie ich der Gesellschaft von Nutzen sein konnte.

Diana und Jay waren mir bei meiner Wiedereingliederung in die Gesellschaft gern behilflich. Es war erfrischend und aufregend, neue Menschen und Orte kennenzulernen. Allmählich gewöhnte ich mich auch an meinen Rollstuhl samt dem Angestarrtwerden und der Befangenheit der Leute. Es war angenehm und gesund für mich – nach Geist, Seele und Leib –, den Sommer an der frischen Luft zu verbringen. Nachdem ich zwei Jahre hindurch in verschiedenen Krankenhäusern eingesperrt gewesen war, hatte ich fast vergessen, was es im Freien alles zu hören, zu sehen und zu riechen gibt. Diese neuen Eindrücke belebten meine ausgedörrte Gefühlswelt. Aber das hatte auch Nachteile. Ich ermüdete schnell und war gezwungen, nach den Ausflügen lange auszuruhen.

Steve machte mir Mut, das neue Verständnis für mein Leben in Worte zu kleiden – die neuen Erkenntnisse in die Praxis umzusetzen. Er bat mich, meinen Glauben und meine Erfahrungen mit dem Christentum der Jugendgruppe seiner Gemeinde zu bezeugen.

Der Gedanke, vor fünfzehn Teenagern zu sprechen, jagte mir einen Schrecken ein. Damals war ich durch meine Krankheit noch äußerst schüchtern. Als die Zeit der Jugendstunde herankam, war ich furchtbar nervös. Ich blickte zu diesen jungen Menschen mit den selbstbewußten Gesichtern auf und war so erschlagen, daß ich fast kein Wort herausbrachte.

„Ich – äh – ich bin Joni Eareckson und – äh – äh –" Mein Kopf war leer. *Was soll ich bloß sagen?*

Die jungen Leute waren höflich. Sie kicherten nicht und spotteten auch nicht.

„Ich – ich – äh – ich möchte euch erzählen – äh – was mir Jesus Christus bedeutet. Äh – seht ihr, er ist für mich sehr – wirklich. Ich – äh – hatte – äh – viele Schwierigkeiten – äh – aber ich – ich meine, er – er ist treu geblieben. Und – äh – ich hoffe, ihr kennt ihn, so wie ich ihn kenne."

Mein Hals war trocken, mein Gesicht brannte, und mir fiel nichts mehr ein, was ich noch hätte sagen sollen. Ich schlug die Augen nieder und sagte nichts mehr.

Nach einer fürchterlich peinlichen Pause machte Steve dort weiter, wo ich aufgehört hatte. Irgendwie fügte er die Stücke aneinander und brachte einen Sinn hinein. Ich war erleichtert und beeindruckt zugleich, daß er die Situation hatte retten können.

Später erklärte ich ihm entschieden: „Das werde ich nie wieder tun, solange ich lebe!"

„Quatsch!" entgegnete Steve. „Dir fehlt einfach die Erfahrung. Mir ging es genauso, als mich ein Freund zum erstenmal bat, bei einer Straßenevangelisation Zeugnis abzulegen."

„Tatsächlich?“

„Ich stotterte und gackste mir etwas zusammen. Ich hatte das Gefühl, meine Zunge sei geschwollen.“

„Ich besitze weder deine Redegabe noch deine Geistesgegenwart. Ich kann es einfach nicht.“

„Du solltest studieren“, sagte er und gab mir einen gutmütigen Klaps aufs Knie. „Auf der Universität von Maryland kannst du die Vorlesungen im Rollstuhl besuchen. Die haben eine ganze Menge Behinderte dort. Das sollte dir keine Schwierigkeiten bereiten.“

„Hm-mmm. Vielleicht hast du recht.“

Steve grinste und nickte.

„In Ordnung“, gab ich nach. „Wenn mir Jay und Diana dabei helfen, gehe ich in diesem Herbst aufs College.“

Im September begann ich, an ein paar Vorlesungen der Universität teilzunehmen. Jay und Diana gingen mit und machten für mich Notizen. Ich schrieb mich für „Interpretation“, „Stilistik“ und „Rhetorik“ ein. Meine Reden handelten von Dingen, die mir bekannt waren und über die ich mit Leichtigkeit diskutieren konnte: wie man Beziehungen zu Behinderten knüpft, den Rollstuhl akzeptiert und was für Erfahrungen man als Christ machen kann.

Langsam wurde ich sicherer, besonders als ich merkte, daß man für das, was ich sagte, Interesse hatte. Tief in meinem Innersten spürte ich, daß mich Gott vorbereitete. Eines Tages würde ich irgendwo das Gelernte gebrauchen können.

Damals wuchs auch mein Verständnis für geistliche Wahrheiten. Dieses neue Verständnis ermöglichte mir den Sieg über die Erinnerung an vergangene Sünden, Versuchungen und Depressionen. Gott schenkte mir den Sieg über meine sündige Natur, indem er mich mehr und mehr erkennen ließ, wie wichtig seine Realität und Gegenwart für mich ist.

Das Phantasieren hörte völlig auf. Weil mich Gottes Gegenwart vollständig erfüllte, hatte ich es nicht mehr nötig, die Erinnerungen an Vergangenes neu zu durchleben. Ich war so weit gekommen, daß mein Körper nicht mehr nach den Empfindungen verlangte, die ich einst für so wichtig gehalten hatte. Gott hatte mich von dem Bedürfnis, anfassen oder fühlen zu müssen, befreit. Dennoch sorgte er dafür, daß ich nicht ohne Freude blieb. So konnte mir ein Kaschmir-Pullover an meiner Wange oder eine Umarmung von jemandem, den ich mochte, oder die beruhigende Bewegung eines Schaukelstuhls ein tiefes Gefühl von Dankbarkeit vermitteln. Auch Empfindungen, die mir Gott zuteil werden ließ, wenn ich im Freien war, erfüllten mich mit Freude, etwa der Wind, der mir durchs Haar fuhr, oder die Sonne, die mir warm ins Gesicht schien, sogar die Regentropfen, die mir ins Gesicht schlugen. Ich war für alles dankbar, was er mir gab.

10

Im Februar starb meine Nichte Kelly an einem Gehirntumor, der ihr jahrelang Schmerzen bereitet hatte. Für mich unterstrich ihr Tod die Bedeutung jeder einzelnen Seele.

Ich hatte gerade erst begonnen, in meinem geistlichen Leben Boden unter den Füßen zu bekommen. Daher wirkten die Fortschritte, die Kelly in ihrem Glaubensleben machte, obwohl sie erst fünf Jahre alt war, ermutigend auf mich. Ich sah die Kraft göttlicher Liebe in ihrem kleinen Leben an der Arbeit. Ihre Krankheit brachte uns als Familie einander näher und führte uns auch näher zum Herrn Jesus Christus.

Wir alle hatten mit der Zeit eingesehen, daß Kellys Tod unabwendbar war, und hatten Frieden darüber bekommen. Das bedeutete jedoch nicht, daß uns der Schmerz über ihren Verlust nicht arg mitgenommen hätte. Auch da haben wir oft gefragt: „Warum, o Gott?“

Kellys Mutter war meine Schwester Linda. Sie litt am meisten. Kurz nachdem Kelly krank wurde, ließ ihr Mann sich von ihr scheiden. So wurde sie mit zwei Söhnen, für die sie aufzukommen hatte, und mit dem todkranken Kind alleingelassen. Die Welt schien für sie zusammenzubrechen, und lange Zeit hatte sie keine Kraft, mit ihrem Leid fertig zu werden.

Durch Kellys Tod und meine Lähmung lernte ich immer deutlicher erkennen, daß es nur zu Kummer und Verzweiflung führt, wenn man versucht, nach den Gründen für Gottes Handeln zu forschen. „Warum, o Gott? Warum mußte Kelly sterben? Warum wurde ich gelähmt? Warum dürfen die anderen am Leben bleiben und gesund sein?“ Außerhalb des alles umfassenden Planes Gottes finden wir auf solche Fragen keine Antwort.

Wir sind nicht immer für die Situation verantwortlich, in die wir manchmal hineingeraten. Aber wir sind sehr wohl dafür verantwortlich, wie wir reagieren. Wir können uns völlig der Verzweiflung überlassen und mit selbstmörderischen Gedanken umgehen, oder aber wir blicken auf zu einem Gott, der keine Fehler macht und der alles unter Kontrolle hat. Er ist in der Lage, unsere bitteren Erfahrungen zu unserem Besten zu wenden und uns in das Ebenbild Jesu Christi umzuwandeln (2. Korinther 3,18).

Gott lenkt die Umstände. In meinem Fall benutzte er sie dazu, sich selbst und seine Treue unter Beweis zu stellen. Nicht jedem wird dieses Vorrecht zuteil. Ich hatte das Gefühl, daß es nur wenige Menschen sind, die Gott auf so besondere Art liebhat, daß er ihnen Erlebnisse dieser Art zutraut. Dieses Wissen beruhigte und tröstete mich. So verließ ich mich immer mehr auf seine Liebe und übte mich in meinem frisch gelernten Vertrauen. Ich erkannte, daß meine Verletzung kein Unglück, sondern ein Geschenk war, das Gott dazu benutzte, um mir bei meiner Umwandlung in das Bild Jesu Christi behilflich zu sein. Das bedeutete letztlich Befriedigung, Freude – ja sogar Glück.

Bei unserem gemeinsamen Bibelstudium verglich Steve eines Tages die Ereignisse in meinem Leben mit denen, die das Leben des Apostels Paulus gekennzeichnet hatten: „Ich will aber, Brüder, daß ihr wisset, wie alles, was mir begegnet ist, nur mehr zur Förderung des Evangeliums ausgeschlagen hat" (Philipper 1,12).

Über diesen Gedankengang dachte ich eines Abends nach, während sich Steve damit zu schaffen machte, das Feuer im Kamin zu schüren. Er erinnerte mich daran: „Joni, was dir passiert ist, wird die Sache Gottes vorantreiben! Paulus hatte seine Gefängnisketten, du hast deinen Rollstuhl. Du kannst dich freuen, weil er dich für seine Zwecke leiden läßt." Daraufhin setzte sich Steve und blätterte in seiner Bibel. „Denn euch wurde in bezug auf Christus die Gnade verliehen", las er dann vor, „nicht nur an ihn zu glauben, sondern auch um seinetwillen zu leiden" (Philipper 1,29).

Der Gedanke überwältigte mich, daß das, was mir passiert war, „zur Förderung des Evangeliums ausgeschlagen hat". Ich fing an, meinen Glauben mehr Menschen als bisher zu bezeugen. Auch wurde mir klar, daß das Wort Gottes nicht wie ich gefesselt oder in Ketten gelegt werden konnte (2. Timotheus 2,9).

Jetzt brachte ich jedes aufkommende Problem in einen mir verständlichen Zusammenhang. Ich vertraute einfach auf Gott und rief mir ins Gedächtnis, daß alles in meinem Leben nach der Formel Andrew Murrays geschah: nach Gottes Willen, unter seinem Schutz, zu meinem Besten und zu seiner Zeit. Dazu hatte ich noch sein Versprechen, daß er mir nicht mehr aufbürden würde, als ich zu tragen vermochte.

Sobald ich einsah, daß die Umstände von Gott bestimmt werden, erkannte ich auch, daß die Wahrheit nur wirklich gelernt werden kann, wenn man sie praktisch anwendet.

Im 2. Thessalonicherbrief las ich: „Wir sind Gott allezeit zu danken schuldig." Manchmal aber wollte ich nicht danken. Gefühlsmäßig war mir einfach nicht danach zumute. Dennoch konnte ich den Entschluß fassen zu danken, wenn auch das Gefühl weniger beteiligt war.

„Immerhin", überlegte ich eines Tages mit Steve, „bin ich zwei Jahre lang jeden Morgen in einem Krankenhaus aufgewacht. Wenn ich auch sonst keinen Grund zum Danken hätte, so doch den, daß ich nicht mehr dort sein muß."

Also machte ich es mir zur Gewohnheit, Gott zu danken, auch wenn mir nicht nach Danken zumute war.

Nach einiger Zeit passierte etwas Seltsames: Es wurde mir ein Bedürfnis zu danken.

„Selbst deine Lähmung könnte ein Segen sein", bemerkte Steve während einer unserer Zusammenkünfte.

„Ein Segen?"

„Natürlich."

„Das weiß ich nicht", gab ich zurück. „Ich habe schon viel erreicht, wenn ich meinen Unfall als etwas ansehe, was Gott letztlich zum Guten gewendet hat. Ich habe aber noch nicht das Gefühl, daß er mir zum Segen geworden ist."

In den folgenden Wochen las ich sehr viel über die göttliche Allmacht. Das Wissen, daß Gott allmächtig ist, beruhigte mich ungemein. Dieses Wissen erleuchtete auch meine Seele. Ich konnte mich in einem ganz neuen Licht sehen. Ich fühlte mich geborgen und sicher. Gott hatte mein ganzes Leben in seiner Hand.

*

Im Frühling besuchte Steve mit seinen Eltern ein Seminar, auf dem der Wert unseres „Ich" anhand der Bibel erklärt wurde. Als mir Steve eines Nachmittags ein paar Bücher brachte, die ich lesen sollte, teilte er mir einige Gedanken darüber mit.

„Joni, jetzt mußt du doch allmählich ermessen können, wie wertvoll du für Gott bist", sagte er, indem er die Bücher auf den Tisch fallen ließ.

„Ja, ich glaube schon. Weshalb?"

„Hm, ich glaube, du bist immer noch nicht mit deiner Selbsteinschätzung fertig."

„Ich bin nicht mit meiner Selbsteinschätzung fertig? Wie meinst du das denn?"

„Du spielst dich immer herunter – gehst immer in die Defensive", erwiderte er.

Steve hatte natürlich recht. Ich blickte noch immer an gesunden, aktiven und attraktiven Menschen hoch. Jeder, mit dem ich mich verglich, schnitt besser ab als ich.

„Aber das geht jedem so, wenn wir es zulassen, daß die Gesellschaft uns unseren Wert diktiert“, erklärte Steve und setzte sich auf den Klavierstuhl. „Wir verlieren immer, wenn wir uns an den Meinungen und Maßstäben anderer messen. Und es gibt so viele Maßstäbe, wie es Menschen gibt. Ein Sportler beurteilt dich nach deinen sportlichen Fähigkeiten, ein Student nach deiner Intelligenz, der junge Mann, mit dem du ausgehst, nach deinem Aussehen. Das Ganze ist ein sinnloser Kampf“, sagte er und schlug zur Betonung einen falschen Akkord auf dem Klavier an. „Wir dürfen uns nicht darum kümmern, was die Menschen denken. Nur Gottes Maßstäbe zählen.“

Das stimmte. Gott wußte, daß ich Hände und Füße, Arme und Beine hatte, die nicht funktionierten. Er wußte, wie ich aussah. Aber das spielte im Grunde keine Rolle. Worauf es ankam, war nur die Tatsache, daß ich als sein Geschöpf nach seinem Ebenbild erschaffen worden war und daß er mit mir noch nicht am Ende war (Epheser 2,10).

In den folgenden Tagen dankte ich ihm für „mich“ – was immer ich im Blick auf Geist, Seele, Wesensart und selbst meinen Leib darstellte. Ich dankte ihm für mein Aussehen und für alles, was ich tun oder nicht tun konnte. Während ich damit beschäftigt war, fügte sich die Lehre von seiner Allmacht wie bei einem Puzzlespiel zusammen, so daß alles an der richtigen Stelle lag.

Mein Leben bekam jetzt einen Sinn. Aber nicht nur das. Ungeahnte neue Möglichkeiten taten sich vor mir auf, von denen wie bei einem Eisberg zehn Prozent über, neunzig Prozent unter der Oberfläche lagen. Es war ein überwältigender Gedanke; ein völlig neues Gebiet meines Lebens, das noch gar nicht entwickelt war, eröffnete sich mir.

„Joni, ich habe diesen Begriff aus einer Illustration des Leiters des ‚Instituts zur Lösung von Jugendkonflikten' benutzt. Er sagte, unser Leben sei wie ein Gemälde, das Gott malt. Häufig sprängen wir jedoch von der Staffelei herunter, ergriffen den Pinsel und wollten selbst weitermalen. Aber wenn wir das tun, bekommen wir nur eine schlechte Kopie des Meisterwerkes, das er aus unserem Leben machen wollte."

Steve fügte diesem Gedanken noch etwas hinzu. „Joni, dein Körper – im Rollstuhl – ist nur der Rahmen des Portraits, das Gott von dir malt. Aber man geht ja nicht durch eine Kunstgalerie, um Rahmen zu bewundern. Man richtet seine ganze Aufmerksamkeit auf Qualität und Charakter der Gemälde."

Das leuchtete mir ein. Ich konnte also völlig beruhigt sein, brauchte mir nicht mehr so viele Gedanken um mein Aussehen zu machen. Gott „malte" das Bild von mir genau so, daß ich das Wesen Jesu Christi, das in mir war, ausstrahlte. Das verlieh auch dem Rollstuhl einen ganz neuen Sinn. Zunächst war er für mich eine furchtbare Last und Prüfung gewesen. Dann, als ich sah, wie Gott in meinem Leben am Werk war, wurde er zum Werkzeug Gottes. Ich konnte ihn als einen Segen betrachten. Zum erstenmal seit meinem Unfall mit seinen furchtbaren Folgen war es mir möglich, in dem Rollstuhl etwas zu sehen, was meinem Leben Freude verleihen könnte.

Mit diesem neuen Verständnis und meiner positiveren Selbsteinschätzung setzte auch das Interesse an meinem Aussehen wieder ein. Jay und Diana waren mir beim Frisieren und Fertigmachen behilflich, und wir überlegten zusammen, daß wir bessere und passendere Kleider kaufen wollten. Dabei entdeckte Jay, daß Hosen, die sieben bis acht Zentimeter zu lang waren, beim Sitzen nicht über die Knöchel hochrutschten.

Ich war an dem Punkt angelangt, wo ich mit meiner Lage tatsächlich zufrieden war. Ich hatte ja erst einmal damit angefangen, mit meinem Willen Gott zu danken. Jetzt konnte ich es auch, weil mein Herz mich trieb. Mein Rollstuhl war zu einem positiven Bestandteil meines Lebens geworden.

11

Im Sommer 1970 fuhren Diana, Jay und Sheri Pendergrass, ein dreizehnjähriges Mädchen aus der Nachbarschaft, und ich nach Philadelphia, um an einem Gothard-Seminar, das Steve warm empfohlen hatte, teilzunehmen. Die Vorlesungen waren mir eine große Hilfe, mit den Gedanken, die ich mir über mich selbst gemacht hatte, fertig zu werden. Während des Seminars kam auch das Thema „Quellen des Ärgers" zur Sprache. Dabei lernte ich erkennen, daß Gott gewisse Umstände in unserem Leben zuläßt, um damit wie mit einer Feile die rauhen Kanten unseres Charakters abzuschleifen und zu Edelsteinen zu formen.

„Verärgerung wird durch Menschen und Umstände hervorgerufen", rief Diana mir nach einer Vorlesung zu. „Daher ist es wichtig, Unannehmlichkeiten nicht nur auszuhalten, sondern auch in geistlicher Haltung darauf zu reagieren."

„Ja", sagte ich leise. „Es hat wirklich lange gedauert, bis ich diese Wahrheit erkannt habe. Es reicht nicht, daß ich alles einfach ertrage, was Gott mir zu tragen aufgibt. Ich muß alle Umstände auch dazu ausnützen, daß Gott geehrt wird – und daß ich mich dadurch christusähnlicher machen lasse."

„Das ist nicht einfach", bemerkte Jay.

„Junge, da hast du recht", fügte Sheri hinzu. „„In geistlicher Haltung darauf zu reagieren„ so steht es da. Aber das ist bestimmt nicht einfach!"

„Nun, probieren wir es doch einmal aus", riet Diana. „Wenn Ärger in uns aufsteigen will, laßt uns doch einmal nicht nachgeben und nicht zulassen, daß Satan den Sieg über unsere Gefühle davonträgt!"

Während der nächsten Pause schien es mir, als wollte Gott mir eine erstklassige Gelegenheit geben, die Sache mit den „Quellen des Ärgers“ auszuprobieren. Da ich an einen Rollstuhl gefesselt bin, muß ich viel Flüssigkeit zu mir nehmen, damit meine Nieren richtig funktionieren und die Abbauprodukte aus meinem Körper wegschwemmen können. Darum muß ich ständig einen Blasenkatheter haben, der an einem Beutel angeschlossen ist, in dem der Urin gesammelt wird und der dann in regelmäßigen Abständen geleert werden muß. Sheri versorgte mich an dem Tag, entleerte den Beutel, vergaß aber, ihn wieder anzuschließen.

Kurz darauf sah ein Mann, der vor uns saß, auf den Fußboden, drehte sich dann zu uns um und sagte: „Fräulein, ich glaube, da stimmt was nicht.“

„O nein!“ Ich blickte nach unten und sah ein Bächlein den Mittelgang hinunterlaufen. Ich lief rot an und spürte ein übles, flaues Gefühl in der Magengegend. Ich merkte, wie Ärger in mir hochstieg – Ärger gegen Sheri, gegen den ganzen Kram mit dem Rollstuhl, gegen viele Dinge. Plötzlich erinnerte ich mich an die Lektion, die ich gerade gelernt hatte. Es schien mir, als hätten wir alle durch dieses beschämende Ereignis eine Lektion am Objekt zu lernen, die die Wahrheit des ganzen Themas beweisen sollte.

Auch andere, ähnliche Themen, die in diesem Seminar behandelt wurden, hatten eine nachhaltige Wirkung auf mein Leben.

Die Tatsache, daß ich ledig und behindert bin, macht mir meine Abhängigkeit von meinen Eltern und Schwestern besonders deutlich. Dennoch bin ich eigentlich keine Ausnahme. Es liegt kein Fehler darin, daß unser Leben und unsere Erfahrungen so sind, wie sie eben sind – selbst bis hin zu der Frage, wer unsere Eltern sind und wie viele Geschwister wir haben. All das ist Teil des Planes und der Zielsetzung Gottes.

Das trifft jedenfalls auf mein Leben zu. Jede meiner Schwestern ist für mich etwas Besonderes; dennoch ist jede anders in ihren Fähigkeiten, Geschicklichkeiten und Charaktereigenschaften.

„Wenn ich nicht jede einzelne meiner Schwestern um ihrer selbst willen lieben kann, wie soll ich dann jemals jemanden anders mit seinen Charaktereigenschaften lieben können?" überlegte ich mit meinen Freunden.

„Das leuchtet ein", sagte Diana.

„Ja", fügte Jay leise hinzu.

„Jay", sagte ich langsam, „ich fange jetzt erst an einzusehen, wie wenig ich dich, Kathy und Linda liebgehabt habe. Ich habe eure Liebe so selbstverständlich hingenommen. Du räumst auf, wenn meine Freunde gehen, kochst, putzt und beschwerst dich nie. Es tut mir leid, daß ich so dickfellig gewesen bin. Vielleicht kann ich meine Freunde dazu bringen, nach ihrem Besuch selbst aufzuräumen – vielleicht, daß sie sogar das Geschirr und die Gläser selbst abwaschen."

Jay lächelte und umarmte mich. Ich hatte einen wunden Punkt berührt. Sie schien mir sehr dankbar zu sein.

„Und ich bin auch Kathy und Butch gegenüber ziemlich lieblos gewesen, seitdem sie verheiratet sind. Ich meine – nun, sie ist Lehrerin an einer Schule, und ich verstehe wahrscheinlich nicht genug von ihren Problemen, um mich in sie hineindenken zu können. Ich will mich aber bemühen, das zu ändern. Werdet ihr für mich beten?"

„Sicherlich, Joni. Wir müssen füreinander beten, weil wir uns ja alle ändern wollen", sagte Sheri.

Die wichtigste Einsicht, die ich während der Seminarvorlesungen empfangen hatte, bestand darin, zu verstehen, daß stabile zwischenmenschliche Beziehungen erarbeitet werden müssen. Ich versprach Gott – und mir –, auf meine Familienangehörigen mehr Rücksicht zu nehmen und ihre Bedürfnisse mehr zu respektieren. Mir wurde klar, daß das, was sich zwischen mir und meinen Familienangehörigen abspielte, in gewissem Sinn ein Prüfstein für meinen Umgang mit den Menschen draußen in der Welt darstellte. Es ist nicht einfach, zu Hause natürlich und gleichmütig zu sein. Aber wenn es dort klappt, warum dann nicht auch anderswo?

Die Fähigkeit, in Liebe mit allem fertig zu werden, ist der Maßstab, mit dem Gott den Erfolg unserer Beziehungen zueinander mißt. Dieser Grundsatz ändert sich nicht, ganz gleich, ob es sich um das Verhältnis zwischen Mann und Frau, zwischen Mutter und Tochter, Vater und Sohn oder irgendein anderes Verhältnis, in das uns Gott gestellt hat, handelt.

Durch meine Verletzung und ungewöhnliche Behinderung drehte sich bisher die Welt nur um mich. Ich genoß die Aufmerksamkeit, die man mir schenkte, und die Bedienung durch andere. Jetzt aber erkannte ich meinen Egoismus und gab mir Mühe, mich zu ändern – meine Welt dazu zu bringen, sich um andere zu drehen.

Indem ich das tat, lernte ich, Angehörige und Freunde nicht als etwas Selbstverständliches hinzunehmen, sondern für alle ihre Gefälligkeiten von Herzen dankbar zu sein. Als Folge dieser bewußten Anstrengung, in meinen Beziehungen unverändert freundlich zu bleiben, insbesondere mit meinen Familienangehörigen, sahen die Freunde, die mich besuchten, daß ich allen gegenüber die gleiche Joni Eareckson war.

Eine Freundin sagte mir einmal: „Ich glaube, du kannst dich doch deinen Angehörigen gegenüber ruhig einmal gehenlassen und brauchst dir keine Sorgen zu machen, was andere darüber denken."

Ich war anderer Meinung. „Das ist genauso, als würden wir uns die Freiheit nehmen zu sündigen. Wir kennen doch Menschen, die sonntags fromm sind, sich aber während der ganzen Woche wie Teufel benehmen. Es ist genauso, als würdest du sagen: ‚Mir ist meine Familie völlig gleichgültig. Ich brauche ihr gegenüber weder Liebe noch Geduld aufzubringen. Sie sind's nicht wert.' 'Ich glaube, wenn Jesus Christus dadurch, wie ich mich anderen gegenüber verhalte, gesehen werden soll, muß er zuerst in meiner Haltung gegenüber meinen Angehörigen gesehen werden."

Ich merkte, daß Gott nicht aufhörte, an mir zu arbeiten. Er half mir, mit meiner Vergangenheit fertig zu werden, die er mir ja durch den Tod und die Auferstehung Jesu Christi vergeben hatte. Obwohl ich noch immer ziemlich ängstlich war, wußte ich doch, daß Gott in meinem Leben wirkte. Er hatte mir nicht nur die Strafe für meine Sünde erlassen, sondern wollte mich auch von ihrer Gewalt über mich befreien.

Schließlich erkannte ich auch, daß Gottes Geist in mir wirkte, um meinem Leben einen christusähnlichen Charakter zu verleihen. Darum konnte ich ihm im Blick auf die Zukunft völlig vertrauen. Er würde seine Erlösung in mir voll zur Auswirkung bringen. Natürlich würde ich das erst in der Ewigkeit völlig begreifen.

*

Meine künstlerische Tätigkeit nahm während der Zeit meines geistlichen Wachstums keinen besonderen Platz in meinem Leben ein. Obwohl ich mich öfters durch Malen oder schöpferisches Spiel entspannte, war für eine künstlerische Tätigkeit kein Platz in meinem Zeitplan. Es war lediglich ein Vergnügen, dem ich aus Freude an der Sache nachging, genauso, wie es mit meiner Liebe zur Musik der Fall war.

Während des Sommers 1970 lernte ich Dick Rohlfs und die Brüder Chuck und Dave Garriot kennen. Sie kamen in Steves Bibelkreis. Bald bildeten Dickie, Dick, Craig, Diana und ich eine Singgruppe. Craigs Baßgitarre hallte von der gewölbten Wohnzimmerdecke wider, und oft wurde die Musik so laut, daß wir die Fenster öffnen mußten. Oft saßen Mutter und Vater auf den Stufen der Treppe, die zum Wohnzimmer führte, und klatschten und sangen mit, häufig bis nach Mitternacht, bis wir alle zu heiser waren, um noch weiterzumachen. Mit der Zeit sangen wir so gut, daß wir für „Young Life", „Youth for Christ" (Jugend für Christus) in Klubs, Kirchen und anderen Veranstaltungen singen konnten.

*

Etwa zur gleichen Zeit wurde ich gebeten, im „Young-Life-Klub" der in der Nähe gelegenen Stadt Randallstown mitzuarbeiten. Ich willigte ein und bezeugte den jungen Leuten mit frohem Herzen, was Gott jetzt in meinem Leben und durch mein Leben vollbrachte. Die geistlichen Lektionen, die ich gelernt hatte, waren für jeden anderen Christen auch wichtig. Mir lag daran, diesen eifrigen, hellwachen Teenagern das weiterzugeben, was Gott mich gelehrt hatte, ohne daß sie das gleiche Leid zu ertragen hatten, das ich ertragen mußte.

Ich verstand sie und ihre Probleme. Bis vor wenigen Jahren war ich ja selbst ruhelos, ungewiß und suchend gewesen. Ich konnte in vielerlei Hinsicht mit ihnen fühlen und verstand ihre Nöte – Schüchternheit, Übergewicht und andere Schönheitsfehler, geschiedene Eltern und viele andere Probleme.

„Gottes Wort ist wahr", erzählte ich einer Gruppe von Mädchen. „Ich weiß, daß es wahr ist, weil ich es erfahren habe. Ich habe erlebt, daß es so ist."

Sie hörten mir aufmerksam zu, während ich ihnen von den Entgleisungen meiner Gefühle und meinen geistlichen Erfolgen berichtete. Viele von ihnen kamen daraufhin zu dem Bibelkreis, den wir auf der Ranch in Sykesville eingerichtet hatten. Um das Eis zu brechen, ließen wir uns alle möglichen Unterhaltungsspiele einfallen, die darauf abgestimmt waren, die

Mädchen nicht nur zum Vergnügen, sondern auch für die anschließende Bibelarbeit zusammenzubringen.

*

In jenem Sommer gingen Jay und ich als Mitarbeiter in das „Young-Life"-Ferienlager nach Colorado. Das Lager, Frontier Ranch genannt, war in den zentralen Rocky Mountains gelegen. Es war das erste Mal seit meinem Unfall, daß ich wieder einmal in der frischen Gebirgsluft sein konnte. Ich aalte mich in der Sonne und trank die Schönheit der Rocky Mountains mit ihrem Tannenduft in mich hinein. Natürlich konnte ich bei dem Wandern, dem Reiten und Bergsteigen nicht mitmachen, und das tat den jungen Menschen leid. Als sie aber sahen, daß ich nicht unglücklich darüber war, sondern ihnen zufrieden zuschauen konnte, waren sie wieder fröhlich.

„Möchtest du nicht das alles mitmachen können?" fragte mich ein junges Mädchen.

„Hm, eigentlich nicht. Ich freue mich einfach, daß ich hier draußen sein darf und in Gottes freier Natur über seine Größe und Güte nachdenken und beten kann. Ich bin nicht traurig darüber, daß ich nicht mitmachen kann. Die anderen Mitarbeiter können ja auch nicht in allem, was ihr unternehmt, Schritt halten!"

Allmählich fanden sich die Mädchen damit ab, daß ich an meinen Rollstuhl gefesselt war. Sie bemühten sich, mich soweit wie möglich in ihre Unternehmungen einzubeziehen. Obwohl sie wußten, daß ich nach dem Zapfenstreich nicht nach ihnen sehen konnte, nutzten sie das niemals aus. Sie behandelten mich stets wie ein normales menschliches Wesen.

Bei den Zusammenkünften, Ausflügen und besonders beim Bibelstudium forderten wir die Jugendlichen auf, für Jesus Christus zu leben. Wir halfen ihnen dabei, sich ein Bild davon zu machen, wie sie ihre gottgegebenen Gaben und Fähigkeiten in den Dienst Jesu Christi und seines Reiches stellen könnten.

Ein Mädchen zum Beispiel wollte mir helfen. Debbie – sie hat inzwischen Chuck Garriot geheiratet – wurde Krankengymnastin. Ich glaube nicht, daß diese Idee unbedingt von mir stammte. Doch habe ich sie wissen und spüren lassen, daß sie mit ihren Gaben anderen helfen könnte.

Gegen Ende des Sommers veranstalteten wir eine Abschiedsparty für Steve. Mich bewegten gemischte Gefühle, denn einerseits freute ich mich, daß er zur Bibelschule ging, andererseits war ich traurig darüber, daß damit auch unser geistlicher Gedankenaustausch zu Ende sein würde.

„Er wird nicht aufhören", tröstete mich Steve. „Schau mal, ich hab mal irgendwo gelesen, daß nichts von Gott stirbt, wenn ein Mann Gottes stirbt. Du kannst das auch so auslegen: Niemand ist unersetzlich. Gott geht nicht, wenn seine Kinder gehen. Joni, halte deinen Blick nur weiter auf Gott und nicht auf mich gerichtet."

„Aber Steve, ich habe im letzten Jahr so viel von dir gelernt. Du hast mich mit Paulus und den großen christlichen Schriftstellern bekannt gemacht. Ich freue mich für dich – und ich werde für dich beten, wenn du auf dem Columbia Bible College bist –, aber ich werde dich sehr vermissen. Gott hat dich dazu benutzt, um mein Leben völlig umzukrempeln. Ich habe mich in diesem Jahr an dich als an meinen geistlichen Führer gewöhnt."

„Hör mal, das ist nicht wahr, Joni! Gott hat mich bloß benutzt. Der Heilige Geist war dein eigentlicher Lehrmeister."

Steve verabschiedete sich und ging zur Bibelschule. Trotz seines Zuspruchs und seiner vielen Briefe fehlte er mir sehr. Er hatte aber insofern recht, daß ich weiter lernen und wachsen konnte, wenn ich mich auf den Heiligen Geist verließ, der mir Anleitung und Verständnis schenken würde.

12

Im Herbst 1970 wurde mein Leben interessanter und abwechslungsreicher. Steve war auf der Bibelschule, und andere Freunde studierten oder standen kurz vor der Heirat, nur ich war allein geblieben. Für mich gab es keine Heiratsaussichten. Ich mußte mich mit dem Gedanken abfinden, daß ich nach Gottes Plan ehelos bleiben sollte. Die vorhandene christliche Literatur war in dieser Hinsicht enttäuschend für mich, da die meisten Schriftsteller davon ausgingen, es sei Bestimmung der Frau, eines Tages zu heiraten. Nur wenige Bücher – wenn überhaupt – erteilten praktische Ratschläge für die Frau, die ihr Leben lang ledig bleiben will oder muß.

Ich hatte ja jeden Gedanken an eine Ehe mit Dick aufgegeben, und doch hatte ich auf diesem Gebiet noch immer tiefsitzende Vorbehalte. Doch hatte ich das Gefühl, daß meine Entscheidung richtig war. Ich hatte kein Recht, ihn zu heiraten – es sei denn, Gott gab mir dieses Recht als besondere Gabe zurück. Diese Möglichkeit schien aber in weite Ferne gerückt und höchst unwahrscheinlich zu sein. Also bemühte ich mich, mein Schicksal ohne Verbitterung oder negative Einstellung aus Gottes Hand zu nehmen.

Wenn eine meiner Freundinnen heiratete, war ich häufig als Brautführerin dabei, oder ich trug bei der Feier ein Lied vor. In solchen Augenblicken stiegen Gefühle in mir auf, die ich längst überwunden geglaubt hatte.

Ich vermute, daß ich tief in meinem Innern doch immer noch auf den richtigen Mann wartete – auf den Mann, der mit meiner Behinderung und dem Rollstuhl fertig werden könnte.

„Herr, du weißt, daß ich mich mit meinem jetzigen Zustand abgefunden habe. Ich glaube aber, daß ich mich immer fragen werde, ob du nicht doch einen Mann für mich bestimmt hast."

*

Viele meiner Freunde waren inzwischen verheiratet, da war es oft schwierig, mich in ihre Lage zu versetzen. Sie hatten andere Interessen. Sie waren dabei, ein eigenes Heim und eine eigene Familie zu gründen. Sie waren zu sehr mit sich selbst beschäftigt, um sich mit den Interessen, die wir einst gemeinsam hatten, auseinanderzusetzen. Aber ich war reif genug, das als natürliche Entwicklung unserer Freundschaft anzusehen. Ich wurde deswegen nicht trotzig und verbittert, hatte aber doch das Gefühl, einsam und allein zu sein.

So fragte ich mich manches Mal, ob Gott mir je einen Mann zuführen würde, der mich um meiner selbst willen liebte und gewillt war, sein Leben an mich zu binden. Könnte ich als Ledige jemals glücklich werden? Hatte ich nicht schon genug durchgemacht? Würde mich Gott weiter auf die Probe stellen und es zulassen, daß ich für den Rest meines Lebens ledig bleiben mußte? Solche Fragen machten mich innerlich unruhig. Tiefe Einsamkeit umgab mich.

„O Gott", betete ich, „bring doch bitte irgend jemanden in mein Leben, der mir die Leere überbrücken hilft."

„Warum? Ist meine Gnade nicht genug für dich?"

Da wurde mir klar, daß es mir um die Erfüllung meiner Wünsche und nicht um den Willen Gottes ging. Aber hatte Jesus nicht gesagt: „Wenn ihr etwas in meinem Namen bitten werdet, so werde ich es tun!"?

Kurz darauf, bei einem Mitarbeiter-Treffen von „Young Life", lernte ich Donald Bertolli, einen Freund Dicks, kennen.

„Don ist von Pimlico und arbeitet an Kindern und Jugendlichen von der Straße“, sagte der Leiter, als er Don vorstellte. „Unsere Gemeinde unterstützt die Arbeit an Jugendlichen aus den dortigen Minderheitsgruppen.“

Donald war ein gutaussehender, robuster Mann, italienisch-assyrischer Abstammung, mit großen, dunklen, braunen Augen. Er schien voller Kraft und Energie zu sein. Obwohl er älter war als die meisten von uns – er war siebenundzwanzig, während ich erst einundzwanzig Jahre alt war –, schien ihm das Zusammensein mit uns Freude zu machen.

Wenn er sprach, tat er es häufig im Stil einer Fragestellung. Seine rauhe, brüchige Stimme verriet seine Vergangenheit als Straßenjunge. Er mißtraute schlagfertigen Antworten und bohrte dauernd nach dem Kern der Wahrheit. Er sprach zögernd und etwas schüchtern, beinahe so, als hätte er Angst, seine innersten Gedanken mitzuteilen. Während er Fragen stellte, machte er oft eine Pause, um zu überlegen. Wenn er etwas sagte, tat er es mit ungeheurer Konzentration, schien aber nicht leicht umzustimmen oder zu überzeugen zu sein.

Stellte jemand fest: „Aber so ist es nun mal“, unterbrach Donald ihn mit der Bemerkung: „Das ist eine faule Ausrede! Nichts muß so sein, nur weil es schon immer so gewesen ist.“

Ich war nicht nur von seinem guten Aussehen und seiner Intelligenz beeindruckt, sondern auch von seinem reifen Zeugnis für Jesus Christus und von seiner Charakterfestigkeit.

Nach der Versammlung kam Donald und unterhielt sich kurz mit mir. In diesen wenigen Augenblicken merkte ich, daß wir vieles gemeinsam hatten. Er sprach über seine Interessen: Sport, Gott und Dienst für Jesus Christus.

„Joni, laß uns noch mehr miteinander sprechen. Kann ich dich einmal besuchen?“

„Selbstverständlich. Komm, wann immer du Lust hast.“

Es war eine Höflichkeitseinladung. Ich hatte sie schon vielen anderen gegeben, die auch mit mir sprechen wollten. Als er dann bereits am nächsten Morgen in aller Frühe vor der Tür stand, war ich völlig überrascht.

„Es ist jemand da, der dich sprechen möchte. Ich weiß nicht, wer es ist, aber er sieht wirklich gut aus!“ sagte Jay, die mich aufweckte, in gedämpftem Ton.

„Wer denn? Wie spät ist es denn?“ fragte ich gähnend.

„Neun Uhr. Er sagt, er heißt Don.“

„Sage ihm, ich werde bald fertig sein. Gib mir nur eine Minute, um wach zu werden.“ Als Langschläferin wachte ich gewöhnlich um diese Zeit auf.

Jay ging ins andere Zimmer und unterhielt sich ein paar Minuten freundlich mit ihm, entschuldigte sich dann aber und sagte, sie müsse mir beim Aufstehen, Anziehen und Fertigmachen behilflich sein.

„Guten Morgen“, sagte ich eine halbe Stunde später fröhlich, als mich Jay in das andere Zimmer fuhr.

„Hallo!“ sagte Donald. Er sprang aus dem Sessel und kam mir entgegen. „Ich hoffe, ich störe nicht, aber du hast mich doch eingeladen, nicht wahr?“

„Natürlich habe ich dich eingeladen. Mein Tag fängt gewöhnlich um diese Zeit an; also störst du auch nicht.“

Donald begann zu erzählen. Als er aufhörte, um Atem zu holen, war es Mittag. Ich hatte noch nicht gefrühstückt und hatte Hunger; er machte aber keine Anstalten, sich zu verabschieden.

„Donald, möchtest du zum Mittagessen bleiben?“ fragte ich.

„Ja, sehr gern, wenn es dir nichts ausmacht.“

Jay bereitete etwas zum Mittagessen vor, während wir uns weiter unterhielten.

Eigentlich hörte ich meistens zu. Ich erfuhr manches über Donald, seine Familie und wie er den Herrn Jesus kennengelernt hatte, aber auch vieles aus seiner Arbeit mit den kleinen

Farbigen in Pimlico und von seinen Ideen über den Dienst für Jesus Christus.

„Donald, möchtest du auch zum Abendessen bleiben?" fragte Jay später.

„Ja, sehr gern, wenn es Ihnen nichts ausmacht."

Wir unterhielten uns während des Abendessens, und endlich, nach dem Essen, erhob sich Donald und ging.

„Kann ich dich wieder mal besuchen?" fragte er.

„Ja – nun." Ich zögerte, weil ich dachte, er würde morgen früh wieder vor der Tür stehen. „Morgen habe ich Vorlesungen im College."

„Laß mich dich hinfahren."

„Hm – vielen Dank, Donald, aber Jay fährt mich gewöhnlich hin. Sie kennt meine Gewohnheiten und Bedürfnisse."

„In Ordnung. Nun, der Besuch hat mir wirklich Freude gemacht. Laß uns das doch wiederholen."

„Gern."

Am nächsten Tag kam er vor dem College-Gebäude auf uns zu und verbrachte den Tag mit uns.

Zuerst fühlte ich mich von seiner scheinbaren Aufdringlichkeit etwas abgestoßen. Am dritten Tag aber kam er erneut zur Ranch, und da gefiel er mir doch wieder ganz gut.

Bei der nächsten Sitzung der „Young-Life"-Mitarbeiter war er wieder anwesend – lächelnd, schmuck und gutaussehend.

Im Verlauf des Abends gerieten Diana und ich in eine freundschaftliche, aber erhitzte Diskussion über irgendeine unbedeutende theologische Frage. Viele der jungen Leute, die dort waren, nahmen Partei und mischten mit. Donald aber zog sich zurück.

Das war seltsam, denn an dem Kursus nahmen auch einige Christen teil, die gerade erst zum Glauben gekommen waren. Darum nahm ich bestimmt an, daß er sich zu Wort melden und die Verwirrung, die Diana und ich mit unserer Debatte heraufbeschworen hatten, beenden würde.

Endlich machten wir Schluß. Donald erhob sich und sagte zu mir: „Joni, ehe du dich schlafen legst, schlage doch bitte 2. Timotheus 2,14 auf und lies den Vers. Ich glaube, er hat dir einiges zu sagen." Damit verabschiedete er sich.

Aufgeregt suchte ich meine Bibel. „He, großartig! Warum hat er mir denn diesen Vers nicht schon vorher genannt?" sagte ich in der Meinung, es sei eine Schriftstelle, die mir helfen würde, Diana davon zu überzeugen, daß ich im Recht war. Jemand hatte den Vers gefunden und las ihn mir vor: „Daran erinnere, und bezeuge ernstlich vor dem Herrn, daß man nicht um Worte zanke, was zu nichts nütze ist als zur Verwirrung der Zuhörer."

Ich war zutiefst betroffen und bedauerte sehr, über eine Kleinigkeit gestritten zu haben. Am meisten reute mich aber meine eigene Unreife.

Die Kehrseite der Medaille wurde mir aber auch sofort klar. Donalds Reife, sein Feingefühl und seine Klugheit beeindruckten mich sehr. Ich sah in ihm eine Autorität, und er wurde mir immer sympathischer. Ich dachte während der nächsten Tage oft an ihn.

Bei unserer nächsten Zusammenkunft tauschten wir Grüße aus und teilten uns sofort gegenseitig mit, wieviel wir uns schon bedeuteten.

„Joni, wo ich her bin, da hackt eine Krähe der anderen die Augen aus. Jetzt bewege ich mich schon einige Jahre in christlichen Kreisen. Aber es ist komisch, auch da habe ich nie erlebt, daß sich Menschen Liebe erzeigen. Ich fühle mich sehr zu dir hingezogen."

„Ich mag dich auch, Donald. Noch nie ist mir jemand begegnet, der so schnell Freundschaft mit mir geschlossen hätte. Gewöhnlich schreckt der Rollstuhl die Leute ab. Es dauert eine ganze Weile, bis jemand mit meiner Behinderung fertig wird. Lernt er mich aber erst einmal kennen, vergißt er auch den Rollstuhl. Mit dir ist es aber ganz anders – als ob du den Rollstuhl überhaupt nicht gesehen hättest."

„Joni, ich weiß nicht – ich nehme an, daß es an meiner Vergangenheit liegt –, aber ich kann meine Gefühle nicht verbergen. Ich werde mich nie hinter aufgeblasenen Reden oder Scheinheiligkeit zu verstecken versuchen. Ich werde dich nie betrügen."

Während der folgenden Wochen und Monate sahen wir uns sehr viel. Ehe der Sommer zu Ende ging, nahm mich Donald mit nach Ocean City. Er stand neben mir an der Uferpromenade, während wir die frische, salzige Meeresluft einatmeten und den Stimmen der Möven und der donnernden Wellen lauschten.

Alte Erinnerungen wurden wach – das Gefühl des Sandes zwischen den Zehen, die Erfrischung durch die über mir zusammenschlagende Brandung. Ich seufzte, saß in meinem Rollstuhl und war darauf gefaßt, zusehen zu müssen, wie Donald an meiner Stelle freudig davonschwamm.

Plötzlich, als ahnte er meine Stimmung, begann er, meinen Rollstuhl von der Uferpromenade in den Sand zu schieben. Die Räder fuhren sich fest, aber er war stark und kräftig und pflügte buchstäblich Furchen durch den Sand bis an das Wasser. Hier war der Boden fester, und der Rollstuhl ließ sich leichter vorwärtsschieben.

Aber Donald blieb nicht stehen! Er schob mich unbekümmert weiter, bis mir das Wasser an die Beine reichte.

„Donald! Was machst du denn?" schrie ich.

Der Rollstuhl stand direkt in der Brandung. Ich war über dieses improvisierte Bad im Meer erschrocken, doch zugleich auch überglücklich.

Die Menschen am Strand schauten diesem seltsamen

Schauspiel zu und wußten nicht, ob sie sich einmischen und diesem „Wahnsinnigen“, der „das arme verkrüppelte Mädchen“ ertränken wollte, wehren sollten oder nicht. Mein Lachen und meine offenkundige Freude beruhigten sie jedoch, und sie wandten sich wieder ihren eigenen Beschäftigungen zu.

Donald hob mich hoch und trug mich hinaus, den brechenden Wellen entgegen. Ich konnte ja das Wasser nicht spüren, spürte aber, daß mein Herz wie verrückt schlug.

Nach diesem Erlebnis in Ocean City schwebte ich in höheren Regionen. Zum erstenmal seit meinem Unfall hatte mir Donald das Gefühl gegeben, ich sei ein normaler Mensch. Der Rollstuhl war ihm nicht im Weg – es gab keine Bemitleidung oder peinliche Ratlosigkeit. Er behandelte mich so, wie er jede Frau, die ihm gefiel, behandelt hätte. Er war kräftig, aber immer zart und gab mir ein Gefühl der Sicherheit. Ich wußte einfach, er würde mir niemals etwas zustoßen lassen.

Durch Donalds Verhalten fühlte ich mich auch wieder attraktiv und fraulich. Zum erstenmal seit meinem Unfall kam ich mir wie eine Frau vor. Ich gefiel jemandem, der frauliche Schönheit an mir wahrgenommen hatte.

Im Herbst nahm mich Donald auf Picknicks und Wanderungen mit. Er schob meinen Rollstuhl, soweit es auf den Wegen möglich war. Wurde der Weg zu eng, klappte er den Stuhl einfach zusammen, hob mich auf seine Arme und trug mich zum Gipfel des Hügels empor. Dort angekommen, breitete er eine Decke aus, und wir machten Picknick und betrachteten die Schönheit der Landschaft.

Wir unterhielten uns stundenlang, tauschten unsere Gedanken über Gottes Wort aus und sprachen darüber, welche geistliche Erfahrung jeder von uns gemacht hatte. Es war eine romantische, schöne Zeit. Und jedesmal kamen wir uns näher.

Allmählich machte ich mir Sorgen darüber, wohin meine wachsende Zuneigung Donald gegenüber führen sollte. Ich wußte, ich mußte mich davor hüten, mich in ihn zu verlieben, ihm zu nahe zu kommen. Alles, was über eine „platonische“ Liebe hinausging, war undenkbar.

Als der Frühling 1971 herankam, waren wir oft und viel zusammen. Häufig nahm er mich mit zu seiner Arbeit auf der Straße. Da konnte ich zusehen, wie er sich um die Kinder kümmerte, und war von ihm als Mensch noch mehr beeindruckt. Durch seine starke Persönlichkeit war er jeder Situation gewachsen. Er war selbstsicher, aber nicht herrschsüchtig.

Eines Tages war ich im Freien und malte in der warmen Frühlingssonne an einem Bild, als sich Donald vorbeugte und mir leise „Ich liebe dich“ zuflüsterte.

Ganz in meine Zeichnung vertieft, sagte ich: „Ich liebe dich auch, Donald“, doch in dem gleichen Tonfall, als hätte ich gesagt: „Ja, du bist mir auch ein lieber Freund, Donald.“

„Joni, ich glaube, du verstehst mich nicht.“ Er stockte und sah mir tief in die Augen. „Joni, ich habe mich in dich verliebt.“ Er beugte sich vor, nahm mein Gesicht in beide Hände und küßte mich.

Ich war erschrocken. Ich konnte ihn nicht wiederküssen, ohne mir über die Bedeutung meines Tuns klar zu sein. Bei einer anderen Frau galt so ein Kuß vielleicht nur als flüchtiger Freundschaftsbeweis. Bei mir jedoch, die ich an den Rollstuhl gefesselt war, bedeutete ein Kuß eine Verpflichtung. Ich wollte Donald die Bürde einer solchen Verpflichtung nicht auferlegen, ohne ihn an die Konsequenzen zu erinnern.

„Sieh mal, Donald, das ist –“

„Aber ich liebe dich.“

„Ich – ich weiß nicht.“ Ich hatte Angst. Eine Verbindung, die mehr als Freundschaft bedeutete, war undenkbar. „Du –

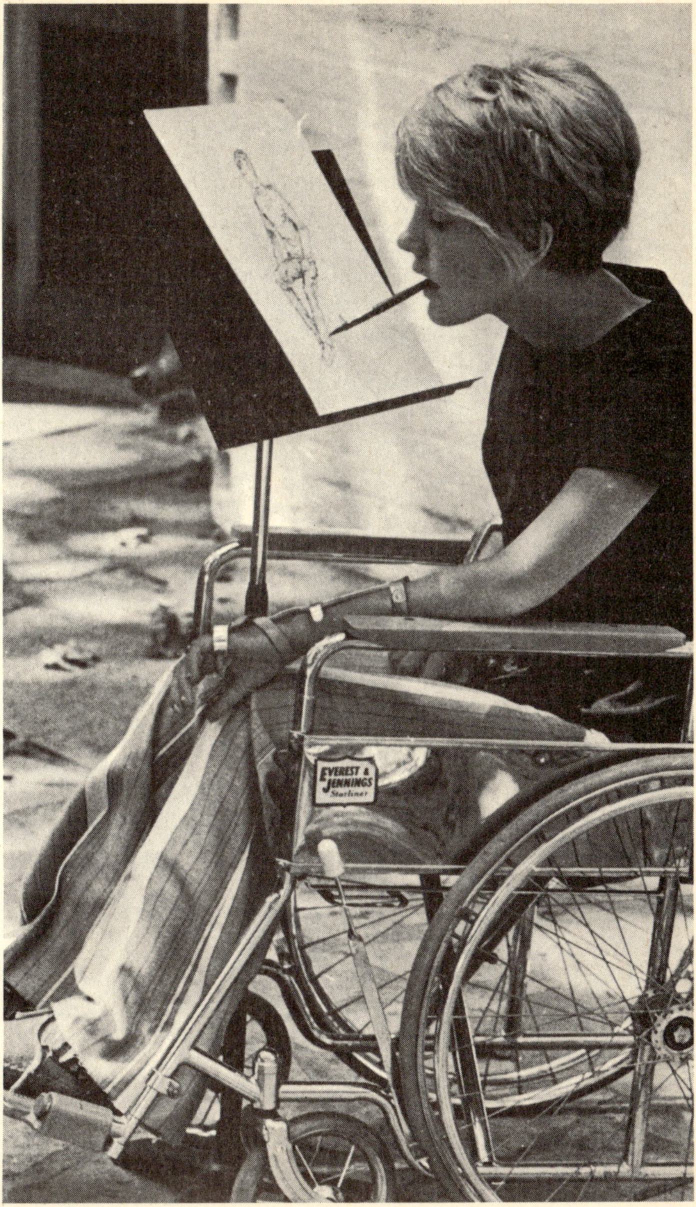
EVEREST & JENNINGS
Starliner

äh – wir werden damit nicht fertig.“ So mutig und selbstsicher sich Donald auch in meiner Gegenwart gab, wußte ich doch, daß auch er mit den Schwierigkeiten, die meine Lähmung mit sich brächte, letzten Endes nicht fertig werden würde.

Später erzählte ich den Vorfall Diana und Jay. Während ich ihnen von meinen Gefühlen berichtete, gaben sie sich beide übermäßig beschützerisch und vorsichtig.

„Paß auf, Joni! Geh nicht zu weit mit Donald“, meinte Jay. „Sonst habt ihr beide darunter zu leiden.“

„Joni“, fügte Diana hinzu, „ich weiß, er meint es ernst und betrügt dich nicht. Ich weiß, daß du dich in seiner Gegenwart wohlfühlst, und ich habe das Empfinden, daß er dich wirklich mag. Aber lieben? Das ist etwas ganz anderes. Sieh dich vor! Bitte sei vorsichtig!“

13

Im gleichen Sommer, in dem ich Don kennenlernte, hatte Diana einen jungen Mann namens Frank Mood kennen und lieben gelernt. Diana und Frank heirateten im Juni 1971 und bezogen ein Haus in der Nähe unserer Familienranch in Sykesville. Ungefähr zur gleichen Zeit lud mich Jay ein, mit ihr zusammen in die Familienranch zu ziehen.

Das war ein zweihundert Jahre altes Haus aus Stein und Holz, in dem vor über hundert Jahren einmal die Sklaven untergebracht worden waren. Vater hatte es renoviert. Es war ein altmodisches kleines Häuschen mit zwei Schlafzimmern und lag auf einer Erhöhung, von der man einen Ausblick auf das malerische Flußtal hatte. Auf der Ranch zu wohnen würde bedeuten, daß ich viel mit Jay, Diana und Frank oder Kathy und Butch zusammen sein würde. Sie alle könnten sich dabei in meiner Betreuung abwechseln.

Als es abgemacht war, daß ich mit Jay zusammen wohnen sollte, baute Vater noch einen Flügel an das Haus an. Es war ein riesiger Raum, der für den gleichen Zweck gedacht war wie das Haus in Woodlawn: Unsere Freunde konnten kommen und gehen, wie es ihnen paßte. In der Ecke befand sich ein herrlicher Kamin. Die Außenwände hatten riesige Fenster mit einem Blick über die schöne Landschaft. Die Innenwände waren mit Regalen verkleidet, die Vater selbst geschnitzt hatte. Die Mitte des Raumes wurde von einem riesigen eichenen Eß- und Konferenztisch beherrscht, an dem wir alle unsere Arbeiten ausführen konnten.

Schon als junges Mädchen hatte ich die Ranch geliebt. Jetzt

gefiel sie mir noch mehr. Sie verlieh meinem Leben ein Gefühl der Ruhe und der Schönheit.

Auch Donald fühlte sich wohl in der Ranch. Immer häufiger besuchte er mich hier. Zusammen unternahmen wir Fahrten nach Ocean City, machten Picknicks, Wanderungen über die Hügel und andere Ausflüge. Ich machte mir niemals Gedanken darüber, mit ihm irgendwo hinzugehen, weil ich wußte, daß er jeglicher peinlichen Lage gewachsen war. Er war kräftig genug, mich allein zu tragen. Er half mir beim Essen und Trinken. Er leerte den Beutel an meinem Bein und konnte mich im Rollstuhl zurechtsetzen.

Wenn ich mit ihm zusammen war, war ich ausgeglichen und entspannt. Er fühlte sich von den körperlichen Folgen meiner Lähmung nie abgestoßen und von dem Rollstuhl nie belästigt. Er behandelte mich wie einen normalen Menschen, scherzte und spielte mit mir, forderte mich heraus und reizte mich, als wäre ich nicht gelähmt.

Wenn irgend jemand mit den körperlichen und seelischen Problemen meines Leidens fertig werden kann, dann ist es Donald, dachte ich. Die Möglichkeit, daß doch noch ein Mann in mein Leben treten könnte – nicht als Bruder in Christus, sondern als Verehrer –, beunruhigte und reizte mich zugleich.

Diana und Jay warnten mich davor, mich näher mit Donald einzulassen.

Später erzählte mir Diana von einem ähnlichen ernsten Gespräch unter vier Augen, das sie mit ihm geführt hatte. „Donald, ich möchte dir sagen, daß Jay und ich uns Sorgen darüber machen, was sich zwischen dir und Joni abspielt“, hatte sie gesagt.

„Sorgen? Wieso?“ fragte er.

„Jawohl. Dir scheint es mit Joni ernst zu sein. Hast du dir einmal überlegt, was das für sie bedeutet?“

„Ja, das habe ich“, erwiderte Donald. „Ich habe sehr ernsthaft darüber nachgedacht. Ich würde nicht wagen, sie zu ermutigen, wenn es mir nicht ernst wäre. Diana, ich bin in Joni verliebt."

„Aber, Donald, normalerweise schmieden zwei Menschen, die sich verliebt haben, Pläne für eine spätere Heirat und denken darüber nach, wie sie ihr Leben gemeinsam verbringen wollen."

„Ja, ich weiß, Diana, ich bin mir aller Schwierigkeiten bewußt. Ich habe über alle Probleme, die durch eine Bindung entstehen könnten, nachgedacht und um Klarheit gebetet. Ich weiß, welche Konsequenzen es haben wird, wenn wir heiraten. Aber ich kann es schaffen. Ich würde sie auf der Stelle heiraten, wenn sie mich haben wollte."

Als mir Diana von dieser Unterhaltung berichtete, war sie sich noch immer nicht sicher. „Joni, ich freue mich wirklich für dich, aber –"

„Ich weiß, Diana", versicherte ich ihr. „Ich bin selbst voll gemischter Gefühle. Auf der einen Seite liebe ich ihn wirklich und bin fest überzeugt: Wenn irgend jemand mit solch einer Ehe fertig werden kann, dann ist es Donald. Andererseits glaube ich, daß es wohl unmöglich ist, überhaupt damit fertig zu werden."

„Liebst du ihn denn?"

„Ja, ich glaube, daß ich das tue. Ich bin selbst darüber erschrocken. Aber, weißt du, es ist so schön!"

Als unsere Liebe wuchs, erwog ich die Folgen dieser Verbindung immer wieder.

„Wir reden von einer schrecklich wichtigen Verpflichtung, Donald", sagte ich ihm eines Tages, als wir zu einem Ballspiel fuhren.

„Ich weiß. Wir werden aber damit fertig, Joni. Wir haben beide einen starken Willen und wissen uns zu helfen. Wir können es schaffen."

„Aber eine Heirat –“

„Das ist genauso wenig ausgeschlossen wie irgend etwas anderes. Ich könnte für dich sorgen – dich baden, die Mahlzeiten zubereiten, putzen. Wir könnten einen Wohnwagen kaufen, wo alles kompakt und leicht zu handhaben ist. Wenn wir es uns dann einmal leisten können, werden wir uns nach etwas Besserem umsehen – vielleicht sogar Koch- und Putzhilfe einstellen. In der Zwischenzeit könnte ich das machen. Ich kann schon für dich sorgen.“

Wir fuhren in den Park und blieben vor dem Spielfeld stehen.

„Ich könnte aber niemals restlos glücklich sein, ohne auch als Frau ganz für dich da zu sein. Ich möchte deine Mahlzeiten zubereiten und deine Bedürfnisse befriedigen können. Ich möchte fähig sein, meine Liebe als Frau voll zum Ausdruck zu bringen.“

„Hm, ich bin wahrscheinlich ein emanzipierter Mann. Wenn ich für dich koche und sorge, wird mir das nichts von meiner Männlichkeit rauben. Und was Geschlechtsverkehr anbelangt – nun, ich habe gehört, daß dieses Kapitel überbetont wird“, sagte er lächelnd. „Mach dir keine Sorgen, Joni. Sex ist so wichtig auch nicht. Ich werde schon damit fertig.“

Ich war nicht überzeugt. Ich war der Meinung, daß auch das Geschlechtliche einen wichtigen Platz in der Ehe einnimmt. Als ich aber länger über das Problem nachdachte, kam mir der Gedanke: Vielleicht hat Donald recht. Immerhin glaube ich ihm, wenn er sagt, er würde mit dem Problem fertig. Ich habe gelernt, seinem Urteil zu vertrauen.

Ich erinnerte mich auch an die Vorträge, die für die Querschnitts- und Vollgelähmten in Rancho Los Alamos während meiner Rehabilitationszeit gehalten wurden. Ärzte belehrten uns über die Möglichkeit, einen Partner zu lieben, ja sogar Kinder zu bekommen. Daß unser Körper gelähmt war, bedeutete nur, daß wir keine körperlichen Gefühle mehr besaßen; die körperlichen Funktionen waren dadurch nicht beeinträchtigt.

„Aber du weißt, daß ich nichts fühlen kann", rief ich Donald ins Gedächtnis. „Ich glaube nicht, daß ich wirklich in der Lage wäre, dich ganz zu befriedigen. Ich kann meiner Liebe und Zärtlichkeit nicht so Ausdruck geben, daß es deinen Bedürfnissen entspräche. Ich selbst käme mir in meinem eigenen Körper wie in einer Falle vor. Wir würden wohl beide unser Leben lang verzweifelt und enttäuscht sein."

„Ich sagte schon, es ist nicht so wichtig." Damit holte er meinen Rollstuhl aus dem Wagen, hob mich hinein und fuhr fort: „Es gibt Menschen, die mit schlimmeren Problemen zu kämpfen haben. Wir werden das schon hinkriegen."

„Ich – ich weiß nicht. Vielleicht schon. Wenn du mir sagst, daß du mit einer solchen Ehe fertig werden kannst, will ich dir das gern glauben. Ich – ich bin von mir aus bereit, mich dir anzuvertrauen."

Donald lächelte zärtlich und nickte. Er vergaß die Spieler auf dem Feld und hielt mir sein Gesicht zu einem Kuß entgegen.

Diesmal nahm ich seine Geste auf und erwiderte seinen Kuß voll Hingabe und Vertrauen. Mir wurde fast schwindlig vor Glück und Freude. Das ist zu schön, um wahr zu sein, dachte ich. Donald trat genau in dem Augenblick in mein Leben, in dem mich Diana, meine beste Freundin, verließ, um zu heiraten und eine eigene Familie zu gründen.

Gott hatte mir einen Menschen geschenkt, dem ich wirklich etwas bedeutete, jemanden, der zutiefst davon überzeugt war, daß wir unser ganzes Leben zusammenbleiben könnten.

„Dies ist Gottes schönster Plan für mein Leben", sagte ich zu Jay, nachdem ich an jenem Abend nach Hause gekommen war. „Das Beste, was er für mich aufgehoben hat! Nach all den

Jahren geduldigen Wartens, in denen ich mein Los als Behinderte – und dazu noch als Unverheiratete – getragen habe, hat Gott jetzt meine Geduld und mein Vertrauen belohnt. Donald ist die Antwort auf meine Gebete!"

Ich war außer mir vor Freude. Selbst als ich noch auf meinen Füßen stehen konnte, war ich nie so glücklich gewesen. Voll Begeisterung sprachen Donald und ich davon, wie wir unser Leben miteinander führen und Jesus Christus gemeinsam dienen wollten.

Als ich daran dachte und über den Willen Gottes in dieser Hinsicht nachsann, schlug ich meine Bibel auf. Wo immer ich sie aufschlug, sprangen mir Verse in die Augen, die meine Überlegungen bestätigten.

„Jede gute Gabe und jedes vollkommene Geschenk kommt von oben herab" (Jakobus 1,17).

„Donald ist mein ‚vollkommenes Geschenk' vom Herrn", sagte ich zu Jay.

Sie schüttelte den Kopf. „Ich weiß nicht, Joni. Lies nicht mehr hinein, als da steht!"

Ich schrieb ein Lied, in welchem ich meine Gedanken zum Ausdruck brachte, und gab es Donald:

„Ich erwachte heute morgen und erblickte Licht
– hell, gelb und zart –,
und da dacht' ich, es wäre angebracht,
dir, o Gott, für den Morgen zu danken – und für dich.

Hier liege ich und träume
von nebelverschwommenen Farben,
und lächelnd fahre ich fort,
dir, o Gott, für den Morgen zu danken – und für dich.

Ich hänge meinen Gedanken und Träumen nach –
Träumen von Vergangenheit und Zukunft –,

doch schließlich danke ich
dir, o Gott, für die Gegenwart – und für dich.“

Ich war einfach überglücklich. Ich hatte nie geglaubt, daß mich irgend jemand als Frau lieben könnte, solange ich an den Rollstuhl gefesselt war. Wahrscheinlich war ich deshalb so erregt und aufgewühlt, als es dann doch geschah.

*

Kurz vor Weihnachten jenes Jahres hatten Donald und ich unseren ersten Streit. Wir waren viel und lange zusammen gewesen, und ich fing an, Besitzansprüche geltend zu machen. Ich regte mich schon auf, wenn er seiner Arbeit nachgehen mußte. Ich wollte ihn immer um mich haben; sein Leben sollte sich um mich drehen.

Kamen hübsche junge Mädchen von der Gemeinde oder der Jugendgruppe zu Besuch, wurde ich eifersüchtig, wenn er mit ihnen lachte und sich mit ihnen unterhielt. Ich wurde neidisch, weil ich nicht auf den Füßen stehen und mit ihnen um seine Beachtung wetteifern konnte.

Es fiel mir immer schwerer, meine Aufmerksamkeit auf Gottes Wort und das Gebet zu richten. Es war schwierig, über geistliche Dinge zu sprechen, nachdem ich an ihm herumgenörgelt hatte: „Warum hast du mich gestern abend nicht besucht?“ Mit derZeit vernachlässigte ich mein Gebetsleben immer mehr. Gleichzeitig wurde ich von dem Verlangen nach Donald fast verzehrt.

Donald reagierte laut und heftig. Er schrie mich an, daß ich mich wie ein dummes Schulmädchen benähme. Ich sagte ihm, daß es mir leid täte und daß ich seiner Liebe nicht mehr so viel abverlangen wollte. Aber aus irgendeinem Grund, den ich mir selbst nicht erklären konnte, erfaßte mich eine heimliche Angst.

Donald war der Ansicht, daß wir beide Urlaub voneinander brauchten. Er plante für 1972 eine Fahrt nach Europa. Ich widersetzte mich heftig und faßte seine Pläne so auf, als ob er einen bestimmten Grund hätte, mich zu verlassen.

„Ich bin lediglich der Meinung, daß wir uns für einige Zeit trennen sollten, Joni“, erklärte er mir. „Bitte lege nichts anderes hinein. Außerdem“, fügte er hinzu, „habe ich die Reise schon lange einmal machen wollen. Die Jungens und ich werden wahrscheinlich nie wieder eine ähnliche Gelegenheit bekommen.“

Dickie und Dave Filbert reisten mit ihm nach Europa. In meinem Herzen stand ich alle möglichen unsinnigen Ängste aus. Zum erstenmal machte ich mir um unser Verhältnis enrsthaft Sorgen. Was, wenn er mich verläßt? Wenn er mit den Problemen doch nicht fertig werden kann? Wenn nun doch nichts aus einer Heirat wird?

Die Europareise dauerte etwa drei Wochen. Während dieser Zeit erhielt ich Briefe von vielen Orten in der Schweiz, Deutschland und Frankreich. Die Mitteilungen waren alle gleich – daß er sich nach mir sehnte, mich liebte und sich wünschte, mich bei sich zu haben.

Nach seiner Rückkehr aus Europa stürmte er mit den Worten ins Haus: „Ich habe mich so nach dir gesehnt, daß ich es kaum abwarten konnte, dich wiederzusehen!“ Er war zurückgekommen – liebevoller und empfindsamer als je zuvor.

Donald und ich überlegten uns, ob nicht die Möglichkeit bestände, daß ich doch noch geheilt werden könnte. Bis jetzt hatte ich meine Lage aus Gottes Hand angenommen. Mein Wunsch, eine vollwertige Frau zu sein, brachte mich jetzt aber dazu, mich energisch auf die Verheißungen zu berufen, die mir der Herr in seinem Wort gegeben hatte. *Er läßt es immerhin zu, daß wir Leiden und Krankheiten durchmachen, um uns dadurch etwas zu lehren. Ich habe durch meinen Unfall viel ge-*

lernt. Jetzt aber, da ich alles gelernt habe, was er für mich zum Lernen vorgesehen hatte, könnte er mich eigentlich heilen.

Dies sollte ein neues Abenteuer im Glauben werden – die nächste Phase meiner geistlichen Entwicklung.

Natürlich konnte ich durch eine medizinische Behandlung nicht geheilt werden – meine Verletzung war unheilbar. Dennoch wußte ich, daß für Gott nichts unmöglich ist. Hatte er nicht durch Jesus Christus Lähmungen aller Art geheilt? Er hatte sogar Tote auferweckt.

Auch heute gibt es noch Wunderheilungen. Ich habe von vielen völlig unheilbaren und sogar tödlichen Erkrankungen oder Verletzungen gehört, die durch ein Wunder geheilt wurden.

Donald und ich lasen Jakobus 5 und andere Bibelstellen und richteten unsere Aufmerksamkeit auf den Gedanken, daß es Gottes Wille sein könnte, daß ich geheilt würde. Gott schien durch Johannes 14 und 15 und andere Bibelstellen zu uns zu sprechen, und wir beteten voll freudiger Erwartung und Dankbarkeit.

Wir waren der Auffassung, wir könnten den Willen Gottes durch die Umstände, den Glauben an Gottes Liebe, die Zusagen in seinem Wort und das Vertrauen auf die Kraft des Heiligen Geistes erkennen. Mit neuer Zuversicht schauten wir in unsere gemeinsame Zukunft.

„Wir sind absolut davon überzeugt, daß Gott mich heilen will", sagte ich zu Diana.

„Joni, diese ganze Sache entgleitet dir! Du bedrängst Gott – du erpreßt ihn. Du bist nicht realistisch", entgegnete sie.

„Diana, ich bin überrascht, daß du so etwas sagst. Ich hätte gedacht, du hättest mehr Glauben. Du mußt glauben, daß Gott mich wirklich heilen will", tadelte ich sie.

Donald und ich beteten, daß Gott die Umstände doch so lenken möge, daß unser Vertrauen auf ihn gestärkt werde. Ich teilte meinen Freunden nach und nach mit, daß mich Gott bald heilen werde. Sooft Donald und ich zusammen waren, beteten wir darum, daß es bald geschehen möge.

„Herr, wir haben Glauben. Wir vertrauen deinem Wort, daß du uns gesund haben willst, damit wir dir besser dienen können", betete Donald.

„Ich danke dir für alle Lektionen in Geduld und Vertrauen, die du mir durch mein Leid erteilt hast, Herr. Und ich danke dir für das, was du tun willst, um durch meine Heilung aufgrund deiner Verheißung deinen Namen zu verherrlichen", fügte ich hinzu.

Während wir weiterhin um meine Heilung beteten, nahmen wir uns vor, einen Gottesdienst zu besuchen, in dem nach Jakobus 5 für Kranke gebetet wurde.

Einige Freunde fuhren mich in die Gemeinde. Älteste kamen und legten mir die Hände auf und salbten mich mit Öl – genau nach dem biblischen Gebot. Sie lasen mir Verheißungen aus der Bibel vor und beteten für mich.

Voll Zuversicht, Ergebenheit und Hingabe beteten Donald und ich und glaubten fest, daß Gott mich heilen würde.

Ich erwartete keine sofortige Heilung, sondern eher ein langsames Genesen, da meine Rehabilitation ja schon zwei Jahre in Anspruch genommen hatte. So war es ganz logisch anzunehmen, daß mich Gott allmählich wiederherstellen würde.

Nach verschiedenen Besuchen solcher Heilungsgottesdienste wurde es uns jedoch allmählich klar, daß ich nicht geheilt werden würde. Ich konnte mich zwar damit abfinden, war aber doch verzweifelt – wahrscheinlich mehr um Donalds als um meiner selbst willen.

Donald war still und in sich gekehrt. Er schien alles Geschehene in Frage zu stellen und neu zu bewerten. Es war bitter, besonders für ihn, nachdem wir so viele Hoffnungen an das Glaubensgebet geknüpft hatten. Er ließ sich zwar nichts anmerken, zog sich aber mehr und mehr zurück. Das nahm ich ihm übel und beobachtete ihn wieder mit eifersüchtigen Blikken.

Als Steve in den Semesterferien nach Hause kam, diskutierten er, Diana und ich über die möglichen Gründe, die Gott bewogen haben mochten, unsere Gebete nicht zu erhören.

„Was meinst du, weshalb dich Gott nicht geheilt hat?" fragte Diana.

„Ich weiß es nicht."

Steve unterbrach uns. „Weißt du, ich habe darüber nachgedacht, als ich kürzlich Hebräer 11 gelesen habe. Kennst du die Stelle?"

„Ja, sie handelt von den Gläubigen", antwortete ich.

„Dort ist von zwei Arten von Menschen die Rede – von solchen, deren Glaube belohnt wurde, und anderen, deren Glaube nicht belohnt wurde. Die einen erlebten alle möglichen wunderbaren, phantastischen Dinge. Die anderen aber ‚ließen sich martern und nahmen die Befreiung nicht an' oder erfuhren keine sichtbare Belohnung."

„Und du glaubst, ich gehöre zu der letzteren Gruppe?" fragte ich.

Steve beugte sich vor, um zum Kern zu gelangen. „Hm – hm. Ich glaube schon. Vorerst zumindest. Aber nicht für immer. 2. Korinther 5 erzählt von dem herrlichen Auferstehungsleib, den du einst anstelle deines nutzlosen irdischen Körpers bekommen wirst. Wir leben jetzt in einer ‚Hütte', einem vorübergehenden Wohnsitz. Eines Tages aber werden wir einen neuen Leib haben – himmlische Leiber, die makellos sind und ewig bestehen werden."

„Aber wie ist es dann mit den Versen, die wir über den Glauben gelesen haben?" wandte ich ein.

Steve umklammerte meine Knie, um seinen Worten Nachdruck zu verleihen – als ob ich es hätte fühlen können. „Aber das will ich ja gerade sagen! Erinnerst du dich an den Glaubensheiler, der dir gesagt hat: ‚Ich glaube, es ist Gottes Wille, daß Sie geheilt werden!'?"

„Ja."

„Nun, ich glaube das auch. Ich glaube, daß es der Wille Gottes für jeden Menschen ist, geheilt zu werden. Vielleicht haben wir aber einfach einen anderen Zeitplan als Gott. Ich glaube, daß Gott heilen will; doch hat die Heilung offensichtlich keinen Vorzug gegenüber anderen Dingen. Du wirst geheilt werden – aber wahrscheinlich nicht eher, als bis du deinen Herrlichkeitsleib erhältst."

„Aber andere sind doch geheilt worden", wandte ich ein.

„Ja, ich weiß. Ich stelle Gottes Souveränität auch nicht in Frage", erwiderte Steve.

Diana fügte hinzu: „Wenn Gott aber jemanden auf übernatürliche Weise heilt, muß er doch einen Grund dafür haben. Es scheint zum Beispiel viele Fälle von Wunderheilungen in Übersee zu geben – in Kulturkreisen, wo Missionare an der Arbeit sind. Wenn Menschen das geschriebene Wort Gottes nicht besitzen, brauchen sie vielleicht sichtbare Zeichen – du weißt schon, ‚Zeichen und Wunder' –, um zu Jesus Christus zu finden."

„Ja, das könnte schon sein", antwortete ich.

Steve fuhr fort: „In unserem Land wäre das weder passend noch notwendig. Die Sensationspresse würde sich der Sache bemächtigen und das Ganze verdrehen. Gott würde nicht die Ehre gegeben werden, und der ganze Sinn der Heilung wäre verloren."

Diana nickte. „Wir mißverstehen die Bibel in gefährlicher Weise, wenn wir kategorisch annehmen, es sei der Wille Gottes, daß alle Menschen gesund seien. Offensichtlich ist nicht jeder gesund."

„Richtig. Wir versuchen, vollkommen zu sein, haben das Ziel aber noch nicht erreicht. Wir sündigen noch immer. Wir erkälten uns noch immer. Wir brechen uns noch immer die Beine und das Genick“, sagte ich und fügte hinzu: „Je mehr ich darüber nachdenke, desto mehr gelange ich zu der Überzeugung, daß Gott nicht alle gesund haben will. Er benutzt unsere Probleme zu seiner Ehre und zu unserem Wohl.“

Während ich darüber nachdachte, fielen mir ein paar Familien ein, in denen Jesus Christus wirklich im Mittelpunkt stand und die doch von Unglück und Krankheit heimgesucht wurden. Viele, die den Herrn Jesus Christus von Herzen lieben, müssen oft viel Schweres durchmachen.

Heutzutage und in unseren Breiten gründen sich die menschlichen Beziehungen zu Gott auf sein Wort und weniger auf „Zeichen und Wunder“.

„Weißt du“, meinte Steve, „es besteht wirklich kein Unterschied in der Kraft Gottes. Vielleicht besitzt du in deinem Rollstuhl ein höheres Maß an Glaubwürdigkeit, als wenn du gesund wärst.“

„Wie meinst du das?“

„Erinnerst du dich an das griechische Wort für die Kraft Gottes? Ich glaube, es ist ‚dúnamis‘.“

„Ja, daher haben wir unser Wort ‚Dynamit‘.“

„Oder ‚Dynamo‘“, sagte Steve. „Beide bedeuten große Kraft. Das eine ist explosive Energie, das andere bedeutet gelenkte, nützliche Energie. Ein Heilungsgeschehen wäre gleich einem explosiven Freisetzen göttlicher Kraft, die dich aus dem Rollstuhl holt. Aber drin zu bleiben, setzt ebenfalls Kraft voraus – gelenkte Kraft, die dich durchströmt und es dir möglich macht durchzuhalten.“

Während der nächsten paar Monate unterhielten Donald und ich uns über all dies und vieles mehr. Aber ein Thema vermieden wir – unsere gemeinsame Zukunft.

Eines Tages, als Donald mich besuchte, war er auffallend schweigsam. Ich spürte, daß ihm etwas auf dem Herzen lag. Schließlich sagte er mit leiser Stimme: „Joni, ich gehe in diesem Sommer als Mitarbeiter in ein ‚Young-Life'-Ferienlager oben in New York. Ich reise morgen ab. Ich bin nur gekommen, um Auf Wiedersehen zu sagen."

Ich dachte: Das ist gut. Unser Verhältnis ist in letzter Zeit etwas gespannt geworden. Wir müssen uns beide voneinander erholen – wie bei der Europareise. Doch war ich über die Betonung etwas überrascht, die er auf die Worte „Auf Wiedersehen" gelegt hatte.

„Was soll das heißen, auf Wiedersehen? Du wirst ein paar Wochen weg sein, aber –"

„Nein, Joni. Das ist das Ende. Es tut mir leid. Wir hätten niemals zulassen sollen, daß sich unser Verhältnis so entwikkelt, wie es der Fall war. Ich hätte dich niemals küssen dürfen. Wir hätten das, was wir zusammen getan haben, niemals tun dürfen. Wir hätten nie von der Ehe sprechen oder auch nur davon träumen sollen. Es war alles ein Fehler."

„Ein Fehler! Was soll denn das heißen? Du bist es doch gewesen, der mich ermutigt hat! Ich war ja von Anfang an skeptisch. Du hast mich geküßt und umarmt. Ich ließ mich von der Angst zur Hoffnung treiben, weil du mir gesagt hattest, daß du mich liebst und daß wir gemeinsam unser Leben aufbauen wollten. Donald, ich war so tief mit dir verbunden, wie ich es mit keinem meiner Angehörigen je war. Und jetzt willst du mich einfach sitzen lassen – einfach so? Jetzt sagst du, es sei alles ein Fehler gewesen? Daß du nur mit mir gespielt habest?" Meine Stimme zitterte, während ich verzweifelt versuchte, meine Gedanken in Worte zu kleiden.

Vor Wut und Verzweiflung hätte ich mich am liebsten auf ihn geworfen und mit meinen Fäusten auf ihn eingeschlagen. Aber ich konnte nur dasitzen und schluchzen.

„Ich habe nicht mit dir gespielt, das schwöre ich", sagte Donald mit fester Stimme. „Ich hatte von ganzem Herzen geglaubt, es schaffen zu können. Ich habe mich aber geirrt. Es ist unmöglich. Es war alles ein Irrtum."

O lieber Gott, was ist los? Ist das denn wirklich wahr? Panik ergriff mich bei dem Gedanken, daß Donald auf der anderen Seite des Zimmers stand und Auf Wiedersehen sagte. Was war nur passiert? Er war in mein Leben getreten und hatte mich dazu gebracht, mich anziehend und nützlich – eben wie eine Frau – zu fühlen. Ich glaubte nicht, daß ich irgend jemandem noch einmal so viel bedeuten könnte wie ihm. Ich hielt es nicht für möglich, einen anderen je so lieben zu können wie ihn.

Ich bemühte mich, meine Tränen hinunterzuschlucken. „Vielleicht brauchen wir nur Zeit, um das alles zu überlegen."

„Nein, Joni. Ich habe lange und ernsthaft genug nachgedacht. Es gibt kein Zurück. Es ist vorbei. Es tut mir leid." Mit diesen Worten wandte er sich um und ging zur Tür.

„Donald! Laß mich nicht allein! Donald, warte!"

„Auf Wiedersehen, Joni", sagte er leise und schloß die Tür hinter sich.

„Nein! O mein Gott, warum läßt du das zu? Warum tust du mir so weh?"

14

So schied Donald mit einem einfachen „Auf Wiedersehen" aus meinem Leben. Mein Herz raste. *Wie kann er nur so grausam sein, nachdem er so lieb und zartfühlend gewesen ist?*

Als ich mich jedoch etwas beruhigt hatte, sah ich ein, daß er überhaupt nicht hatte grausam sein wollen. Es war einfach seine Art, nicht viel Federlesens zu machen – „keine Heuchelei", so hatte er gesagt.

Ich wußte, daß es ein endgültiger Abschied sein würde. Er hatte mir keine Hoffnung gemacht. Auf lange Sicht gesehen, war das die kürzeste und schmerzloseste Methode, die er anwenden konnte.

Ich fand heraus, daß Dick und Donald, gute Freunde seit ihrer Schulzeit, miteinander über das Problem gesprochen hatten. Dick, der in seinem Verhältnis zu mir selbst ähnliche Nöte hatte durchstehen müssen, hatte Donald davor gewarnt, mir gegenüber die Herrschaft über seine Gefühle zu verlieren.

„Ich weiß genau, was Don durchzustehen hatte", erzählte er mir später. „Auch ich war verwirrt und innerlich zerrissen, als du mir damals von Kalifornien aus schriebst, daß du einfach nur ‚gut befreundet' mit mir sein wolltest. Ich wußte genau, was das bedeutete. Dabei war ich damals – wie heute – sehr in dich verliebt. Ich weiß aber auch, daß du recht hattest. Ich wäre nicht in der Lage gewesen, mit deiner Verletzung fertig zu werden. Ich weiß es nicht. Aber ich war gewillt, mein Leben an dich zu binden. Vielleicht wußtest du besser als ich, daß ich nicht damit fertig werden konnte. Ich weiß es nicht. Auf jeden Fall – seit wir in den vergangenen zwei Jahren bloß gute Freunde gewesen sind, habe ich mich für Don und dich wirklich gefreut, als ihr euch verliebtet. Ich betete darum, daß Don schaffen möchte, was ich nicht schaffen konnte, und daß ihr beiden wirklich glücklich zusammen würdet."

„Was lief denn falsch?" fragte ich.

„Ich weiß es nicht. Ich spürte, daß Don daran zweifelte, ob er ein Recht hätte, ein Verhältnis mit dir aufrechtzuerhalten. Ein paarmal vertraute er mir an, daß er wünschte, er hätte seine Gefühle für dich nie so offen gezeigt. Ich nehme an, daß er – weil er älter und reifer ist als ich – das einsah, was ich damals nicht einsah: daß ein Mann auf die Dauer eben doch nicht mit dem Rollstuhl fertig werden kann."

Mein wundes Herz schmerzte noch mehr, als ich laufend über andere Freunde von Don hörte. Er schrieb Briefe an Jugendliche, die wir beide betreut hatten. Ich wurde böse und lehnte mich dagegen auf, daß junge Leute, mit denen wir zusammen gebetet und denen wir gemeinsam geholfen hatten, Don noch immer nahestanden und ich nicht.

Ich war davor gewarnt worden, meinen Gefühlen für Donald freien Lauf zu lassen. Jay und Diana hatten oft genug auf mich eingeredet, doch ja vorsichtig zu sein, aber ich wollte ja nicht hören. Jetzt waren alle meine Träume und Hoffnungen auf eine Ehe restlos zerstört.

Warum, o Gott? Ich verstehe nicht, warum!

In mir tobten die verschiedensten Gefühle: Zorn gegen Donald, Groll gegen Freunde, die ihm nahestanden, und Selbstmitleid.

Eine junge Gymnasiastin, erst seit kurzem Christin, die Donald und ich betreut hatten, kam zu Besuch, um mir einen Brief vorzulesen, den sie von Donald erhalten hatte. Darin teilte er ihr mit, welch wunderbare Dinge Gott in seinem Leben tat. Sie wußte natürlich nicht, was sich zwischen uns abgespielt hatte. Sie war lediglich vorbeigekommen, um mit mir über diese frohe Nachricht von Donald zu plaudern. In mir aber erwachte der Neid, und heiße Tränen rannen mir die Wangen herunter.

Als sie gegangen und ich mir selbst überlassen war, schämte ich mich meiner Haltung. Ich verarbeitete diesen Ärger nicht auf geistliche Weise. Um Trost zu finden, wandte ich mich einer bekannten Bibelstelle zu – 1. Korinther 13, dem Hohelied der Liebe. Mein Gehirn aber spielte mit Worten.

„Wenn ich mit Menschen- und Engelzungen redete und wäre voll Lust, so bin ich ein tönendes Erz oder eine klingende Schelle. Und wenn ich weissagen kann und alle Geheimnisse weiß und alle Erkenntnis habe, und wenn ich allen Glauben besitze, so daß ich Berge versetze, wäre aber voll Lust, so bin ich nichts. Und wenn ich alle meine Habe austeile und meinen Leib hergebe, damit ich verbrannt werde, wäre aber lüstern, so nützt es mir nichts... Lüsternheit ist unanständig, sie sucht das Ihre, sie läßt sich erbittern, sie rechnet das Böse zu; sie freut sich über die Ungerechtigkeit... sie duldet nichts..."

Indem ich die Worte „Lust" oder „Lüsternheit" für „Liebe" einsetzte, sah ich, was in unserem Verhältnis schiefgelaufen war. Mich hatte nach Donald „gelüstet" – nach seiner Zeit, seiner Beachtung, seiner Gegenwart –, weil ich meinte, ein Recht darauf zu haben. Ich erkannte, daß Lüsternheit eine böse, gierige Leidenschaft ist, ein Verlangen nach etwas, auf das ich nicht verzichten wollte. Schließlich verlor ich alles, was ich auf so eigennützige Weise in Besitz nehmen wollte.

Jetzt wurde mir die Wahrheit von 1. Korinther 13 erst richtig deutlich. Wahre Liebe ist selbstlos, diszipliniert, beherrscht, geduldig und gütig.

In meiner Verwirrung und Bestürzung fing ich an, bitterlich zu schluchzen. Diesmal jedoch trieb mich mein Schmerz zum Herrn Jesus Christus und nicht zu Selbstmitleid und ichbezogener Selbstbetrachtung. Ich schlug Bibelstellen auf, mit deren Hilfe ich frühere Enttäuschungen überwunden hatte, und las sie immer wieder.

Ich meinte, den Vögeln nicht mehr zuhören zu können. Sie riefen Erinnerungen an die schöne Zeit in mir wach, als Donald und ich stille Stunden der Zurückgezogenheit im Wald verbracht hatten. Ich gab mir die größte Mühe, Donald bewußt aus meiner Erinnerung zu verbannen. Es war schon schwierig genug, im Freien zu sein und mit allen auf mich einstürmenden Erinnerungen fertig zu werden.

Ein ganzes Jahr hatte ich mich auf die Erfüllung eines Herzenswunsches eingestellt: Donald zu heiraten. Ich hatte geglaubt, unser Plan sei ein Teilstück des vollkommenen Planes Gottes für unser Leben. Dann, in einer Stunde, zerbrachen meine Hoffnungen so endgültig, daß auch nicht das kleinste Fünkchen Hoffnung übrigblieb.

Ich erinnerte mich, wie Steve das dritte Kapitel der Klagelieder Jeremias erwähnt hatte. Er meinte damals: „Joni, Gott muß seine Gründe haben. Jeremia sagt: ‚Es ist einem Manne gut, in seiner Jugend das Joch zu tragen.‘ Vielleicht wird dein Leben in späteren Jahren wertvoller sein, wenn du diese Erfahrung jetzt durchmachst.“

„Herr“, betete ich, „wo ist die ‚vollkommene Gabe‘ geblieben, von der ich in deinem Wort gelesen habe? Was tust du?“

Ich erinnerte mich an Bibelstellen, wo Petrus und Johannes so fragten, wie ich es jetzt tat. „Was geht es dich an?“ war die einfache, sehr direkte Erwiderung des Herrn gewesen. Jesus hatte Petrus nicht verwöhnt oder ihm erlaubt, in Selbstmitleid zu schwelgen.

Der Herr sagte im Grunde: „Was geht das dich an? Es ist völlig egal. Richte deine Augen nur auf mich.“

Ich lernte, daß Gottes Wahrheit nicht immer gütig und bequem ist. Manchmal beinhaltet seine Liebe zu uns Härte und strengen Tadel.

Ich las noch andere Verse. So sagt der Apostel Jakobus: „Achtet es für lauter Freude, wenn ihr in mancherlei Anfechtungen geratet.“ Das erinnerte mich an die Lektionen, die mich Gott im Krankenhaus und in den darauffolgenden Jahren gelehrt hatte: „Seid dankbar in allen Dingen... Alle Dinge werden zum Besten dienen...“

Ich zwang mich, Gottes Wort wieder intensiv zu studieren. Da gab es kein trostloses Selbstmitleid, kein Schwimmen in Tränen. Gott stellte mich lediglich vor eine erneute Prüfung: ob ich seiner Wahrheit, seiner Liebe und seinen Absichten vertraute.

*

Briefe, die Donald an unsere gemeinsamen Freunde schrieb, waren durchsetzt von seinem Zeugnis, wie Gott in seinem Leben wirke. Er berichtete von aufregenden Erlebnissen, durch die er in seinem geistlichen Leben wachsen durfte.

Allmählich wurden aus Wochen Monate.

Nach dem langen Sommer schrieb er seinen Freunden von einer hübschen jungen Frau, die er während der Arbeit im Ferienlager kennengelernt hatte.

Ich spürte den Stachel des Schmerzes, als ich die Nachricht erhielt, daß sich Donald in ein anderes Mädchen verliebt hatte. Der Herr aber schien mir zu sagen: „Was geht es dich an?“

Ich schrieb Steve, der auf der Bibelschule war, und schüttete ihm mein Herz aus. Er schrieb zurück und sicherte mir sein Mitgefühl und seine Gebete zu. Sein Brief schloß mit einer Verheißung aus dem 40. Psalm: „Deine Gnade und Wahrheit mögen mich allezeit behüten!“ Damit brachte er zum Ausdruck, daß das für mich besonders gelte, wie groß der Schmerz des Lernprozesses auch sei. Gott behandele uns doch immer mit Liebe.

Diese und andere Bibelstellen hielten mich in jener schweren Zeit aufrecht.

Es war eine tiefe Enttäuschung für mich, daß ein Leben mit Donald offensichtlich nicht dem Willen Gottes entsprach. „Aber, Herr, wenn nicht Donald, so glaube ich doch, daß du etwas Besseres für mich hast. Ich will dir vertrauen, daß du mir diese bessere Gabe schenken wirst." Ich erinnerte mich daran, daß ein Prediger einmal gesagt hatte: „Gott schließt niemals eineTür, ohne ein Fenster zu öffnen. Er gibt uns immer etwas Besseres, wenn er uns etwas nimmt." Diese Verheißung nahm ich für mich in Anspruch.

Rückblickend ist es offenkundig, daß Gott es besser wußte. Ich hatte eben in die jeweiligen Umstände, in die Heilige Schrift, kurzum in alles, die „gewünschte" Bedeutung hineingelesen, um Donald für mein Leben zu gewinnen. Es war doch sehr einfach zu sagen: „Gott will, daß wir glücklich sind", und dann Bibelstellen so hinzubiegen, daß sie unseren Wünschen entsprechen. Im Grunde genommen hatte ich wohl doch die ganze Zeit über gewußt, daß es nichts werden würde. Aber ich klammerte mich an den Gedanken, es sei der Wille Gottes, daß Donald sein Leben an mich binden sollte.

Nach meinem Unfall hatte ich mich zuerst an Dick, danach an Jay, dann an Diana und zuletzt an Donald gehängt. Ich brauchte ihre Liebe und Unterstützung zur Befriedigung meiner gefühlsmäßigen Bedürfnisse. Jetzt endlich fühlte ich mich frei. Jetzt endlich war ich völlig unabhängig, weil ich völlig von Gott abhängig war.

Eines Tages, als ich in der frischen Luft in meinem Rollstuhl saß, hing ich diesem Gedanken nach. „Herr", betete ich, „ich wünschte, ich hätte das schon früher eingesehen. Wenn ich doch nur immer daran gedacht hätte, daß mir deine Gnade genügt!"

Als ich auf dem stillen, schattigen Rasen saß, fiel mir Vers um Vers ein, die mich trösteten. „Bitte, Herr, werde mir doch jetzt ganz real!“

Da durchströmte mich ein tiefer Friede und eine große innere Freude. Ich schaute auf. Geradezu als Symbol der Liebe und des Trostes Gottes flatterte in diesem Augenblick ein Schmetterling hoch oben von den Bäumen herab, bis auf wenige Zentimeter vor mein Gesicht. Ich war freudig erschrokken.

„Herr, Dank sei dir für deine Güte! Daß du den Schmetterling gerade in diesem Augenblick sandtest, war eine besonders tiefsinnige Art, deine stille, wunderbare Gegenwart zu bezeugen.“

Ich nahm mir vor, jedesmal, wenn ich einen Schmetterling sähe, an Gottes Güte zu denken.

In vielen stillen Stunden, die ich zurückgezogen mit meinem Herrn verbrachte, dachte ich über diesen höchst ungewöhnlichen Sommer nach. Es drängte mich, im Freien zu sitzen und über Gottes Plan mit meinem Leben nachzudenken.

Um mich bei meinen Gedanken auch zu beschäftigen, wandte ich mich wieder meiner künstlerischen Tätigkeit zu. – Ich fand neues Interesse am Malen, und es schien so, als ob meine Arbeiten besser würden. Es lag eine Qualität in den Bildern, die vorher nicht darin zu finden gewesen war. Ich weiß nicht genau, woran es lag, aber anderen fiel der Unterschied ebenfalls auf.

Die Umstellung ging nur langsam vor sich, doch war es auch nicht so schwierig, wie ich es erwartet hatte. Ich sah Donald in einem neuen Licht und mit größerem Verständnis. Er hatte das getan, was ihm richtig schien. Er hatte uns beiden wehgetan, denn ich wußte jetzt, daß er genauso gelitten haben mußte wie ich.

Wir waren beide den ernsten Folgen unseres Verhältnisses gegenüber blind gewesen. Wenn man verliebt ist, sucht sich

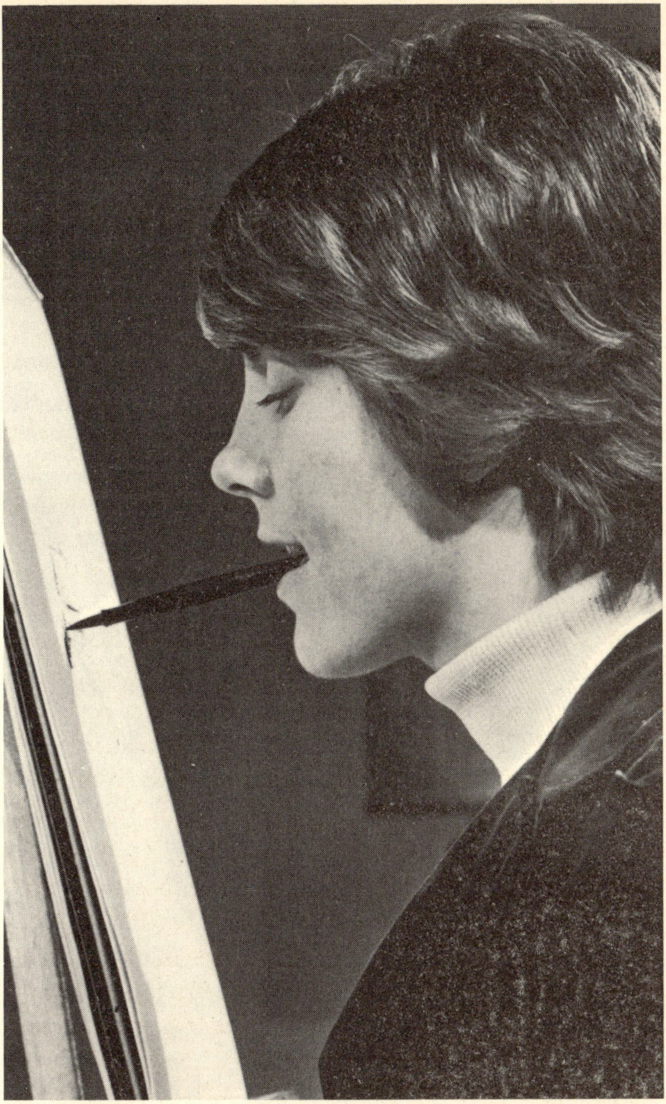

Joni – PTL

die Liebe in Taten auszudrücken. Sind wir daran gehindert, flüchten wir uns in ein Wunschdenken, daß „alles schon irgendwie gutgehen wird". Man wird zwar von lieben Freunden gewarnt, will ihnen aber keinen Glauben schenken.

Viele junge Menschen sperren sich gegen die Wirklichkeit. Sie wissen, daß irgend etwas nicht in Ordnung ist, daß aus einem bestimmten Verhältnis einfach nichts werden kann. Dennoch machen sie weiter, wie wir es auch getan haben, weil sie von ihrem Wunschdenken überzeugt sind.

Rückblickend danke ich Gott für unser Verhältnis. Es gibt so viele Dinge, die ich nie erlebt hätte, wenn Donald nicht in mein Leben getreten wäre und mich wieder verlassen hätte. Deshalb danke ich dem Herrn Jesus Christus für diese Erfahrung. Besonders dankbar bin ich dafür, daß mir Gott geholfen hat, mit der Trennung fertig zu werden, ohne daß Gefühle der Verbitterung und Verzweiflung zurückgeblieben sind.

Selbst Donalds neue Liebe nahm ich mit ehrlicher Freude zur Kenntnis. Er hatte endlich auch Gottes vollkommenen Willen für sein Leben erkannt.

Eines Abends, in unserem Bibelstudienkreis, kam ein Freund auf mich zu. „Joni, ich möchte dir etwas sagen, ehe du es von anderen erfährst."

„Jimmy, du brauchst mir nichts mehr zu sagen. Ich weiß Bescheid."

„Du weißt Bescheid? Du hast schon gehört, daß Donald sich verlobt hat? Wie denn?"

„Ich weiß nicht." Ich lächelte. „Ich wußte es einfach, das ist alles."

Ich war überrascht, wie Gott mir half, mit Leichtigkeit mit dem fertig zu werden, was eigentlich eine schmerzhafte, peinliche Erfahrung hätte sein müssen.

Als Donald seine Sandy, eine hübsche junge Witwe, die ihren Mann durch einen Unfall verloren hatte, drei Wochen später zum Bibelstudienkreis mitbrachte, saßen wir nebeneinander.

Sie wußte schon von mir. Bei jeder anderen Gelegenheit wäre diese Begegnung – gelinde ausgedrückt –peinlich gewesen. Sie war eine stattliche, hübsche Frau, deren dunkler Teint Donalds gutes Aussehen noch zu unterstreichen schien.

Ich wandte mich ihr zu und sagte: „Sandy, es freut mich wirklich, Sie kennenzulernen. Ich möchte Ihnen sagen, daß ich mich ehrlich für Sie und Donald freue."

Sie lächelte und bedankte sich.

Ich sagte zu ihr: „Ich bete jeden Abend für Sie beide. Ich preise Gott für alles, was er in unser aller Leben getan hat. Ich freue mich über Sie beide – besonders über Ihren Wunsch, dem Herrn Jesus Christus zu dienen." Jedes Wort war mir ernst.

Freunde und Angehörige, die von der Liebe zwischen Donald und mir wußten, staunten über meine Haltung. Sie hatten damit gerechnet, ich würde eine Szene machen. Und sicherlich wäre das auch geschehen, hätte ich Gott nicht die Situation in die Hand gegeben.

Ich fing an, das Leid in einem neuen Licht zu sehen – nicht als eine Prüfung, der man möglichst aus dem Wege gehen sollte, sondern als eine Gelegenheit, Gottes Liebe, Gnade und Güte zu erfahren.

*

In der zweiten Hälfte des Jahres 1972 veränderte sich mein Leben mehr als in irgendeinem anderen Lebensabschnitt – einschließlich der vorausgegangenen fünf Jahre im Rollstuhl.

Als Donald aus meinem Leben schied, war niemand da, auf den ich mein Vertrauen setzen konnte – außer auf Gott. Und da sich der Herr vorher immer als treu erwiesen hatte, vertraute ich ihm auch jetzt.

15

Im Herbst 1972 fing ich an, ernsthafte Fragen wegen meiner Zukunft zu stellen. „Herr", fragte ich, „wenn kein Studium, kein Donald, was dann? Was hast du mit mir vor?"

Ich glaubte einfach daran, daß Gott mir etwas Besseres geben würde, wenn er mir etwas anderes nahm. Das hatte ich aus meinen Erfahrungen, bei denen ich mich auf die Allmacht Gottes verlassen hatte, gelernt. „Habe deine Lust an dem Herrn", sagt der Psalmdichter, „vertraue auf ihn allezeit." Als ich das tat, wurde es für mich leichter, echte Dankbarkeit für alles aufzubringen, was er in mein Leben legte – Gutes und Böses.

Die Leiden und Schmerzen der vergangenen Jahre waren die Zutaten gewesen, die mir geholfen hatten, geistig und geistlich zu wachsen. Ich fühlte mich sicher und unabhängig, wenn ich in allem, was meine körperlichen und geistlichen Bedürfnisse betraf, meinem Gott vertraute.

Leid und Schmerz haben einen Sinn. Wir sehen das zwar nicht immer so deutlich. Der Apostel Paulus litt für Jesus Christus. Gefängnis, Auspeitschung, Steinigung, ein Schiffbruch und einen „Dorn im Fleisch" mußte er ertragen. Der Segen des Leides, wie ihn J.B. Phillips nach Römer 5,3–5 interpretiert, ist: „Wir können jetzt und hier schon voller Freude sein, selbst in unseren Prüfungen und Schwierigkeiten. In der richtigen Haltung angenommen, verleihen uns eben diese Dinge geduldiges Durchstehvermögen. Dies wiederum bildet einen reifen Charakter, und solch ein Charakter schafft eine beständige Hoffnung, eine Hoffnung, die uns niemals enttäuschen wird."

Ich glaubte, daß Gott in meinem Leben wirkte, um Niedergeschlagenheit und Schmerzen in Gnade und Weisheit zu verwandeln.

Alle diese Erfahrungen fanden nun sichtbaren Ausdruck in meinen künstlerischen Arbeiten. Zuerst hatte ich aus Vergnügen gemalt, dann, um die Zeit auszufüllen, und jetzt, um meine Gefühle über das, was Gott in mir wirkte, zum Ausdruck zu bringen. Ich hatte irgendwie das Gefühl, daß meine künstlerische Ausdrucksweise in den Plan Gottes hineinpaßte. Vielleicht würde daraus das „Bessere“ werden.

Daß meine Zeichnungen von den Menschen bewundert wurden, nur weil sie von jemanden stammten, der im Rollstuhl saß und den Zeichenstift mit dem Mund führte, war das Letzte, was ich wollte. Meine Arbeit sollte an sich gut sein – sowohl in künstlerischer als auch in handwerklicher Hinsicht.Deshalb war ich auch sehr erfreut, sogar stolz darüber, daß meine Arbeiten in einer örtlichen Kunstausstellung gezeigt wurden – und zwar wegen ihrer Qualität und nicht, weil ich behindert war.

Zum erstenmal stürzte ich mich mit ganzer Kraft in meine künstlerische Tätigkeit. Ich skizzierte Dinge um ihrer Schönheit willen und nicht solche, die meine Gefühle oder Schmerzen widerspiegelten. So entstand eine ganze Sammlung von Zeichnungen von Tieren, Szenen und Menschen, in denen Freude und Zuversicht zum Ausdruck kamen. Darum wurde sie von den Menschen auch gut aufgenommen. Die Skizzen von Kindern, Bergen, Blumen und Waldtieren waren wegen ihrer Schönheit anziehend und wirkten erfrischend.

Ich war aufrichtig überzeugt, daß Gott mich soweit gebracht hatte und daß er noch mehr Segen für mich bereithalte. Ein, zwei Jahre zuvor hätte ich es noch nicht geglaubt, jetzt aber war ich dort angelangt, wo das „Bessere“ im Ledigsein zu finden war. In 1. Korinther 7 las ich, daß es für einige eine höhere Berufung als zum Ehestand gibt. Eine alleinstehende Frau kann eher auf ihre Heiligung bedacht sein, weil sie weniger abgelenkt wird als eine verheiratete Frau, die ihren Mann, Familie und Haushalt zu versorgen hat. Von den Haushaltspflichten war ich ja sowieso befreit. Wahr blieb natürlich, daß mir die Freuden und Vorrechte, die mit der Ehe verbunden sind, versagt blieben; doch hatte Gott diese durch andere Freuden ersetzt, so daß ich mehr als ausgefüllt war. Ich verfügte über die Freiheit, zu kommen und zu gehen, ohne mich an einen Zeitplan halten zu müssen, der auch andere mit einbezog. Ich konnte verreisen, bis spät abends arbeiten, lesen, mich unterhalten, schlechthin tun, was mir gerade Spaß machte. Es war eine großartige Freiheit.

Manche Leute sagten mir: „Sie hatten keine andere Wahl, als ledig zu bleiben. Deshalb können Sie sich auch viel leichter damit abfinden als ich. Daher sind Sie auch so fröhlich. Ich aber fühle mich einsam, enttäuscht und unausgefüllt."

„Ich bin nicht so überzeugt, daß es für mich leichter ist", sagte ich dann. „Jeder, der damit rechnen muß, unverheiratet zu bleiben, sollte ganz besonders auf die Weisheit Gottes vertrauen. Weil ich ihm nicht vertraute, sondern versuchte, im Blick auf mein Verhältnis zu Donald seinen Willen zu beeinflussen, wurde ich enttäuscht. Als ich aber keine andere Wahl hatte, als mich und meine Umstände aus Gottes Hand zu nehmen und ihm zu vertrauen, wurde es leichter für mich. Wenn wir zu Gottes Führung ja sagen, werden wir von quälenden Überlegungen, Sorgen und verzweifeltem Suchen befreit. Wenn wir nicht wissen, was uns die Zukunft bringt, und uns darüber Sorgen machen, ernten wir nur Kummer und Verbitterung."

„Soll das heißen, daß ich die Hoffnung auf eine glückliche Ehe einfach aufgeben soll?" fragte mich ein junges Mädchen einmal.

„Ich will nur folgendes sagen: Wenn man das Alleinsein aus Gottes Hand nimmt, ist man nicht mehr enttäuscht, auch wenn man nicht weiß, was die Zukunft bringt“, erwiderte ich. „Das ist natürlich der schwerste Teil. Sich mit dem Gedanken abfinden zu müssen, für immer allein zu bleiben, mit allen Opfern, die das mit sich bringt, ist gewiß nicht einfach. Hat man sich aber einmal dazu durchgerungen, wird das Leben als unverheiratete Frau viel leichter.“

„Das hört sich an, als wolle man den Gedanken an eine Heirat aufgeben“, meinte sie.

„Vielleicht ist es das auch. Das soll aber nicht heißen, daß Gott uns nicht eines Tages doch erlaubt zu heiraten. Vielleicht tut er es, vielleicht auch nicht. Das spielt aber keine Rolle, wenn wir Gott die Entscheidung und Wahl überlassen. Wir vertrauen seinem Urteil, daß denen, die Gott lieben, alles zum Guten mitwirkt.“

„Aber ich habe doch Bedürfnisse, die erfüllt werden müssen! Ich habe doch ein Recht zu heiraten!“

„Nur Gott kann uns sagen, wo unsere Rechte und Bedürfnisse liegen. Du mußt ihm dieses Recht zugestehen.

Fang an, als Alleinstehende zu leben, und ordne in deiner Arbeit und in deinem Leben alles dem Ziel unter, daß du ihm dienen und ihn ehren willst. Dann wird dir Gott ein reiches und befriedigendes Leben schenken, das ist gewiß. Dann kann es so sein, daß er dir statt eines Partners für dein Leben viele Freunde gibt, die deine geistigen und geistlichen Bedürfnisse befriedigen und dich deine Einsamkeit vergessen lassen.“

„Erlebst du das so, Joni?“

„Ja. Und es wird noch besser. Vielleicht gibt dir Gott doch noch die Gelegenheit zum Heiraten, wenn du dieses Problem völlig an ihn abgegeben hast. Vielleicht wird er noch jemanden in dein Leben bringen. Doch wenn du dich an diese Hoffnung klammerst und andauernd an die Möglichkeit denkst, daß es doch noch nach deinen Wünschen gehen könnte, wirst du ganz gewiß enttäuscht sein und bleiben."

Jugendliche hörten mir respektvoll zu, wenn ich diese Ansichten mit ihnen besprach. Doch konnte ich in ihren Augen immer etwas von Vorbehalt und Zurückhaltung lesen. Es fiel ihnen einfach schwer einzusehen, daß die Bürde des Alleinseins schöner sein könnte als die Freuden einer Ehe.

„Die Bibel sagt im 1. Korintherbrief: ‚Was kein Auge gesehen und kein Ohr gehört und keinem Menschen in den Sinn gekommen ist, was Gott denen bereitet hat, die ihn lieben'", rief ich ihnen ins Gedächtnis zurück. „Der Apostel vergleicht an dieser Stelle den natürlichen mit dem geistlichen Menschen, doch glaube ich, daß wir das auch auf unsere Zukunft anwenden dürfen."

„Wie meinst du das?" fragte mich eines Tages ein junges Mädchen.

„Nun, wir malen uns oft die schönsten Liebeserlebnisse, Zärtlichkeiten und Gefühle aus, die uns mit einem jungen Mann verbinden könnten – all die schönen Dinge, von denen wir gehört haben und die in unserem Herzen und in unseren Sinnen haften geblieben sind. Gott aber sagt: ‚Die sind gar nichts, verglichen mit dem, was vor euch liegt.' Ich weiß noch immer nicht, was das bedeutet. Aber ich habe bereits gelernt, daß Gott die Betonung nie so sehr auf die Gegenwart legt – es sei denn als Vorbereitung auf die Zukunft. Wir besitzen nur ein sehr begrenztes Empfinden für die Wirklichkeit. Das soll nicht heißen, daß ich nur noch an den Himmel und das Leben nach dem Tod denke. Es hilft mir aber, die Dinge im richtigen Licht zu sehen."

„Aber glaubst du denn nicht, daß das nur für dich zutrifft, weil du in einem Rollstuhl sitzt?" fragte mich dann oft jemand.

„Nein, das glaube ich nicht. Das ist eine allgemeine Wahrheit. Viele Menschen, die nicht in einem Rollstuhl sitzen, müssen mit dem Alleinsein genauso fertig werden wie ich. Das kann zu dauernder Verbitterung und Enttäuschung führen oder aber eine Quelle der Freude sein."

„Du glaubst also, daß du niemals heiraten wirst?"

„Nein, ganz bestimmt nicht. Ich weiß nicht, ob ich jemals heiraten werde oder nicht. Ich bin aber zufrieden, ob ich nun heiraten werde oder nicht."

„Hm, und was ist mit uns, die wir noch nicht soweit sind, daß wir unser Los so leicht annehmen können wie du?"

„Wenn ihr ledig seid und keine Aussicht habt, in absehbarer Zukunft zu heiraten, lebt einfach so, als sei es Gottes Wille, daß ihr ledig bleibt, bis er euch mit einem Mann zusammenführt oder etwas Besseres für euch bereithält."

„Ähnelt ein bißchen dem Vers, den du gerade vorgetragen hast: ‚Was kein Auge gesehen und kein Ohr gehört.' Stimmt's?" fragte jemand.

„Ja. Manchmal erinnere ich mich lebhaft an frühere Gefühle und Erlebnisse – wie ich auf einem grasbewachsenen Feldweg ging, in einem klaren, kühlen Fluß schwamm, einen steilen Berg bestieg, an Blumen roch oder auf einem Pferd ritt. Das alles habe ich erlebt, als ich noch auf meinen Füßen stand. Gott aber sagt mir, daß all das nicht wert ist, mit der zukünftigen Herrlichkeit, die er für mich bereitet hat, verglichen zu werden. Es ist so, wie ich schon einmal gesagt habe: Die Zukunft ist die einzige Wirklichkeit, die zählt. Das einzige, was wir in den Himmel mitnehmen können, ist unser geistliches Leben. Wir werden ihn sehen, an den wir geglaubt haben, aber wir werden einer Prüfung durch Feuer unterzogen werden. Nur das wird von unserem Wesen und unseren Werken bleiben, was den Herrn Jesus Christus verherrlicht hat."

Ich war für alle Gelegenheiten dankbar, die sich mir boten,

um zu erklären und zu bezeugen, wie Gott in meinem Leben wirkte. Langsam sah ich einen tiefen Sinn in seinen Führungen und war glücklicher als je zuvor. Meine Erfahrungen gaben mir schöpferische Energie und Reife, wie ich sie vorher nicht besessen hatte. Meine künstlerischen Arbeiten wiesen Qualität und fachliches Können auf.

Ich experimentierte mit verschiedenen Arten von Papier, Federn, Bleistiften und Holzkohle. Ich probierte verschiedene Methoden und Techniken aus und entschied mich zuletzt für das Material, das mir am geeignetsten erschien. Ich benutzte eine spitze Flair-Zeichenfeder und skizzierte damit sorgfältig, wobei ich mich gewissenhaft kontrollierte. Die Zeichnungen gab ich dann Freunden und Bekannten als Hochzeits- oder Weihnachtsgeschenke.

Die Nachfrage nach meinen Werken hielt mich ständig beschäftigt. Ich hatte aber bis jetzt noch keine Möglichkeit gefunden, wie ich aufgrund meiner Arbeit zu einem Einkommen gelangen und finanziell unabhängiger werden konnte.

Da besuchte eines Tages ein leitender Versicherungsangestellter meinen Vater in dessen Büro in der Stadt. Neill Miller ist ein energischer, gutmütiger, aber erfolgreicher christlicher Geschäftsmann. Er ist als Versicherungsinspektor für die Aetna-Lebens- und Unfallversicherungsgesellschaft tätig und arbeitet nebenbei noch aktiv in ein paar Wohltätigkeitsvereinen in Baltimore mit. Neill Miller sieht dort Möglichkeiten, wo andere Hindernisse sehen. Durch seine Bemühungen konnten im ganzen Land bekannte Persönlichkeiten für Projekte, die er vertrat, gewonnen werden. Oft stellten sie dann ihre Dienste und Talente freudig zur Verfügung.

Während eines Besuches bei meinem Vater bemerkte er eine meiner Zeichnungen, die an der Wand hing. „Diese Zeichnung gefällt mir gut, Herr Eareckson. Ist es ein Original?“ fragte er.

„Ja. Meine Tochter hat das gemalt", erwiderte Vater.

„Tatsächlich? Die ist ja eine richtige Künstlerin! Das Bild zeigt sehr viel Charakter und realistisches Detail. Sie besitzt einen originellen Stil. Das Bild zeigt ungewöhnliche Disziplin", bemerkte Herr Miller.

„Vielen Dank. Ich werde es ihr ausrichten." Dann fügte Vater hinzu: „Es wird Sie vielleicht interessieren, daß Joni – das ist meine Tochter – gelähmt ist. Sie muß die Feder im Mund halten, wenn sie zeichnet."

„Das ist ja noch erstaunlicher!" Herr Miller stand auf, um die Zeichnung näher zu untersuchen. „Ausgezeichnet! Einfach ausgezeichnet!"

„Sie hat nie eine formale Ausbildung genossen", erklärte Vater. „Ich habe mich den größten Teil meines Lebens etwas mit Kunst befaßt, und wahrscheinlich hat sie dieses Interesse von mir geerbt. Ihren Stil und ihr Talent hat sie aber selbst entwickelt."

„Hat sie ihre Bilder schon einmal ausstellen lassen?" fragte Herr Miller.

„Nein, noch nicht richtig – nur bei ein paar Feierlichkeiten. Sie zeichnet, weil es ihr Freude macht, aber meistens nur für die Familie und ihre Freunde."

„Aber wir können ein solches Talent doch nicht unbeachtet lassen!" rief Herr Miller begeistert. „Ob sie wohl etwas dagegen hätte, wenn ich eine kleine Kunstausstellung für sie veranstalten würde?"

„Aber nein. Ich bin überzeugt, daß sie sich sehr darüber freuen würde."

„Fein! Lassen Sie mich sehen, was zu tun ist. Ich melde mich wieder."

Später rief Herr Miller Vater an und teilte ihm mit, daß er eine kleine Ausstellung in einem in der Nähe gelegenen Restaurant arrangiert habe. Vater brachte alle Originale, an denen ich in den vergangenen Monaten gearbeitet hatte, in das Town-and-Country-Restaurant in der Innenstadt von Baltimore. Dieses Restaurant ist ein elegantes Lokal, wo sich Geschäftsleute und hohe politische Persönlichkeiten treffen.

Ich erwartete eine kleine Schar von Menschen, die sich meine Zeichnungen ansehen, sich unterhalten und dann wieder gehen würde. So war es bislang bei anderen Ausstellungen gewesen. Im stillen hoffte ich jedoch, daß ein oder zwei Zeichnungen verkauft werden könnten.

Am Morgen der Ausstellung fuhren Jay, Diana und ich in die Stadt. Man hatte uns gebeten, gegen zehn Uhr an Ort und Stelle zu sein.

Als Jay in die South-Street in Richtung auf das Restaurant einbiegen wollte, war die Straße gesperrt.

„Das ist ja seltsam“, bemerkte ich. „Es sind doch gar keine Straßenarbeiten im Gang. Warum sperren die denn eine Hauptverkehrsstraße einfach ab?“

„Ich weiß es nicht. Ich werde in diese Seitenstraße einbiegen und mich dann nach drüben durchlavieren“, meinte Jay.

„Warte mal. Da kannst du auch nicht durch! Dort steht ein Verkehrspolizist und regelt den Verkehr.“

„Es muß irgend etwas mit der Handelskammer zu tun haben“, bemerkte Diana.

„Ja. Vielleicht ist es eine Parade zu Lincolns Geburtstag oder so etwas ähnliches“, fügte Jay hinzu.

„Es muß eine Parade sein. Schau mal!“ rief ich.

„Eine große Blaskapelle. Toll! Schade, daß wir zu der Ausstellung müssen. Wir könnten sonst zuschauen“, sagte Jay lächelnd.

„Vielleicht kannst du hier abbie –“ Ich beendete den Satz nicht.

Wir sahen es alle gleichzeitig und trauten unseren Augen nicht. Die Blaskapelle stand vor dem „Town and Country“.

Und vor dem Gebäude prangte eine riesige Fahne, auf der stand: „Joni-Eareckson-Tag." Ein Fernsehkamerateam stand wartend herum, dazu eine wachsende Menschenmenge.

„O nein! Was ist denn bloß los?" schrie ich entsetzt. „Jay, schnell! Bieg in diese kleine Seitenstraße ein, ehe sie uns sehen!"

Der Wagen kam zwischen den Gebäuden zum Stillstand, weit genug von dem Trubel entfernt.

„Was soll ich nur machen?" fragte ich Jay. „Das ist ja nicht zu fassen. Was hat der bloß gemacht?"

„Mensch, Joni, er hat doch wohl von einer ‚kleinen Ausstellung' gesprochen, nicht wahr?"

Wir saßen ein paar Minuten da und überlegten, was zu tun sei. Als es offensichtlich wurde, daß wir keine andere Wahl hatten, als zu der Veranstaltung zu gehen, fuhr Jay den Wagen rückwärts auf die Straße und vor das Restaurant.

Innerlich betete ich, daß mich Jay in ihrer eigenen Nervosität nicht fallen lassen möge, als sie und Herr Miller mich aus dem Wagen und in meinen Rollstuhl hoben.

Mit verhaltenem Atem sagte ich: „Herr Miller, was haben Sie bloß angestellt?"

Doch noch ehe er etwas erwidern konnte, war ich bereits umzingelt. Berichterstatter der Baltimorer Zeitung „News American" und der lokalen NBC-Fernsehstation stellten mir Fragen.

Ich blinzelte und versuchte schüchtern, meine Gedanken zu sammeln.

Ein von einem livrierten Chauffeur gefahrener Herr reichte mir einen wunderschönen Strauß Rosen. Ein Beamter des Rathauses verlas eine Proklamation des Bürgermeisters, die eine lokale Kunstwoche ankündigte, in welcher ich anläßlich der Feierlichkeiten zum Joni-Eareckson-Tag geehrt werden sollte.

Ich war überwältigt und beschämt über so viel Aufmerksamkeit. Ich sagte zu Herrn Miller: „War das alles wirklich notwendig?“, weil ich fürchtete, der Sinn dieser Ausstellung könnte verlorengehen oder falsch gedeutet werden, wenn die Aufmerksamkeit der Menschen ausschließlich auf den Rollstuhl gelenkt würde.

Als aber das Programm der Veranstaltung ablief, merkte ich, daß das keineswegs der Fall war.

Ich entschuldigte mich für mein voreiliges Urteil. Vielleicht war ich auf diesem Gebiet etwas zu empfindlich und fürchtete das Mitleid, das Menschen im Rollstuhl im allgemeinen entgegengebracht wird. Ich hatte es schon zu oft erlebt, wie schwierig es ist – und die National Paraplegic Association, die Nationale Vereinigung Querschnittgelähmter, bestätigt das –, von Menschen, die mich nicht kannten, als geistig ebenbürtig anerkannt zu werden.

Vielleicht reagiere ich auch in solchen Situationen zu heftig. Ich bin einfach im höchsten Maße daran interessiert, daß man mich, meine künstlerischen Arbeiten und mein christliches Zeugnis an sich schätzt. Ich möchte nicht, daß mein Rollstuhl die Aufmerksamkeit auf sich lenkt, wenn ich über die Kunst oder den Herrn Jesus Christus spreche. „Ich rege mich über den Rollstuhl nicht auf, also tun Sie es bitte auch nicht!“, möchte ich am liebsten den Leuten zurufen.

Die Feierlichkeiten verliefen programmgemäß. Das Interesse an meinen künstlerischen Arbeiten ging keineswegs verloren. Die Fragen der Reporter bezogen sich hauptsächlich auf meine Arbeiten; der Rollstuhl diente nur als Hintergrund.

Herr Miller sagte mir: „Joni, du hast deine Erwartungen zu niedrig angesetzt. Du weißt überhaupt nicht, wie gut deine Bilder sind. Es tut mir leid, wenn dich dieser ganze Rummel zuerst in Verlegenheit brachte. Aber es ist einfach nicht meine Sache, etwas nur halb zu tun.“

Nach den Feierlichkeiten erreichte die Aufregung ihren Höhepunkt, doch der Rest der Ausstellung verlief so, wie es bei solchen Anlässen üblich ist.

Die Leute fragten mich: „Woher nehmen Sie die Einfälle Ihrer Zeichnungen?“ – „Wie lange benötigen Sie für ein Bild?“ – „Haben Sie Kunst studiert?“

Als sich die Menge etwas verlief, brachte Herr Miller einen stattlichen, gut aussehenden jungen Mann zu mir und stellte ihn mir vor. Er hatte die Hände in den Taschen seines Sakkos vergraben und machte einen etwas betretenen Eindruck.

„Ich möchte gern, daß du dich mit ihm unterhältst, Joni“, sagte Herr Miller und ließ uns in unserer Befangenheit allein.

„Es freut mich, Sie kennenzulernen“, sagte ich. „Möchten Sie nicht Platz nehmen?“

Er setzte sich an den in der Nähe stehenden Tisch, ohne ein Wort zu sagen. Allmählich wurde mir unbehaglich zumute. Weshalb war er hier? Er schien nicht mit mir sprechen zu wollen. Meine Bemühungen, eine belanglose Unterhaltung in Gang zu bringen, verliefen erfolglos. Dennoch konnte ich an seinen Augen erkennen, daß ihn irgend etwas quälte.

Ich versuchte es noch einmal und fragte: „Was kann ich für Sie tun?“

„Nichts.“ Dann brummte er: „Ich bin einmal Feuerwehrmann gewesen. Jetzt kann ich aber nicht mehr arbeiten.“

„Ach?“ Was sollte ich jetzt sagen? „Äh – nun, möchten Sie mir etwas davon erzählen?“

„Es war ein Unfall.“ Er rutschte nervös auf dem Stuhl herum. „Sehen Sie“, sagte er, „ich weiß nicht, weshalb ich hier bin. Miller hat mir gesagt, ich sollte kommen und einmal mit Ihnen sprechen, weil Sie es mit Ihrer Behinderung – äh – auch ziemlich – schwer haben.“

„Ja, das kann man wohl sagen. Ich glaube, ich hätte mir das Leben genommen, wenn ich meine Arme hätte gebrauchen können. Ich war wirklich ganz tief unten. Aber –" Ich machte eine Pause, um ihm zu zeigen, daß ich noch immer nichts über sein Problem wisse.

Sein hübsches junges Gesicht war qualvoll verzerrt. Er zog die Arme aus den Taschen seines Sakkos. Aber er hatte keine Hände mehr – nur vernarbte Stummel, wo sie amputiert worden waren.

„Sehen Sie sich diese häßlichen Stummel an!" sagte er verzweifelt. „Ich habe meine Hände bei einem Brand verloren. Und ich kann nicht damit fertig werden." Seine Stimme verriet Verzweiflung, angestaute Wut und Verbitterung.

„Das tut mir leid", sagte ich. „Aber Herr Miller hatte recht. Ich glaube, ich kann Ihnen helfen."

„Wie denn?" fragte er schneidend. „Sie können mir doch meine Hände nicht zurückgeben!"

„Nein, das nicht. Ich möchte Ihnen keine Patentlösung anbieten. Aber ich war in derselben Lage wie Sie. Ich kenne den Zorn und das Gefühl, ungerecht behandelt worden zu sein. Es ist für einen Mann vielleicht noch schwerer – Sie wissen schon, unabhängig sein und sich selbst helfen wollen. Ich glaube, daß ich mich in Sie hineindenken kann."

Ich erzählte ihm etwas von meinen Erfahrungen im Krankenhaus und in Green Oaks und sagte ihm, daß seine Gefühle ganz natürlich seien.

„Aber wie sind Sie darüber hinweggekommen? Wie werden Sie mit Ihrer Behinderung fertig? Heute sind Sie fröhlich, überhaupt nicht zynisch. Woher nehmen Sie die Kraft, das durchzustehen?" fragte er.

„Tja, das ist eine ganz schöne Geschichte. Soll ich Ihnen davon erzählen?"

Er nickte.

Ich erzählte ihm, wie ich durch Jesus Christus Zugang zu Gott und seiner Kraft bekommen hätte, wie Gott in den letzten Jahren in meinem Leben gewirkt und mir geholfen hatte, mit meinen Ängsten und den Anforderungen des Lebens fertig zu werden. Dann bezeugte ich ihm die einfache Kraft des Evangeliums, von der ich als Fünfzehnjährige auf einem „Young-Life"-Camp gehört hatte.

Allmählich hellte sich sein Gesicht auf. Fast eine halbe Stunde lang sprach ich mit ihm über die Lektionen, die mir Gott beigebracht hatte. Als er sich verabschiedete, sagte er: „Vielen Dank, Joni. Neill Miller hatte recht. Sie haben mir geholfen. Ich will es noch einmal versuchen. Vielen Dank!"

Heute freut sich dieser junge Mann wieder seines Lebens. Er hält Vorträge an Feuerwehrschulen.

Währenddessen ging die Ausstellung im „Town and Country" ihrem Ende entgegen, und Neill Millers Idee entpuppte sich als der Start meiner künstlerischen Laufbahn. Am Abend hörte ich zu meinem großen Erstaunen, daß Originalzeichnungen zu fünfzig bis fünfundsiebzig Dollar pro Stück verkauft wurden. Insgesamt waren über tausend Dollar in der Kasse!

Durch die Veranstaltung wurde auch im Fernsehen von Baltimore über meine Werke berichtet. Zusätzlich zu der Berichterstattung lud man mich zu einer „Talk-Show" ein, bei der ich auch meine Werke zeigen durfte.

Seymour Kopf von der „News American" von Baltimore schrieb eine volle Spalte über mich. „Warum signieren Sie Ihre Zeichnungen mit ‚PTL'?" fragte er.

Meine Antwort gab er vollständig in seiner Spalte wieder. „Es bedeutet ‚Praise the Lord' – ‚Preis den Herrn'. Sehen Sie, Herr Kopf, Gott hat uns lieb. Er kümmert sich um uns. Denen, die Gott lieben, dienen alle Dinge – selbst das, was mir im Alter von siebzehn Jahren passierte – zum Besten. Gott ist gut zu mir gewesen. Er hat das Bild Jesu Christi in mich hineingelegt, und er ist die Ursache meiner Zufriedenheit und meiner

Diese Zeichnung ist ein Beweis für Jonis Interesse an Pferden

Geduld. Er hat meinem Leben einen neuen Sinn gegeben. Meine Werke sind der Beweis dafür, daß Gott jemandem wie mir Kraft geben kann, über die Verhältnisse hinauszuwachsen."

Im Laufe des Frühjahrs wurde ich eingeladen, mich an anderen lokalen Kunstausstellungen zu beteiligen.

Die Ausstellung in Baltimore öffnete mir auch die Tür zu christlichen Frauenvereinen, Schulen, Gemeinden und Bürgerzusammenkünften, wo ich dann nicht nur meine Arbeiten zeigen, sondern gleichzeitig auch ein Zeugnis für Christus ablegen durfte. Ich durfte sogar nach Washington fahren und das Weiße Haus besichtigen, wo ich der Frau unseres Präsidenten, Pat Nixon, eine meiner Zeichnungen überreichte. Weitere Auftritte in Rundfunk und Fernsehen wurden mir angeboten, und jeder neue Kontakt schien weitere Auftritte und Berichte nach sich zu ziehen.

Ich freute mich sehr, daß ich durch die wachsenden Verkaufszahlen meiner Bilder ein gewisses Maß an Unabhängigkeit erreichte. Jetzt würde ich wenigstens niemandem mehr eine finanzielle Last bedeuten, sondern konnte mein eigenes Geld verdienen. Ich begann sogar damit, eine Serie von Geschenkkarten mit Ausschnitten aus meinen Zeichnungen herzustellen, die gedruckt wurden und guten Absatz fanden. Wir nannten meine Firma „Joni PTL". Sie entwickelte sich außerordentlich gut.

Ungefähr um diese Zeit teilte mir ein guter Freund, Andy Byrd, sein Vorhaben mit, die Konzession für eine christliche Buchhandlung zu erwerben und eine solche zu eröffnen. Er fragte mich, ob ich an einer Partnerschaft interessiert sei. Wir sprachen mit Ken Wagner, der dann unser dritter Teilhaber wurde. Unser Vorhaben schien nicht nur vielversprechend, sondern auch erfolgversprechend zu sein. Es sollte ein gesundes geschäftliches Unternehmen werden. Um eine christliche

Buchhandlung für das westliche Baltimore hatten viele von uns schon lange gebetet.

Endlich, im September 1973, fand nach monatelanger Planung, viel Gebet und harter Arbeit die Eröffnung der Logos-Buchhandlung an der North Rolling Road, Nummer 1120, statt. Unmittelbar vor der Geschäftseröffnung, zwischen Kisten voll Material und Büchern, die mit Preisen ausgezeichnet werden mußten, beteten wir. Unser Einweihungsgebet galt den vielen Passanten, die dem Evangelium gleichgültig gegenüberstanden. Unser Geschäft sollte ein Zentrum christlicher Nächstenliebe werden – für alle, die Hilfe brauchten.

Ich benutzte das Geschäft als Zentrale für den Verkauf von Originalwerken und Kopien. Sie verkauften sich fast so schnell, wie ich sie malen konnte. Neben dem Bücherladen, den Vortragsterminen und Kunstausstellungen war es schwer, der Nachfrage gerecht zu werden.

Ich entwarf Traktate mit meinem Zeugnis, die ich drucken ließ und bei Kunstausstellungen verteilte. Diese Traktate erklärten meine ungewöhnliche Zeichenmethode und meinen Glauben an Jesus Christus. Sie wurden zu einem guten Werkzeug, mit dessen Hilfe ich Menschen, die vorübergehen wollten, aber dann doch stehenblieben, um die Bilder zu betrachten, die Kraft Gottes in meinem Leben bezeugen konnte.

Meine ganze Tätigkeit und alle meine Unternehmungen dienten dem einen Zweck, durch meine Kunst, menschlich betrachtet, unabhängig zu werden, und, was noch wichtiger ist, sie sollte dazu dienen, Gott die Ehre zu geben.

16

An einem herrlichen Spätsommermorgen des Jahres 1975 saß ich draußen vor der Ranch in Sykesville, als ich ans Telefon gerufen wurde.

„Fräulein Eareckson, ich rufe von der ‚Tagesschau' in New York an. Wir hätten Sie gern in unserem Fernsehprogramm, damit Sie Ihre Geschichte erzählen und Ihre Zeichnungen vorstellen können. Könnten Sie kommen?"

Vor Aufregung brachte ich kaum einen Ton heraus. Die Tagesschau?

„Selbstverständlich", erwiderte ich. „Ich werde gern kommen."

Jay stand neben dem Telefon und machte Notizen. Wir einigten uns zu einem Auftritt am 11. September.

Jay fuhr mich nach New York und nahm unsere Freundinnen Sheri Pendergrass und Cindy Blubaugh als Gehilfinnen mit.

Nachdem wir uns im Hotel eingerichtet hatten, fuhren wir ins Rockefeller Center, um mit dem Programm-Direktor zu sprechen. Er erklärte mir den ganzen Ablauf, und wir besprachen eventuelle Interviewfragen. Er bereitete mich geistig auf die Schau vor und gab mir auch etwa die Richtung an, in der die Fragestellung der Gastgeberin Barbara Walters verlaufen würde.

Früh am nächsten Morgen fand ich mich dann bei Barbara Walters ein. Scheinwerfer tauchten die Bühne in Helligkeit und Wärme.

Frau Walters lächelte und blickte rasch auf ihre Notizen.

„Entspannen Sie sich, Joni“, sagte sie freundlich. „Sitzen Sie bequem?“

„Ja, danke.“

„Prima.“

„Fünfzehn Sekunden!“ rief plötzlich jemand hinter den Kameras.

Ich war gar nicht so nervös, wie ich gedacht hatte. Wahrscheinlich lag der Grund dafür darin, daß ich mir über das, was ich sagen wollte, völlig im klaren war. Ich wußte zudem, daß mein Zeugnis von vielen Millionen Menschen gehört werden würde. Ich wußte nicht, welche Fragen mir Frau Walters stellen würde, doch wußte ich, daß es keine unbequemen Fragen sein würden.

„Zehn Sekunden.“

„Herr“, betete ich schnell, „gib mir Zuversicht, Weisheit und Sicherheit. Ich will, daß du verherrlicht wirst.“

„Fünf.“

Ich schluckte, benetzte meine Lippen und sah zu, wie der Kameradirigent mit den Fingern das Startzeichen gab.

Auf einer der Kameras ging ein rotes Licht an, und Frau Walters drehte sich in diese Richtung. „Wir möchten Ihnen eine Sammlung von Zeichnungen vorführen, die wir heute im Studio haben“, sagte sie. „Und wie Sie sehen werden, sind es Zeichnungen, die offenbar mit großem künstlerischem Geschick und – wie man annehmen möchte – mit einer geschickten, sicheren Hand angefertigt wurden. Dem ist jedoch nicht so. Sie wurden auf ganz ungewöhnliche Weise hergestellt. Die Künstlerin ist Joni Eareckson aus Baltimore, Maryland.“ Dann wandte sie sich mir zu, und das Interview begann.

Ich kann mich nicht mehr an alle Einzelheiten dieses Interviews erinnern, außer daß Frau Walters das Ganze sehr natürlich gestaltete. Ihre Fragen waren interessant und wirkten auf keine Weise beängstigend. Ich mochte sie vom ersten Augenblick an und hatte das Gefühl, als sei sie eine alte Freundin von mir.

Während wir sprachen, nahm die Kamera meine ausgestellten Zeichnungen auf. Das Interview dauerte zehn Minuten. Während sich die mit uns verbundenen anderen Sender zu den Lokalnachrichten trennten, interviewte mich Frau Walters nochmals fünf Minuten für die Zuschauer von New York.

Ich war froh, daß ich alles sagen konnte, was ich mir vorgenommen hatte. Frau Walters bedankte sich bei mir und widmete sich dann den anderen Persönlichkeiten, die an diesem Tag für die Show vorgesehen waren.

Eleanor McGovern, die Gattin des Senators, war an jenem Morgen auch zu Gast. Wir unterhielten uns längere Zeit, nachdem die Show beendet war. Sie erzählte mir, daß ihr Gatte, der ehemalige demokratische Präsidentschaftskandidat, auch einige der Begriffe und Werte, die ich kennengelernt hatte, entdeckt habe.

„Das war noch während seines Theologie-Studiums, ehe er sich für Politik zu interessieren begann“, erklärte mir Frau McGovern.

Wir unterhielten uns noch weiter über ihre eigenen geistlichen Ansichten, und ich gab ihr eine Zeichnung von Jesus Christus, die ich angefertigt hatte. Zum Schluß tauschten wir unsere Adressen aus, um miteinander in Verbindung zu bleiben.

Während die Techniker aufräumten, hatte ich endlich Zeit, über das Geschehene nachzudenken.

„Überlege doch bloß mal“, bemerkte Jay, „du hast heute Morgen wahrscheinlich zu zwanzig oder dreißig Millionen Menschen über deinen Glauben gesprochen. Das war doch eine großartige Gelegenheit!“

Al Nagle, der Präsident, und John Preston, der Vize-Präsident der Paper-Mate-Abteilung der Gillette Company, hatten an jenem Morgen beide dem Programm zugesehen. Als sie bemerkten, daß ich Flair-Zeichenfedern benutzte, arrangierten sie einige Ausstellungen für mich.

Viele Zuschauer, die an jenem Morgen die Tagesschau gesehen hatten, schrieben mir. Einige wünschten Drucke meiner Bilder, andere bestellten Geschenkkarten, wieder andere stellten mir Fragen über meine Erlebnisse.

Meine erste Ausstellung, die Paper Mate finanzierte, fand in den eleganten Rubino-Gallerien an der LaSalle-Street in Chicago im Schatten des berühmten John-Hancock-Centers statt. Ich stellte meine Werke eine Woche lang aus und demonstrierte meine Zeichentechnik. In dieser Zeit wurde ich von der Chicago Tribune und Sun-Times interviewt. Ich trat auch im Studio der CBS-Fernsehstation in Chicago und in der „Lee Phillip Show" auf.

Als wir wieder nach Hause zurückkamen, empfing mich eine Flut von Post. Ich wurde mit Bitten um weitere Interviews überhäuft. Kunstausstellungen wurden für das Lincoln Center in New York und die Atlantic Richfield Plaza in Los Angeles anberaumt. Zahlreiche Gemeinden und christliche Gruppen nahmen Verbindung mit mir auf und baten mich, Vorträge zu halten. Die Zeitschriften „Women's Day", „People Teen" und „Coronet" baten mich um Interviews. „Campus Life", eine nationale Studentenzeitschrift, schrieb eine vielseitige Reportage über mich. „Moody Monthly" und „Christian Life" schrieben ebenfalls Berichte. Es folgten noch viele weitere Radio- und Fernsehauftritte.

Ich sah, wie Gott die Tagesschau dazu benutzt hatte, meine Grenzen zu erweitern und mir viele neue Möglichkeiten zum Zeugnis für ihn zu eröffnen.

„Wäre es nicht phantastisch, wenn ich jetzt hier vor euch geheilt würde, aus meinem Rollstuhl aufstehen und mich auf meine Füße stellen könnte? Was wäre das für ein Wunder! Wir wären bestimmt alle begeistert und würden Gott loben. Es wäre ein Wunder vor unseren Augen. Wir würden die Macht und Kraft Gottes buchstäblich mit eigenen Augen sehen. Wäre das nicht toll?" Ich sprach vor einem Publikum von etwa 1600 jungen Menschen.

Ich machte eine Pause, um ihnen Gelegenheit zu geben, sich das Bild vorzustellen. Dann fuhr ich fort: „Doch ein noch viel größeres Wunder wäre es, wenn ihr jetzt an eurer Seele geheilt würdet, weil sich die Folgen davon bis in die Ewigkeit hinein auswirken. Würde mein Körper plötzlich und auf wunderbare Weise geheilt, könnte ich vielleicht in den nächsten dreißig oder vierzig Jahren auf meinen Beinen stehen, aber dann würde ich sterben. Die Seele aber lebt ewig. Von der Warte der Ewigkeit aus betrachtet, ist mein Leben wie das kurze Aufflackern einer Flamme, die sofort wieder erlischt."

Hinterher fragte mich jemand: „Glauben Sie denn, daß Sie so eigenwillig und widerspenstig waren, daß Gott erst dann anfangen konnte, in Ihrem Leben zu wirken, nachdem er Sie k.o. geschlagen und an einen Rollstuhl gefesselt hatte?"

Ich schüttelte den Kopf. „In den Psalmen wird uns gesagt, daß uns Gott nicht nach unseren Sünden und Missetaten behandelt. Mein Unfall war keine Strafe für meine Sünden – ganz gleich, ob ich sie verdient hätte oder nicht. Gott allein weiß, weshalb ich gelähmt bin. Vielleicht wußte er, daß ich letzten Endes glücklicher sein würde, wenn ich ihm diente. Wenn ich meine Beine noch gebrauchen könnte, weiß niemand, wie mein Leben verlaufen wäre. Ich hätte mich wahrscheinlich so durchs Leben geschlagen – Heirat, vielleicht sogar Scheidung – und wäre unzufrieden und enttäuscht gewesen. Als ich noch auf dem Gymnasium war, war ich voll Selbstsucht und baute mein Leben nicht auf bleibenden Werten auf. Ich lebte einfach in den Tag hinein – manchmal auf Kosten anderer."

„Und jetzt sind Sie glücklich?" fragte ein junges Mädchen.

„Das bin ich wirklich. Ich möchte um keinen Preis der Welt ein anderes Leben haben wollen. Gott schenkt nicht jedem so viel Aufmerksamkeit wie mir und greift nicht so deutlich in ein Leben ein, wie er es bei mir getan hat. Die meisten Menschen läßt er einfach laufen. Er schaltet sich nicht ein, obwohl er weiß, daß sie letzten Endes ihr Leben, ihre Gesundheit und ihr Glück zerstören. Das muß ihn schrecklich traurig stimmen. Ich bin Gott so dankbar dafür, daß er etwas unternommen hat, um meine Aufmerksamkeit auf sich zu lenken und mich umzukrempeln. Wissen Sie, Sie müssen sich nicht erst das Genick brechen, um Gott näherzukommen. Es ist jedoch leider so, daß die Menschen nicht immer auf die Erfahrungen anderer hören und von ihnen lernen wollen. Deshalb hoffe ich sehr, daß Sie aus meinen Erfahrungen lernen und nicht die bitteren Lektionen des Leids durchstehen müssen, wie ich es mußte, um etwas zu lernen."

In den Monaten nach unserer Reise nach Chicago erkannte ich in meinem Rollstuhl immer deutlicher ein Mittel zu einer ungewöhnlichen Unterrichtsgestaltung. Ich freute mich besonders zu sehen, wie viele junge Menschen ihr Leben nach einer Unterhaltung mit mir dem Herrn Jesus Christus übergaben. Auch dies gehörte zu dem „Besseren".

Jetzt verstand ich, weshalb sich Paulus „im Leiden freuen" konnte, weshalb Jakobus Anfechtungen für „lauter Freude" achtete und weshalb Petrus die „Feuerproben" nicht als etwas „Fremdartiges" ansehen wollte. All diese Nöte und Schwie-

Jonis Brief an alle Leser:

„Wir müssen bedenken, daß sich die Verheißung: ‚Gott läßt alle Dinge zum Guten mitwirken' nur auf die Menschen bezieht, die Gott lieben, die zur Familie Gottes gehören. Durch unsere Sünden und unsere Auflehnung gegen Gott haben wir uns jedoch von ihm entfernt und sind seinem Gericht verfallen. Doch Gott sei gelobt, daß er seinen Sohn Jesus Christus an unserer Stelle dazu verurteilte, am Kreuz die Todesstrafe für meine und Ihre Sünden zu verbüßen. Wenn wir wirklich damit rechnen, daß Jesus Christus unsere Strafe getragen hat, und wir ihn als unseren Herrn anerkennen und ihm gehorchen, dürfen wir das ewige Leben und die Verheißung aus Römer 8,28 für uns in Anspruch nehmen.

Es ist meine Hoffnung, daß der Heilige Geist beim Lesen dieses Buches Ihr Herz und Ihren Sinn erleuchtet und für diese Wahrheit öffnet. Jesus lebt, und seine Kraft steht Ihnen zur Verfügung... Er beweist sich täglich in meinem Leben, und was könnte er nicht alles in Ihrem Leben bewirken! Gehören Sie zur Familie Gottes? Ich hoffe sehr, daß wir uns eines Tages in seiner Herrlichkeit begegnen werden!"

Joni PTL

It is important to remember that the promise "...God causes all things to work together for good.." only applies to those who love God, those who have been born into His family. However, due to our sin and rebellion we are alienated from God and subject to His judgment. Praise God though, that He sent His Son, Jesus to be judged on the cross—paying the death penalty for my sin and your sin! If we truly trust that our punishment was borne by Christ and obey Him as our Lord, we can be assured of eternal life and the promise of Romans 8:28.

It is my hope that in the course of reading this book, the Holy Spirit has enlightened your heart and mind to these truths. Jesus is alive and His power is available to you...He proves Himself daily in my life, and what more couldn't He do in your life! Are you a part of God's heavenly family? For indeed, I hope one day we shall meet in glory

Joni
PTL

rigkeiten hatten einen Sinn und führten dazu, daß Jesus Christus verherrlicht wurde.

Im stillen dankte ich Gott für die Fortschritte, die ich machen durfte. Ich dachte daran, wie mir vor ein paar Jahren jemand im Krankenhaus gesagt hatte: „Denk doch mal an die Kronen, die du dereinst im Himmel für deine Leiden tragen wirst."

„Ich will keine Kronen tragen", hatte ich bissig erwidert. „Ich will wieder auf meinen Füßen stehen können."

Jetzt dachte ich: Meine Güte, wenn ich Kronen bekomme,kann ich davon gar nicht genug bekommen, denn das ist das einzige, was ich dem Herrn Jesus geben kann, wenn ich ihn dereinst sehen werde.

Ich freue mich tatsächlich über Gelegenheiten, wo ich für ihn leiden kann, wenn ich dadurch fähig werde, Gott noch mehr zu ehren und zu preisen. Vielleicht klingt das anmaßend und leichtfertig. Ich bin aber heute tatsächlich davon überzeugt, daß meine Lähmung unwichtig ist.

Gott hat besondere Umstände hineinverordnet in mein Leben,um meinen Charakter nach seinen Gedanken zu formen und mich dem Herrn Jesus Christus ähnlicher zu machen. In 2. Korinther 1,4 finden wir einen weiteren Grund: um andere, die die gleichen Prüfungen wie ich durchmachen müssen, trösten zu können.

Weisheit besteht darin, Gott zu vertrauen, nicht zu fragen: „Warum läßt du das zu, o Gott?" Wenn ich dem Willen Gottes völlig ergeben bin, weiß ich genau, daß er mich führt. Das ist kein blindes, stures, stoisches Hinnehmen, sondern heißt Gott kennenlernen und wissen, daß er mein Vertrauen verdient. Ich selbst bin unbeständig und wankelmütig. Gott aber ändert sich nicht. Bei mir ging es auf und ab, ich war verbittert und voll Zweifel, Gott aber ist immer derselbe und immer voller Liebe.

Der Apostel Jakobus schrieb an Menschen, die kurz darauf von Löwen zerrissen wurden. Sicher war ihr Los viel härter als meins. Wenn das Wort Gottes ihren Bedürfnissen genügte, kann es auch meinen genügen.

Während ich dies schreibe, geht das Jahr 1975 gerade seinem Ende entgegen. Ich sitze in meinem Rollstuhl hinter dem Bühnenvorhang einer großen Kongreßhalle in Kansas City. Man hat mich gebeten, an diesem Abend vor nahezu zweitausend jungen Menschen in einer „Jugend-für-Christus"-Kundgebung zu sprechen.

Hinter dem schweren Vorhang, der mich vom Publikum trennt, hatte ich ein paar Minuten Zeit, nachzudenken und auf mein Leben zurückzublicken. In Gedanken habe ich die vergangenen acht Jahre noch einmal durchlebt. Bekannte Gesichter von Familienangehörigen und Freunden tauchten vor mir auf: Jay, Diana, Dick, Donald, meine Eltern, Steve – Menschen, die Gott in mein Leben geführt hat, um mich zu biegen und zu formen und mich mehr in das Bild Jesu Christi umzugestalten. Ich kann ihm für alles danken und tue es auch – für Lachen und Weinen, Tränen, Vergnügen und Schmerzen. All das gehört zum „Wachstum in der Gnade". Das junge Mädchen, das vor jeder neuen Situation aus der Fassung geriet, ist jetzt erwachsen und eine Frau geworden, die es gelernt hat, sich auf Gottes Allmacht zu verlassen.

Ich höre, wie Al Metzger, der Leiter der „Jugend-für-Christus"-Organisation, mich vorstellt. Plötzlich steht mir der Grund meines Hierseins wieder deutlich vor Augen. In den nächsten dreißig Minuten werde ich vor 2000 Jugendlichen sprechen und ihnen davon berichten, wie Gott einen unreifen, eigensinnigen Teenager in eine selbstbewußte junge Frau verwandelte, die gelernt hat, sich trotz ihres Leidens zu freuen. Ich werde eine einmalige Gelegenheit haben. Was ich ihnen sage, kann ausschlaggebend dafür sein, wo sie die Ewigkeit zubringen werden. So gehe ich ernst und gesammelt in diese Veranstaltung.

Ich werde mit ihnen über die Maßnahmen sprechen, die Gott in meinem Leben ergriffen hat, und seine Gründe dafür erklären, soweit ich sie bis jetzt verstehe. Ich möchte ihnen Gottes Liebe und seine Herrlichkeit groß machen, von der Realität der Sünde und Buße sprechen und ihnen erklären, weshalb Jesus Christus in diese Welt gekommen ist.

Al Metzger hat seine Einführung beendet. Chuck Garriott trägt meine Staffelei auf die Bühne, während seine Frau Debbie meinen Rollstuhl in das gleißende Scheinwerferlicht schiebt.

Während der Applaus nachläßt, ordne ich meine Gedanken und bete, der Heilige Geist möge meine Worte und Erfahrungen dazu benutzen, die Herzen meiner Zuhörer anzurühren. Ich hoffe, daß sich hier – wie auch in anderen Versammlungen – viele Jugendliche von Gott rufen lassen. Ich würde mich aber schon freuen, wenn wenigstens ein Mensch zu Jesus Christus finden würde.

Dann hätten sich die Leiden der vergangenen acht Jahre gelohnt.